書いて覚える！

中央法規

介護
福祉士

国家試験

合格
ドリル
2025

中央法規介護福祉士受験対策研究会／編集

中央法規

はじめに

❶ 本書の特徴

　本書は、介護福祉士国家試験に合格するために必要な基礎的知識を反復して学習できる書き込み式ドリルです。文中の表現は可能な限り実際の試験問題に準拠しており、学習の効果を得やすくしています。また、学習が単調になることを防ぐため、問題の形式に「書き込みチャレンジ！」や「組み合わせチャレンジ！」など、さまざまなバリエーションで変化をもたせました。また、本書は「合格に必要な基礎的知識のポイント」をしっかりと押さえるというコンセプトのもと、難易度は比較的やさしく設定してあり、すべての漢字にふりがなを付けています。また、近年の国家試験の出題から病名・障害名の和英対訳表を作成し、巻末に掲載しました。

❷ 過去に出題された国家試験問題も掲載

　本書では、すべての科目において、実際の国家試験問題を「過去問チャレンジ！」という形式で掲載しています。ドリルで学んだ知識が実際の試験でどのように問われるのかがわかれば、より効果的な学習につながります。「過去問チャレンジ！」には、あえて解説を掲載しておりません。わからない問題は、他の受験対策書籍も活用しながら正解を導き出すことで、真の実力を身につけてください。

❸ 本書の効果的な活用方法

　介護福祉士国家試験の受験対策書籍には、過去問解説集、模擬問題集、一問一答など、さまざまな種類があります。受験勉強の方法も個人によって千差万別ですが、本書は単体として使用するよりも、先にあげた受験対策書籍とセットで使用することによって、より大きな効果が期待できます。

　まずは本書で受験勉強に必要な知識を確認・習得するか、または別の受験対策書籍で一定の知識を習得した後に本書を解いてどのくらい実力がついたのかを確認するか、どちらもよい活用方法といえます。余白に自分で調べたことを書き込んだり、付属のシールを貼ったりすることで、世界にひとつだけのオリジナル参考書を作ってください。

　それ以外にも施設内研修（OJT）の資料として活用していただくなど、介護福祉に関係する多くの方々のための知識の習得や復習に役立てていただけましたら幸いです。

2024年3月

中央法規介護福祉士受験対策研究会

本書の使い方

　本書は、受験勉強に少しでも「楽しさ」をプラスできるように作りました。紙面に余白をもたせているのは、皆さんに自由に書き込みをしていただきたいから。本書で解けなかった問題は他の参考書で調べて、そこで学んだ知識を余白に書き込んでいきましょう。付属のシールを貼っていけば、世界にひとつだけのオリジナル参考書ができます。自分だけの参考書をフル活用して、国家試験合格を目指しましょう！

ひづけ

学習した日付を書き込みましょう。復習するときに、最初に解いたときから自分がどのくらい知識をつけたかの確認にもなります。

学習項目

介護福祉士国家試験の出題実績と出題基準から、問われやすい項目や重要な項目を厳選しました。

ポイント

各項目を学習するにあたり、絶対に押さえておくべきポイントをあげています。重要な語句は赤字にして強調！試験対策としてだけでなく、介護福祉士となる皆さんに必ず覚えておいてほしいポイントです。

ひづけ / できたシール

1 コミュニケーションの基本

ポイント

・コミュニケーションは人間関係形成の手段である。
・対人援助関係におけるコミュニケーションでは、援助者と利用者の双方向性が重視される。
・伝達の手段には、言語的伝達媒体によるものと非言語的伝達媒体によるものがある。

カキコミ　コミュニケーションの目的と方法

●コミュニケーションとは、人が、［①　　　］、感情、情報などを

　［②　　　］することであり、複数の人が情報などを伝え合う

　［③　　　］をもっている。

●言語的伝達媒体とは［④　　　］のことであり、会話や電話など話して伝える手段、手紙やメールなど書いて伝える手段、手話を使って伝える手段などがある。
●非言語的伝達媒体とは、ジェスチャーや言語とは言えないうなり声やため息など

　［⑤　　　］のことである。無意識のうちに発信される相手に対する動作、

　［⑥　　　］、［⑦　　　］、［⑧　　　］、

　［⑨　　　］、声のトーンなどがある。

●コミュニケーションの妨げになる環境を［⑩　　　］という。騒音や障害、偏見などがある。

【語群】
伝達　意思　一方向性　双方向性　非言語　言語　雑音　視線　表情
話すリズム　姿勢

22

4

チャレンジ問題！

空欄に書き込んだり、関連事項を線で結んだり、〇と×で答えたり…。いろいろなパターンで飽きずに楽しく学習しましょう。

カキコミ 空欄にあてはまる答えを書き込みましょう。語群があるものとないものがあります。あるものは語群をヒントにしましょう。

クミアワセ 語句やイラストとその説明文が正しい組み合わせとなるように線でつなぎましょう。

センタク 選択肢のうち、正しいものを選んで〇をつけましょう。

マルバツ 文章やイラストが正しいか誤りかを〇×で答えましょう。

ブンルイ 複数の項目をテーマに沿って分類しましょう。

ズカイ 図やイラストを使って覚えましょう。

サクブン キーワードをもとに、語句説明の文章を作りましょう。

介護福祉士として覚えておいてほしい考え方や、理解のためのポイントを私たちが説明しています。現場ではたらくときにも役立つ知識です。

ブンルイ 伝達手段

【伝達手段】

電話　表情　視線　手紙　声のトーン　姿勢　メール　服装　FAX

人間関係とコミュニケーション

言語を媒体とするもの	非言語を媒体とするもの
①	②

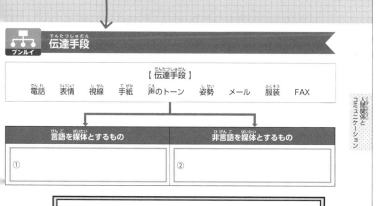

◆伝達（コミュニケーション）手段

・言語的コミュニケーション……言語によって主に情報の内容を伝える
・非言語的コミュニケーション…言語以外の手段によって主に感情や思いを伝える

図や表が入ってわかりやすくなっているのね！

メッセージを伝える手段としては、言語以外の媒体が7〜8割を占めています。

どのように伝えるかが大切なのですね！

カコモン 過去問チャレンジ！ （第33回−問題4）

Bさん（80歳、男性）は、訪問介護（ホームヘルプサービス）を利用しながら自宅で一人暮らしをしている。最近、自宅で転倒してから、一人で生活をしていくことに不安を持つこともある。
訪問介護員（ホームヘルパー）がBさんに、「お一人での生活は大丈夫ですか。何か困っていることはありませんか」と尋ねたところ、Bさんは、「大丈夫」と不安そうな表情で答えた。
　Bさんが伝えようとしたメッセージに関する次の記述のうち、**最も適切なもの**を1つ選びなさい。
1　言語メッセージと同じ内容を非言語メッセージで強調している。
2　言語で伝えた内容を非言語メッセージで補強している。
3　言語の代わりに非言語だけを用いてメッセージを伝えている。
4　言語メッセージと矛盾する内容を非言語メッセージで伝えている。
5　非言語メッセージを用いて言葉の流れを調整している。

解答（　　）

過去問チャレンジ！
実際の試験問題に挑戦！試験で問われるところがわかれば、勉強するポイントもわかってくるはず！

シールの使い方

できたシール

各項目の見出し部分にある「できたシール」の枠に貼って、どのくらい解けたかをチェックしておきましょう。繰り返し学習して、すべて「カンペキ！」になるのを目指しましょう。

チェックシール

本文中で間違えやすいところや解けなかったところ、後から調べようと思ったところなどに貼りましょう。

【 法律、条約名など 】

①日本国憲法第25条	•
②日本国憲法第13条	•
③国際障害者年 じゅうよう!	•
④障害者の権利に関する条約 じゅうよう!	•

学習チェックシート

学習した項目番号をチェック！ ✔ 試験日までにすべてにチェックがついているようにしましょう。

科目名	項目番号				
人間の尊厳と自立	1	2	3	4	
人間関係とコミュニケーション	1	2	3		
社会の理解	1	2	3	4	5
	6	7	8	9	10
	11	12	13	14	15
	16	17	18		
こころとからだのしくみ	1	2	3	4	5
	6	7	8	9	10
	11	12	13	14	15
	16	17	18	19	20
	21	22	23		
発達と老化の理解	1	2	3	4	5
	6	7	8	9	10
	11	12	13		
認知症の理解	1	2	3	4	5
	6	7	8	9	10
障害の理解	1	2	3	4	5
	6	7	8	9	10
	11				
医療的ケア	1	2	3	4	5
	6	7			
介護の基本	1	2	3	4	5
	6	7	8	9	
コミュニケーション技術	1	2	3	4	5
	6				
生活支援技術	1	2	3	4	5
	6	7	8	9	10
	11	12	13	14	15
	16	17	18	19	20
	21				
介護過程	1	2	3	4	

第37回介護福祉士国家試験 筆記試験は **2025年 1 月下旬**

CONTENTS

認知症の理解

障害の理解

介護過程

病名・障害名　和英対訳表

著者紹介

参考文献

人間の尊厳と自立

★ ねらい ★

・人間としての尊厳の保持と自立・自律した生活を支える必要性について理解する！

・介護場面における倫理的課題について対応できるための基礎となる能力を養う！

だいじ！！

・利用者の尊厳を守る！　←　アドボカシー

・介護福祉士は、利用者の代弁をする！

・ノーマライゼーションの理念が大事！

・身体拘束は禁止！

　　やむを得ず身体拘束を実施する３つの要件→①切迫性、②非代替性、

　　　　　　　　　　　　　　　　　　　　　　　③一時性

・介護福祉士は、利用者の身体的自立だけを支援するわけではない！

　身体的自立

　精神的自立　}のすべてを支援する！

　社会的自立

　身体拘束を行う場合、

　　・身体拘束等の態様および時間

　　・そのときの利用者の状況　　}を記録する

　　・緊急やむを得ない理由

２年間の保存義務！！

1 権利保障
けん り ほ しょう

ひづけ

できたシール

ポイント

- 権利保障は、介護福祉士を目指す人の基礎的な考え方となる。
- 日本国憲法第13条では幸福追求権について定めている。
- 日本国憲法第25条では生存権について定めている。

権利保障の法律、条約
けん り ほ しょう ほう りつ じょうやく

【 法律、条約名など 】

【 キーワード 】

①日本国憲法第25条 ・

① A 障害に基づく差別の禁止

②日本国憲法第13条 ・

・ B 幸福追求権

③国際障害者年 ・

・ C 完全参加と平等

④障害者の権利に関する条約 ・

・ D 生存権

国際障害者年
こくさいしょうがいしゃねん

「国際障害者年」について、下のキーワードを使って100字以内で説明しましょう。

				5					10					15					20
				25					30					35					40
				45					50					55					60
				65					70					75					80
				85					90					95					100

【 キーワード 】

「完全参加と平等」　国際連合　1981年　権利保障

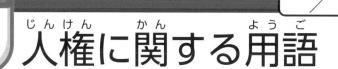

2 人権に関する用語

 人間の権利に関わる用語

【用語】

①ソーシャル・インクルージョン ●

②ノーマライゼーション ●

③エンパワメント ●

④アドボカシー ●

【概要】

● A 自分の力で課題解決できるように力を引き出す

● B 社会的孤立から援護する

● C 障害がある人もない人も同じように生活する

● D 利用者を代弁する

○× マルバツ 福祉の理念に関わる用語

①ノーマライゼーションは、メアリー・リッチモンドが提唱した。 (　　　)
②ユニバーサルデザインとは、すべての人が初めから使いやすいようにデザインしたものである。

(　　　)
③バリアフリーでは、物理的、社会的、制度的、心理的なすべての障壁に対処する考え方が必要である。 (　　　)
④ストレングスとは、その人の持つ強さや力を表すものである。 (　　　)
⑤ナショナル・ミニマムとは、国が保障する最低限度の生活水準のことである。 (　　　)
⑥ソーシャルロール・バロリゼーションとは、価値のある社会的役割の獲得のことである。(　　　)

カコモン 過去問チャレンジ！（第35回−問題68）

　すべての人が暮らしやすい社会の実現に向けて、どこでも、だれでも、自由に、使いやすくという考え方を表す用語として、**適切なもの**を**1つ**選びなさい。

1　ユニバーサルデザイン (universal design)

2　インフォームドコンセント (informed consent)

3　アドバンス・ケア・プランニング (advance care planning)

4　リビングウィル (living will)

5　エンパワメント (empowerment)　　　　　　解答 (　　　)

人間の尊厳と自立

ひづけ　　　できたシール

15

成立の経緯	・2006（平成18）年に国連でつくられた、「障害者の権利に関する条約」の批准のために差別を禁止する法律が必要となった ・ ① _____ の改正、障害者総合支援法の成立、 ② _____ の成立のあと、2013（平成25）年6月に成立、2021（令和3）年5月、改正法が成立 ・民間事業者等は「努力義務」であった合理的配慮の提供が2024（令和6）年4月より「義務」となる
法律のポイント	・障害を理由とする ③ _____ の禁止 ・社会的障壁を除去するための ④ _____ を行う ・障害のある ⑤ _____ の人が対象となる
合理的配慮とは	・障害の状態に応じて、時間や ⑥ _____ などのルールを変える ・設備や施設などの形を変える。補助器具や ⑦ _____ を提供する
障害のあるすべての人とは	・身体障害、知的障害、精神障害（ ⑧ _____ 障害を含む）、 ⑨ _____ の機能障害がある者 ・障害者手帳をもっていなくても対象となる

【語群】
合理的配慮　施設　順番　すべて　障害者基本法　障害者虐待防止法　サービス
心身　発達　差別

①聴覚に障害のある人が市の窓口に来たときに、窓口担当者が手話通訳者と一緒に来るように伝えた。

（　　　）

②知的障害のある人が市役所の会議に出席したときに、本人の申し出に応じて、わかりやすい言葉で書いた資料を、主催者が用意した。

（　　　）

③精神障害のある人がアパートの賃貸契約をするときに、不動産業者が医師の診断書の提出を求めた。

（　　　）

3 身体拘束（しんたいこうそく）

ポイント

- 身体拘束は利用者の尊厳を侵すだけでなく、QOL（Quality of life：生活の質）の低下を招く要因ともなる。
- 身体拘束は、介護保険施設等では2000（平成12）年から禁止されている。
- やむを得ず身体拘束を行う場合の要件は、「切迫性」「非代替性」「一時性」の３つ。

カキコミ① 身体拘束禁止の対象となる行為

1	① _____ しないように、車いすやいす、ベッドに体幹や四肢をひも等で縛る
2	転落しないように、ベッドに体幹や四肢をひも等で縛る
3	自分で降りられないように、ベッドを ② _____ で囲む
4	点滴・経管栄養等のチューブを抜かないように、四肢をひも等で縛る
5	点滴・経管栄養等のチューブを抜かないように、または皮膚をかきむしらないように、手指の機能を制限する ③ _____ の手袋等をつける
6	車いすやいすからずり落ちたり、立ち上がったりしないように、④ _____ や腰ベルト、車いすテーブルをつける
7	立ち上がる能力のある人の立ち上がりを妨げるようないすを使用する
8	脱衣やおむつはずしを制限するために、⑤ _____ を着せる
9	他人への迷惑行為を防ぐために、ベッドなどに体幹や四肢をひも等で縛る
10	行動を落ち着かせるために、⑥ _____ を過剰に服用させる
11	自分の意思で開けることのできない居室等に隔離する

出典：厚生労働省「身体拘束ゼロへの手引き」

身体拘束を実施する場合の3つの要件

①	利用者本人またはほかの利用者等の生命または身体が危険にさらされる可能性がとても高いこと
②	身体拘束その他の行動制限を行う以外に代替する介護方法がないこと
③	身体拘束その他の行動制限が一時的なものであること

身体拘束を行う場合

次の内容について記録し、その記録を ④ [　　　] 年間保存することが義務づけられている

● 身体拘束等の態様および ⑤ [　　　]

● その際の利用者の ⑥ [　　　]

● ⑦ [　　　]

> 身体拘束に関する知識がないと、知らないうちに利用者を拘束してしまうことになるかもしれませんね。

> その通りです！
> 身体拘束は高齢者虐待防止法と併せて理解しましょう。

過去問チャレンジ！（第29回－問題25）

「身体拘束ゼロへの手引き」（2001年（平成13年）厚生労働省）の身体拘束の内容に関する次の記述のうち、**適切なもの**を１つ選びなさい。

1　自分で降りられないように、ベッドの四方を柵で囲むことは、禁止行為とされている。
2　切迫性と非代替性と永続性の３つの要件を満たせば、身体拘束は認められる。
3　本人の同意なく、やむを得ずおむつを着用させることは、禁止行為とされている。
4　事前に利用者や家族に説明があれば、実際に身体拘束を行うときの説明手続きは省略できる。
5　やむを得ず身体拘束をした場合は、そのたびに保険者に報告する義務がある。

解答（　　　）

4 法律における自立

自立に関する法律

【 法律名 】

【 内容 】

①介護保険法
第1条

②障害者基本法
第3条

③生活保護法
第1条

④障害者総合支援法
第3条

⑤世界人権宣言
第22条

⑥日本国憲法
第13条・第25条

⑦社会福祉法
第3条

A 生活に困窮するすべての国民に対し、必要な保護を行い、その最低限度の生活を保障するとともに、その自立を助長する

B すべての国民は、障害者等が自立した日常生活又は社会生活を営めるような地域社会の実現に協力するよう努めなければならない

C 尊厳を保持し、その有する能力に応じ自立した日常生活を営むことができるよう給付を行う

D すべて人は、社会の一員として、社会保障を受ける権利を有し、かつ、国家的努力及び国際的協力により、また、各国の組織及び資源に応じて、自己の尊厳と自己の人格の自由な発展とに欠くことのできない経済的、社会的及び文化的権利を実現する権利を有する

E ・すべて国民は、個人として尊重される。生命、自由及び幸福追求に対する国民の権利については、公共の福祉に反しない限り、立法その他の国政の上で、最大の尊重を必要とする
・すべて国民は、健康で文化的な最低限度の生活を営む権利を有する

F 福祉サービスは、個人の尊厳の保持を旨とし、その内容は、福祉サービスの利用者が心身ともに健やかに育成され、又はその有する能力に応じ自立した日常生活を営むことができるように支援するものとして、良質かつ適切なものでなければならない

G すべて障害者は、個人の尊厳が重んぜられ、その尊厳にふさわしい生活を保障される権利を有する

高齢者、母子・父子・寡婦に関する法律

老人福祉法 第2条	老人は、多年にわたり社会の進展に寄与してきた者として、かつ、豊富な知識と経験を有する者として敬愛されるとともに、 ［　①　生きがい　・　やりがい　］を持てる 健全で安らかな生活を［　②　獲得　・　保障　］されるものとする
母子及び父子 並びに寡婦福祉法 第2条	全て母子家庭等には、児童が、その置かれている［　③　状況　・　環境　］ にかかわらず、心身ともに健やかに育成されるために必要な諸条件と、 その母子家庭の母及び父子家庭の父の ［　④　健康で文化的　・　健康で社会的　］な生活とが保障されるものとする

これらの法律のほかにも、近年では「育児・介護休業法」に関する出題も増えているので、チェックしましょう。

OK

P.34 に育児・介護休業法に関する内容があります。

過去問チャレンジ！（第36回-問題2）

　次の記述のうち、介護を必要とする人の自立についての考え方として、**最も適切なもの**を1つ選びなさい。

1　自立は、他者の支援を受けないことである。
2　精神的自立は、生活の目標をもち、自らが主体となって物事を進めていくことである。
3　社会的自立は、社会的な役割から離れて自由になることである。
4　身体的自立は、介護者の身体的負担を軽減することである。
5　経済的自立は、経済活動や社会活動に参加せずに、生活を営むことである。

解答（　　　）

にんげんかんけい
人間関係と
コミュニケーション

★ ねらい ★

・介護を行うために必要な人間関係の形成や心理について理解する！
・基本的なコミュニケーション能力を養い、チームマネジメントを
　理解する！

双方向

・コミュニケーションは、双方向の
　情報のやりとりである！
・利用者から発信される非言語的メッセージに注意する！
　　　　　　→視線、表情、姿勢、話すリズム、声のトーン、
　　　　　　　服装など

・介護福祉職には受容、共感、傾聴の姿勢が必要！
・介護福祉職は、自分の価値観に流されないように自己覚知が必要！
・チームの目標達成のためさまざまな資源を効率的に活用するしく
　みを整えるはたらきのことをチームマネジメントという！

1 コミュニケーションの基本

- ・コミュニケーションは人間関係形成の手段である。
- ・対人援助関係におけるコミュニケーションでは、援助者と利用者の双方向性が重視される。
- ・伝達の手段には、言語的伝達媒体によるものと非言語的伝達媒体によるものがある。

コミュニケーションの目的と方法

● コミュニケーションとは、人が、 ① 、感情、情報などを

② することであり、複数の人が情報などを伝え合う

③ をもっている。

● 言語的伝達媒体とは ④ のことであり、会話や電話など話して伝える

手段、手紙やメールなど書いて伝える手段、手話を使って伝える手段などがある。

● 非言語的伝達媒体とは、ジェスチャーや言語とは言えないうなり声やため息など

⑤ のことである。無意識のうちに発信される相手に対する動作、

⑥ 、 ⑦ 、 ⑧ 、

⑨ 、声のトーンなどがある。

● コミュニケーションの妨げになる環境を ⑩ という。騒音や障害、

偏見などがある。

【語群】
伝達　意思　一方向性　双方向性　非言語　言語　雑音　視線　表情
話すリズム　姿勢

22

ブンルイ　伝達手段

【伝達手段】

電話　表情　視線　手紙　声のトーン　姿勢　メール　服装　FAX

言語を媒体とするもの	非言語を媒体とするもの
①	②

◆伝達（コミュニケーション）手段

・言語的コミュニケーション……言語によって主に情報の内容を伝える
・非言語的コミュニケーション…言語以外の手段によって主に感情や思いを伝える

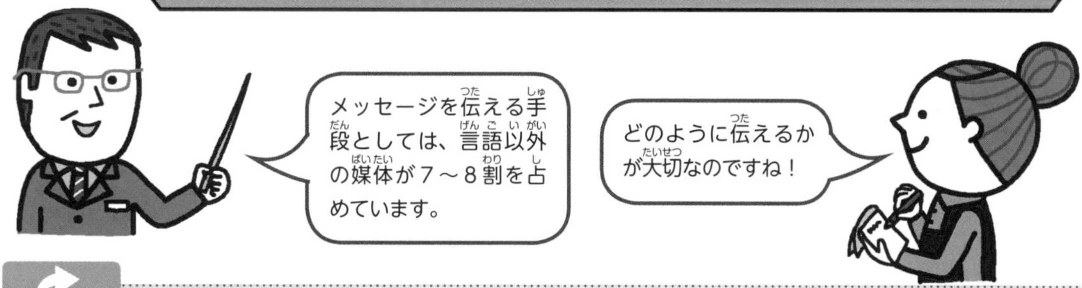
メッセージを伝える手段としては、言語以外の媒体が７～８割を占めています。
どのように伝えるかが大切なのですね！

カコモン　過去問チャレンジ！（第33回－問題4）

Bさん（80歳、男性）は、訪問介護（ホームヘルプサービス）を利用しながら自宅で一人暮らしをしている。最近、自宅で転倒してから、一人で生活をしていくことに不安を持つこともある。訪問介護員（ホームヘルパー）がBさんに、「お一人での生活は大丈夫ですか。何か困っていることはありませんか」と尋ねたところ、Bさんは、「大丈夫」と不安そうな表情で答えた。

Bさんが伝えようとしたメッセージに関する次の記述のうち、**最も適切なもの**を**1つ**選びなさい。

1　言語メッセージと同じ内容を非言語メッセージで強調している。
2　言語で伝えた内容を非言語メッセージで補強している。
3　言語の代わりに非言語だけを用いてメッセージを伝えている。
4　言語メッセージと矛盾する内容を非言語メッセージで伝えている。
5　非言語メッセージを用いて言葉の流れを調整している。

解答（　　）

2 コミュニケーションに関する用語

ポイント

- ラポール（信頼関係）を形成するためには、共感と受容の態度で接することが大切である。
- 自己の思想や価値観や感情などについて客観的に理解することを自己覚知という。
- 自分自身に関する情報を自分の意思で伝えることを自己開示という。
- 認知症や知的障害により表現力が低下している場合や、言語的コミュニケーションが可能であっても真意が表現できていないと思われる場合には、非言語的メッセージを大切にする。

○✕ マルバツ 信頼関係を得る態度

①自己の思想や価値観や感情などについて客観的に理解することを自己覚知という。 （　　）
②相手をあるがままに受け入れることを共感という。 （　　）
③相手の感情を把握し、その感情に寄り添うことを受容という。 （　　）
④相手の話にじっくり耳を傾けることを傾聴という。 （　　）

カキコミ コミュニケーションの技法

- 援助者は、自分の価値観や感情などに流されないように ① □ が必要。

- 会話によるコミュニケーションでは、話を誘導するのではなく、相手の話を ② □ することが大切である。

- 援助者と利用者の間に信頼関係が形成された状態のことを ③ □ という。

- 利用者と接するときは、しゃがんだり腰をかがめたりして、相手と同じ ④ □ になるよう心がける。

- 利用者の身体への ⑤ □ は、共感やいたわりを表現する一方、不快感を与えてしまうこともあるので、その人の気持ちを確かめながら行う。

● コミュニケーションにおける自己の公開と、コミュニケーションの円滑な進め方を考える

ための下の図のようなモデルを ⑥ 　　　　　　　　という。

	自分が知っている	自分が知らない
他人が知っている	開放の窓	盲点の窓
他人が知らない	秘密の窓	未知の窓

【語群】

傾聴　接触　目線　自己覚知　自己決定　ジョハリの窓　ラポール

対面法と直角法

①図Aと図Bの座り方の名称を書きましょう。

図A
利用者
テーブル
介護福祉職

（　　　　　　　）

図B
利用者
テーブル
介護福祉職

（　　　　　　　）

②利用者との関係性をつくる座り方として、上の図Aと図Bのどちらが有効か答えましょう。

（　　　　　　　）

過去問チャレンジ！（第34回－問題4）

　利用者とのコミュニケーション場面で、介護福祉職が行う自己開示の目的として、**最も適切な**ものを1つ選びなさい。

1　ジョハリの窓 (Johari Window) の「開放された部分 (open area)」を狭くするために行う。
2　利用者との信頼関係を形成するために行う。
3　利用者が自分自身の情報を開示するために行う。
4　利用者との信頼関係を評価するために行う。
5　自己を深く分析し、客観的に理解するために行う。

解答（　　　）

人間関係とコミュニケーション

25

3 チームマネジメント

チームマネジメントの方法

【方法】 【説明文】

①リーダーシップ　•

②フォロワーシップ　•

③OJT　•

④Off-JT　•

⑤スーパービジョン　•

⑥ティーチング　•

⑦コーチング　•

• A 指示・助言を通し必要な知識や技術などを教えること

• B 指導者から受ける指導機会、指導関係

• C 質問によって考える機会を提供し、答えを引き出すこと

• D 実際の業務を通して現場で行う教育訓練

• E リーダーが発揮すべき意識や行動

• F 現場を離れて行う教育訓練

• J フォロワーがリーダーを支える機能

過去問チャレンジ！（第35回－問題6）

D介護福祉職は、利用者に対して行っている移乗の介護がうまくできず、技術向上を目的としたOJTを希望している。次のうち、D介護福祉職に対して行うOJTとして、**最も適切なもの**を1つ選びなさい。

1 専門書の購入を勧める。
2 外部研修の受講を提案する。
3 先輩職員が移乗の介護に同行して指導する。
4 職場外の専門家に相談するように助言する。
5 苦手な移乗の介護は控えるように指示する。

解答（　　）

しゃかい りかい
社会の理解

★ ねらい ★

・人間の生活と社会の関わり、自助〜公助の過程について理解する！
・日本の社会保障の基本的な考え方や歴史、変遷について理解する！
・介護実践に必要となる介護保険制度と障害者自立支援制度について基礎的な知識を習得する！
・介護実践に必要となる個人情報保護や成年後見制度などの基礎的知識を習得する！

だいじ！！

・介護福祉士は、利用者の望む生活を実現させるために、どんな社会資源があって、それがどのように使えるのかを理解していないといけない。

→法律の内容についても知っておく必要がある！！

・介護保険法
・障害者総合支援法
・高齢者虐待防止法 — 一度は条文に目を通しておく！
・障害者虐待防止法
・生活保護法　など

・成年後見制度と日常生活自立支援事業は混合して出されやすい！
・高齢者虐待防止法における虐待の種類は5種類！ 一番多いのは身体的虐待！
・生活保護の8つの扶助のうち、現物給付は医療扶助と介護扶助だけ。あとは金銭給付。

シールを貼ろう

1 日本の社会福祉の歩み

ポイント

・日本の福祉は、戦後の戦争孤児や傷痍軍人、生活困窮者への救済政策から始まった。
・児童福祉法、身体障害者福祉法、生活保護法の3つを合わせて、福祉三法という。

 福祉六法年表

成立年	法律名
① 年	児童福祉法
1949（昭和24）年	②
1950（昭和25）年	生活保護法
③ 年	知的障害者福祉法
1963（昭和38）年	④
1964（昭和39）年	母子及び父子並びに寡婦福祉法

昭和20年代（①〜生活保護法）→福祉三法
昭和30年代
福祉六法

・旧生活保護法は昭和21年に成立
・新生活保護法は昭和25年に成立
覚えておきましょう。

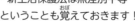
・旧生活保護法は欠格条項あり
・新生活保護法は無差別平等
ということも覚えておきます！

過去問チャレンジ！（第36回－問題10）

社会福祉基礎構造改革に関する次の記述のうち、**適切なもの**を1つ選びなさい。

1 社会福祉法が社会福祉事業法に改正された。
2 利用契約制度から措置制度に変更された。
3 サービス提供事業者は、社会福祉法人に限定された。
4 障害福祉分野での制度改正は見送られた。
5 判断能力が不十分な者に対する地域福祉権利擁護事業が創設された。　　解答（　　）

ひづけ ／　できたシール

2 社会保障制度の種類

ポイント

・社会保障制度は、社会保険と社会扶助に分けられる。
・社会保険の財源は保険料が中心、社会扶助の財源は租税が中心となる。

カキコミ　日本の社会保障制度のしくみ

社会保障制度										
社会保険					①					
年金保険	②	③	雇用保険	労働者災害補償保険	公的扶助	社会サービス				⑥
					④	⑤	児童福祉	障害（児）者福祉	母子・父子・寡婦福祉	児童手当など 児童扶養手当 特別児童扶養手当
財源は保険料が中心					財源は租税が中心					

【語群】
医療保険　社会手当　高齢者福祉　生命保険　介護保険　生活保護　社会扶助
障害手当

社会保険を防貧対策、社会扶助を救貧対策と言うこともあります。

OK
社会保険のことを「共助」
社会扶助のことを「公助」
と言うこともできますね！

3 年金保険
ねんきんほけん

ポイント

・日本は、1961（昭和36）年に国民皆年金となった。
・公的年金の種類には、国民年金、厚生年金がある。
・2015（平成27）年10月に、共済年金が厚生年金に統一された。

年金の種類と加入者
クミアワセ

【 年金の種類 】

①国民年金 •

②厚生年金 •

【 加入者 】

• A 公務員など

• B 自営業者や学生

• C サラリーマン

国民年金の被保険者
ブンルイ

【 被保険者 】

自営業者　　サラリーマン　　公務員　　サラリーマンに扶養されている配偶者
公務員に扶養されている配偶者　　学生

第1号被保険者	第2号被保険者	第3号被保険者
①	②	③

●加入者が多いのは①第2号、②第1号、③第3号の順である。

○✕ マルバツ　公的年金制度

①国民年金の加入者は、①第2号、②第1号、③第3号の順に多い。　　　　　　　（　　）
②老齢基礎年金の受給要件は、受給資格期間が25年以上あることである。　　　（　　）
③保険料免除期間は受給資格期間に含まれる。　　　　　　　　　　　　　　　（　　）
④障害基礎年金とは、年金加入者が病気やけがなどの結果、障害等級の１級または２級の
　障害の状態になった場合に支給される年金である。　　　　　　　　　　　　（　　）
⑤遺族基礎年金の受給対象者は、子のある配偶者と子である。　　　　　　　　（　　）
⑥2015（平成27）年10月に共済年金と厚生年金が一元化された。　　　　　　（　　）

カキコミ　年金シミュレーション

18歳　　大学入学

20歳　　成人　　国民年金に加入（　①　　　　　　　　の申請で納付は猶予）

受給資格期間10年以上

大学卒業

| サラリーマンになる | 自営業者になる |

↓　　　　　　　　　　↓

②　　　　年金に加入　　　③　　　　年金に加入

例えば脱サラして農業を始めた場合

→国民年金の　④　　　被保険者になる

65歳　　受給　　⑤　　　　年金を受給　　　⑥　　　　年金を受給

※受給開始時期は60〜75歳に変更（2022年より）

例えば…

●保険料納付期間中に障害を負った場合→　⑦　　　　年金が支払われる

●死亡した場合→遺族に　⑧　　　　年金が支払われる

※どちらも、資格期間中に保険料の納付済（免除）期間が2/3以上が条件

31

4 医療保険

ポイント

・日本は、1961（昭和36）年に国民皆保険となった（国民皆年金と同じ年）。
・国民健康保険の保険者には、加入者によって都道府県・市町村と、国民健康保険組合がある。

カキコミ 医療保険の保険者と加入者

保険の種類		保険者	加入者
被用者保険	①	健康保険組合	大企業のサラリーマン
		全国健康保険協会（協会けんぽ）	中小企業のサラリーマン
	船員保険		船員
	共済組合	各種共済組合	公務員など
②		都道府県、市町村	自営業者など
		国民健康保険組合	医師、弁護士など
後期高齢者医療制度		都道府県の ③	④　　　　　歳以上の人、65歳以上75歳未満の障害認定者

○✕ マルバツ 日本の国民皆保険制度の特徴

①国民全員を民間医療保険で保障する。 （　　）
②医療機関を自由に選べる。 （　　）
③安い医療費で高度な医療が受けられる。 （　　）
④社会保険方式を基本としつつ、公費を投入している。 （　　）
⑤高額療養費制度がある。 （　　）
⑥高額介護合算療養費制度がある。 （　　）
⑦一定の要件を満たした外国人は国民健康保険に加入することができる。 （　　）
⑧医療保険は、自助・互助・共助・公助のうちの共助である。 （　　）

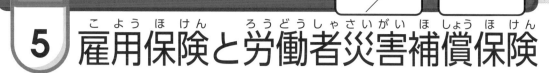

5 雇用保険と労働者災害補償保険

- 雇用保険は、大きく失業等給付と雇用保険二事業に分けられる。
- 労働者が就業中や通勤中に負った怪我や疾病、死亡等に対する保険を労働者災害補償保険（労災保険）という。
- 雇用保険は、事業主と労働者が保険料を負担し、労働者災害補償保険は事業主が負担する。

※雇用保険二事業は、事業主が負担する

社会の理解

 雇用保険の種類

①	求職者給付	⑤　　　　　と雇用の安定、就職の促進を図るための給付
	就職促進給付	
	教育訓練給付	
	②	
③		
雇用保険二事業	④	労働者の能力の開発や向上を図るための給付
	能力開発事業	

【語群】
雇用安定事業　雇用促進事業　雇用継続給付　生活　失業等給付　育児休業給付

保険の適用

- 仕事中の災害は、［① 労働者災害補償保険 ・ 雇用保険］の適用となる。
- 通勤中の災害は、［② 労働者災害補償保険 ・ 雇用保険］の適用となる。
- 労働災害には、［③ 健康保険 ・ 労働者災害補償保険］が適用される。
- 失業したときには、［④ 労働者災害補償保険 ・ 雇用保険］が適用される。

6 育児・介護休業法

- 育児・介護休業は男性にも適用される。
- 育児休業は、原則、1歳に満たない子を養育する男女労働者が対象である。
- 介護休業は、対象家族1人につき通算93日まで3回を上限として休業できる。

主な育児・介護休業制度

カキコミ

休業の種類	対象者	概要
育児休業	原則、1歳に満たない子を養育する ①	子どもが最長2歳に達するまで休業できる
子の看護休暇	② 就学前の子を養育する男女労働者	小学校就学前の子1人につき 年 ③ 日まで時間単位で取ることができる
所定外労働時間の制限	原則、④ 歳に満たない子を養育する男女労働者	残業や休日出勤などが免除
介護休業	⑤ 週間以上にわたり要介護状態にある家族を介護する男女労働者	対象家族1人につき通算 ⑥ 日まで3回を上限として休業できる
介護休暇	要介護状態にある対象家族の介護や世話をする男女労働者	対象家族1人につき 年 ⑦ 日まで時間単位で取ることができる

育児・介護休業法は2022（令和4）年10月から改正されました。

①産後パパ育休（出生時育児休業）制度の創設
②育児休業の分割取得が可能になった
の2点がポイントです。

育児・介護休業の適用

①産後パパ育休は、子の出生後8週間以内に4週間まで取得可能である。（　　　）
②育児・介護休業法に基づく子の看護休暇制度は、小学校就学前の子を養育する労働者に適用される。

（　　　）

③介護休業とは、10週間以上要介護状態が続いている家族を介護するためのものである。（　　　）
④事業主は、労働者が育児休業または介護休業を申し出たことを理由に不利益な扱いをしてはならない。

（　　　）

 育児・介護休業法とワーク・ライフ・バランス

育児・介護休業法とワーク・ライフ・バランスの関係性について、下のキーワードを使って100字以内で説明しましょう。

			5			10			15			20
			25			30			35			40
			45			50			55			60
			65			70			75			80
			85			90			95			100

【 キーワード 】
仕事と家庭の両立　　短時間勤務制度　　所定外労働の制限　　健康で豊かな生活　　社会全体

 過去問チャレンジ！（第36回－問題11）

　Cさん（77歳、男性）は、60歳で公務員を定年退職し、年金生活をしている。持病や障害はなく、退職後も趣味のゴルフを楽しみながら健康に過ごしている。ある日、Cさんはゴルフ中にけがをして医療機関を受診した。
　このとき、Cさんに適用される公的医療制度として、正しいものを1つ選びなさい。

1　国民健康保険
2　後期高齢者医療制度
3　共済組合保険
4　育成医療
5　更生医療

解答（　　　）

7 介護保険制度の基本的理解

ポイント

- 介護保険の保険者は、市町村および特別区（東京23区）である。
- 介護保険サービスの利用者の自己負担は原則として1割であるが、一定以上の所得がある第1号被保険者は2割になり、2018（平成30）年8月から、「より所得の高い人」は3割負担となった。

カキコミ① 介護保険の被保険者と保険者

第1号被保険者	市区町村に住所を有する　①　　　　　　歳以上の人
第2号被保険者	②　　　歳以上　③　　　　　　歳未満の市区町村に住所を有する医療保険加入者

● 第2号被保険者は、　④　　　　　　が原因で要介護（要支援）状態になった場合に介護保険サービスを利用できる

↓

①がん末期
②関節リウマチ
③筋萎縮性側索硬化症（ALS）
④後縦靭帯骨化症
⑤骨折を伴う骨粗鬆症
⑥初老期における認知症
⑦パーキンソン病関連疾患
⑧脊髄小脳変性症

⑨脊柱管狭窄症
⑩早老症（ウェルナー症候群等）
⑪多系統萎縮症
⑫糖尿病性神経障害、腎症、網膜症
⑬脳血管疾患
⑭閉塞性動脈硬化症
⑮慢性閉塞性肺疾患（肺気腫、慢性気管支炎等）
⑯両側の変形性膝（股）関節症

● 介護保険の保険者は　⑤　　　　　　およびおよび特別区である。

● 居住している市町村以外の介護保険施設等に入所した場合は、　⑥　　　　　　により前住所地の市町村が保険者となる。

介護保険の利用

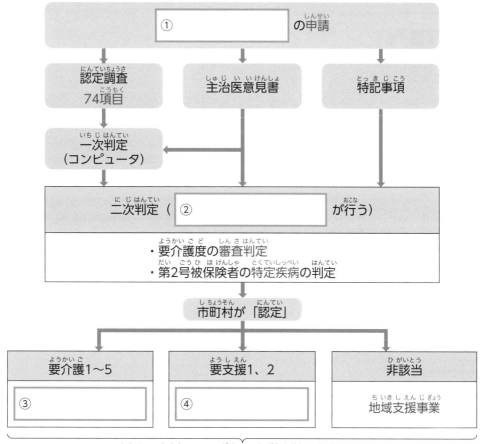

① [   ] の申請

認定調査
74項目
　　主治医意見書　　　　特記事項

一次判定
(コンピュータ)

二次判定（ ②　　　　　　　　　　　が行う）

・要介護度の審査判定
・第2号被保険者の特定疾病の判定

市町村が「認定」

要介護1〜5
③ [   ]

要支援1、2
④ [   ]

非該当
地域支援事業

認定に不服がある場合は都道府県が設置する
介護保険審査会に不服申し立てを行う

過去問チャレンジ！ （第36回－問題12）

　次のうち、介護保険法に基づき、都道府県・指定都市・中核市が指定(許可)、監督を行うサービスとして、**正しいものを1つ**選びなさい。

1　地域密着型介護サービス
2　居宅介護支援
3　施設サービス
4　夜間対応型訪問介護
5　介護予防支援　　　　　　　　　　　　　　　　　　　　　解答（　　　）

介護認定審査会は市町村。介護保険審査会は都道府県が設置します。名称が似ているので、間違えないようにしましょう。

8 地域支援事業

ポイント

- ・地域支援事業の実施主体は、市町村である。
- ・地域支援事業には、介護予防・日常生活支援総合事業、包括的支援事業、任意事業がある。
- ・地域支援事業は、2005（平成17）年の介護保険法改正によって創設された。

カキコミ① 地域支援事業の目的

- ● 被保険者が ① 　　　　 または ② 　　　　 になることを予防する。

- ● ③ 　　　　 を促進する。

- ● ④ 　　　　 において自立した日常生活を営むことができるよう支援する。

【 語群 】

認知症　要介護状態　難病　要支援状態　貧困　社会参加　健康　地域

カキコミ② 新しい地域支援事業の全体像

地域支援事業		
①	②	③
・介護予防・生活支援サービス事業 ・一般介護予防事業	・地域包括支援センターの運営 ・在宅医療・介護連携推進事業 ・認知症総合支援事業 ・生活支援体制整備事業 ・地域ケア会議推進事業	・介護給付等費用適正化事業 ・家族介護支援事業 ・その他の事業

マルバツ 地域包括支援センター

① 地域包括支援センターは2011（平成23）年の介護保険法の改正により設置された。 　（　　　）
② 包括的支援事業や介護予防に関する事業を実施する。 　（　　　）
③ 市町村ごとに地域包括支援センター運営協議会が設置される。 　（　　　）
④ 職員体制は、保健師、社会福祉士、主任介護支援専門員を配置すると定められている。 　（　　　）
⑤ 都道府県または都道府県から委託された法人が運営する。 　（　　　）

◆地域ケア会議の機能

1	個別課題解決機能	市町村または 地域包括支援センターに 設置される
2	ネットワーク構築機能	
3	地域課題発見機能	
4	地域づくり・資源開発機能	
5	政策形成機能	

社会の理解

 2014（平成26）年の介護保険法改正で地域ケア会議は、制度のなかに位置付けられました。

 過去問チャレンジ！（第32回－問題5）

地域包括ケアシステムでの自助・互助・共助・公助に関する次の記述のうち、**最も適切なもの**を1つ選びなさい。

1　自助は、公的扶助を利用して、自ら生活を維持することをいう。
2　互助は、社会保険のように制度化された相互扶助をいう。
3　共助は、社会保障制度に含まれない。
4　共助は、近隣住民同士の支え合いをいう。
5　公助は、自助・互助・共助では対応できない生活困窮等に対応する。

解答（　　　）

9 居宅<ruby>居宅<rt>きょたく</rt></ruby>サービス

居宅<ruby>居宅<rt>きょたく</rt></ruby>サービスの種類<ruby>種類<rt>しゅるい</rt></ruby>

	サービス名<ruby>名<rt>めい</rt></ruby>	内容<ruby>内容<rt>ないよう</rt></ruby>
1	訪問介護<ruby>訪問介護<rt>ほうもんかいご</rt></ruby>	要介護者の居宅で入浴、排泄、食事等の日常生活上の世話を行うこと
2	①	要介護者の居宅を訪問し、浴槽を提供して入浴の介護を行うこと
3	訪問看護<ruby>訪問看護<rt>ほうもんかんご</rt></ruby>	要介護者の居宅で看護師などが療養上の世話または必要な診療の補助を行うこと
4	②	要介護者の居宅で理学療法、作業療法、その他必要なリハビリテーションを行うこと
5	居宅療養管理指導<ruby>居宅療養管理指導<rt>きょたくりょうようかんりしどう</rt></ruby>	要介護者の居宅で医師、歯科医師、薬剤師などが療養上の管理、指導を行うこと
6	通所介護<ruby>通所介護<rt>つうしょかいご</rt></ruby>	デイサービスセンターで入浴、排泄、食事等の世話や機能訓練を行うこと
7	③	介護老人保健施設や病院などに通い、医学的管理に基づいた理学療法、作業療法、その他必要なリハビリテーションを行うこと
8	短期入所生活介護<ruby>短期入所生活介護<rt>たんきにゅうしょせいかつかいご</rt></ruby>	介護老人福祉施設などに短期間入所する居宅の要介護者に対して入浴、排泄、食事等の日常生活上の世話を行うこと
9	④	要介護者を介護老人保健施設や病院などに短期間入所させ、看護、医学的管理のもとにおける介護、機能訓練その他必要な医療や日常生活上の世話を行うこと
10	⑤	特定施設に入居している要介護者について、サービスの内容などを定めた計画に基づき、入浴、排泄、食事等の日常生活上の世話、機能訓練、療養上の世話を行うこと
11	⑥	福祉用具を貸与すること
12	特定福祉用具販売<ruby>特定福祉用具販売<rt>とくていふくしようぐはんばい</rt></ruby>	特定福祉用具を販売すること

※上記のサービスのうち、要支援者の訪問介護と通所介護は、介護予防・日常生活支援総合事業へ移行した

10 地域密着型サービス

ポイント

・地域密着型サービスは、高齢者が要介護状態となっても、できる限り住み慣れた地域での生活が続けられるように支援するものである。→市町村が事業者の指定・監督を行う。
・複合型サービスは、2015（平成27）年度から看護小規模多機能型居宅介護と名称が変更。
・2016（平成28）年4月より、地域密着型通所介護が創設された。

クミアワセ　地域密着型サービスの種類

【サービス名】　※印は、要支援者も利用可能　【内容】

【サービス名】	【内容】
① 小規模多機能型居宅介護※	A　デイサービスセンターなどに通う認知症高齢者に日常生活上の世話などを行う
② 認知症対応型通所介護※	B　日中・夜間を通じて、介護と看護が連携しながらサービスを提供する
③ 認知症対応型共同生活介護※	C　要介護者の心身の状況などに応じて、「通い」を中心に「訪問」「泊まり」を組み合わせてサービスを行う
④ 看護小規模多機能型居宅介護（旧・複合型サービス）	D　認知症高齢者が共同生活を営む場において日常生活上の世話や機能訓練を行う
⑤ 定期巡回・随時対応型訪問介護看護	E　夜間の定期的な巡回訪問や利用者からの通報で、日常生活上の世話などを行う
⑥ 夜間対応型訪問介護	F　定員29人以下の介護老人福祉施設において日常生活上の世話などを行う
⑦ 地域密着型特定施設入居者生活介護	G　訪問看護および小規模多機能型居宅介護の組み合わせにより提供されるサービス
⑧ 地域密着型介護老人福祉施設入所者生活介護	H　特定施設（定員29人以下）においてサービスの内容などを定めた計画に基づき日常生活上の世話を行う
⑨ 地域密着型通所介護	I　利用定員18人以下の小規模デイサービス

11 介護サービス提供の場

クミアワセ　介護施設の種類

【 施設名 】

①介護老人福祉施設 ・

②介護老人保健施設 ・

③介護医療院 ・

【 特徴 】

・ A　長期療養が必要な人の療養上の管理、機能訓練を行う

・ B　常時、介護が必要な人などの生活の場

・ C　医学的管理に基づく看護、介護、リハビリテーションを行う

○× マルバツ　介護保険施設と老人福祉施設

①指定介護老人福祉施設は、市区町村が指定・監督する。　　　　　　（　　　）
②養護老人ホームは、特定施設の一つとして分類される。　　　　　　（　　　）
③軽費老人ホームは、65歳以上の居宅生活に不安がある高齢者が対象となる。（　　　）
④老人短期入所施設は、第1種社会福祉事業である。　　　　　　　　（　　　）

カキコミ①　介護医療院

■介護医療院の定義　（介護保険法第8条第29項）

介護医療院とは、□①□であって、主として□②□にわたり療養が

必要である者に対し、施設サービス計画に基づいて、療養上の管理、看護、□③□

的管理の下における介護及び機能訓練その他必要な□④□並びに日常生活上の

世話を行うことを目的とする施設。

■介護医療院の暗記ポイント

設置根拠は□⑤□法、介護療養病床（療養機能強化型）相当のサービスが

□⑥□型、老人保健施設相当以上のサービスが□⑦□型

老人福祉施設

【 施設名 】

特別養護老人ホーム　　養護老人ホーム　　老人短期入所施設　　軽費老人ホーム
老人介護支援センター　　老人デイサービスセンター　　老人福祉センター

第1種社会福祉事業	第2種社会福祉事業
①	②
——施設サービス——	——居宅サービス——

カキコミ❷

ユニット型特別養護老人ホーム

● ユニットケアの居室の定員は ① 人。ただし、夫婦で居室を利用する場合

などは、② 人部屋とすることができる。

● ユニットには、居室および共同生活室のほか、③ および ④

を含む。

● 各ユニットにおいて入居者が相互に ⑤ 的関係を築き、自律的な日常生活

を送ることを支援する。

● ひとつのユニットの入居定員は、⑥ 人以下とすることが原則である。

● 食事は、⑦ で摂取できるよう支援しなければならない。

● 職員の勤務体制は、⑧ 性を重視したサービスの提供に配慮する。

【 語群 】

1　　2　　10　　社会　　共同生活室　　便所　　継続　　洗面設備

12 障害者総合支援法の基本的理解

カキコミ❶ 障害者・障害児の定義

障害者	・身体障害者福祉法に規定する身体障害者 ・知的障害者福祉法に規定する知的障害者 ・精神保健福祉法に規定する精神障害者（ ① ［　　　　］ を含む） ・ ② ［　　　　］ 等
障害児	児童福祉法に規定する障害児（ ③ ［　　　　］ を含む）

カキコミ❷ 障害者総合支援法

■障害者自立支援法から障害者総合支援法への改正のポイント

目的	・「自立」の代わりに、「基本的人権を享有する個人としての ① ［　　　　］ 」が法律に明記された ・ ② ［　　　　］ による支援が法律に明記された
障害者	政令で定める ③ ［　　　　］ 等を障害者の範囲に加えた
その他	・障害程度区分を改めて、 ④ ［　　　　］ 区分に変更した ・市町村と都道府県の地域生活支援事業の役割分担を明確にした ・重度訪問介護の対象を重度の ⑤ ［　　　　］ と精神障害者にまで拡大した

【語群】

そんげん 尊厳	せいかつ 生活	しょうがいしえん 障害支援	なんびょうかんじゃ 難病患者	ちてきしょうがいしゃ 知的障害者	はったつしょうがいしゃ 発達障害者	ちいきせいかつしえんじぎょう 地域生活支援事業

障害福祉サービスの利用

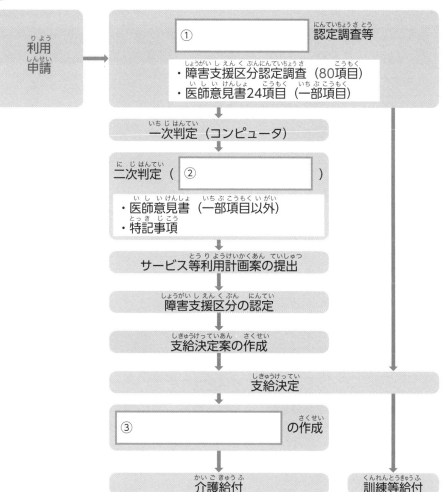

利用
申請

① 　　　　　　　　　　　認定調査等

・障害支援区分認定調査（80項目）
・医師意見書24項目（一部項目）

一次判定（コンピュータ）

二次判定（　②　　　　　　　　　　　）

・医師意見書（一部項目以外）
・特記事項

サービス等利用計画案の提出

障害支援区分の認定

支給決定案の作成

支給決定

③ 　　　　　　　　　　　　　　の作成

介護給付

訓練等給付

社会の理解

過去問チャレンジ！（第35回－問題13）

　次のうち、「障害者総合支援法」の介護給付を利用するときに、利用者が最初に市町村に行う手続きとして、**適切なもの**を１つ選びなさい。

1　支給申請　　2　認定調査　　3　審査会の開催
4　障害支援区分の認定　　5　サービス等利用計画の作成

（注）「障害者総合支援法」とは、「障害者の日常生活及び社会生活を総合的に支援するための法律」のことである。

解答（　　　）

13 障害福祉サービス

カキコミ❶ 障害福祉サービスの種類

①	介護給付
	②
	③
	補装具
地域生活支援事業	市町村地域生活支援事業
	都道府県地域生活支援事業

ブンルイ 介護給付・訓練等給付・自立支援医療

【 サービス 】

居宅介護　　更生医療　　重度訪問介護　　同行援護　　自立訓練（機能訓練・生活訓練）
自立生活援助　　行動援護　　就労移行支援　　療養介護　　生活介護
就労継続支援（A型・B型）　　就労定着支援　　育成医療　　短期入所　　重度障害者等包括支援
共同生活援助　　施設入所支援　　精神通院医療

介護給付	訓練等給付	自立支援医療
①	②	③

カキコミ❷ 地域生活支援事業

市町村地域生活支援事業	都道府県地域生活支援事業
・理解促進研修・啓発事業 ・自発的活動支援事業 ・相談支援事業 ・ ① 　制度利用支援事業 ・成年後見制度法人後見支援事業 ・意思疎通支援事業 ・ ② 　給付等事業 ・手話奉仕員養成研修事業 ・移動支援事業 ・地域活動支援センター機能強化事業 ・任意事業 ・障害支援区分認定等事務	・ ③ 　の高い相談支援事業 ・専門性の高い意思疎通支援を行う者の養成研修事業 ・専門性の高い意思疎通支援を行う者の派遣事業 ・意思疎通支援を行う者の派遣に係る市町村相互間の連絡調整事業 ・広域的な支援事業 ・サービス・相談支援者、指導者育成事業 ・任意事業

カキコミ❸ 自立支援給付

●同行援護とは、[①]障害により、移動に大きな困難を抱える障害者等に対して、外出時に同行し、移動に必要な情報の提供や移動の援護などの援助を行う。

●就労移行支援とは、就労を希望する[②]の障害者に対して、一定期間、生産活動等の機会を提供することで、就労に必要な知識や能力の向上を図る訓練等を行う。

●就労継続支援には、[③]であるＡ型と[④]であるＢ型とがある。Ａ型の対象は雇用契約に基づく就労が[⑤]と見込まれる65歳未満の障害者、Ｂ型は雇用契約に基づく就労が[⑥]であると見込まれる障害者。

【語群】
視覚　可能　困難　雇用型　非雇用型　65歳未満

社会の理解

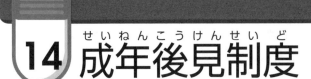

14 成年後見制度
せいねんこうけんせいど

ポイント

・成年後見制度は、法定後見制度と任意後見制度に分けられる。
・法定後見制度では、利用者の判断能力の程度に合わせて、後見人が後見、保佐、補助の3つに分けられる。
・制度利用の申し立ては、家庭裁判所に行う。

● センタク　成年後見制度の基本

● 法定後見制度では、判断能力の低下 [① 前　・　後] に後見人を決める。

● 任意後見制度では、判断能力の低下 [② 前　・　後] に後見人を決める。

● 任意後見制度では、利用者本人による任意後見人の選定を

[③ 認めている　・　認めていない]。

● 制度利用の申し立ては、[④ 家庭裁判所　・　社会福祉協議会] に行う。

● 申し立て人は、本人、配偶者、[⑤ 3　・　4] 親等以内の親族のほか、検察官や市町村長なども可能。

● 成年後見制度では、[⑥ 財産管理　・　日常的金銭管理] を行う。

● カキコミ　後見人の分類

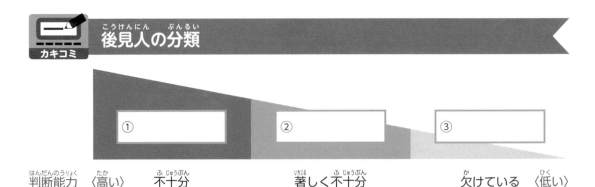

判断能力 〈高い〉　不十分　　　　　著しく不十分　　　　欠けている 〈低い〉

15 日常生活自立支援事業

ポイント

- 実施主体は、都道府県社会福祉協議会または指定都市社会福祉協議会。
- 対象者は、認知症高齢者、知的障害者、精神障害者等のうち、判断能力が不十分な人で、契約内容が理解できる人。

社会の理解

カキコミ 日常生活自立支援事業の基本

- 日常生活自立支援事業の実施主体は、① [   ] または

指定都市社会福祉協議会である。

- 事業の対象者は、認知症高齢者、知的障害者、精神障害者等のうち、判断能力が

② [   ] な人で、③ [   ] が理解できる人。

- 日常生活自立支援事業では、④ [   ] が初期相談、利用援助契約などを行う。

- 日常生活自立支援事業では、⑤ [   ] が具体的援助を提供する。

■事業内容

● 福祉サービスの利用開始、中止や利用料の支払い手続きの援助
● 福祉サービスの利用に関する ⑥ [   ] の利用援助
● 公共料金、社会保険料、税金、医療費、家賃の支払いなどの日常的な ⑦ [   ]

【語群】

市町村社会福祉協議会　都道府県社会福祉協議会　不十分　金銭管理　苦情解決制度
契約内容　専門員　生活支援員　介護福祉士

16 虐待防止に関する制度

高齢者虐待防止法

高齢者	［ ① 60 ・ 65 ］歳以上の者
高齢者虐待	・養護者による高齢者虐待 ・［ ② 養介護施設従事者 ・ 居宅介護支援事業所従事者 ］等による高齢者虐待
虐待の種類	身体的虐待、心理的虐待、性的虐待、介護等放棄、 ［ ③ 経済的虐待 ・ 精神的虐待 ］の5つ
通報義務など	・虐待や疑わしい状態を発見した際は、 ［ ④ 市町村社会福祉協議会 ・ 市町村 ］に通報する ・立ち入り調査の場合に必要があるときは［ ⑤ 警察署長 ・ 市町村 ］に援助を求めることができる
高齢者虐待の現状	【 養護者による虐待 】 ・虐待者：［ ⑥ 嫁 ・ 息子 ］、夫、娘の順に多い ・被虐待者：［ ⑦ 女性 ・ 男性 ］が多い ・虐待の種類：［ ⑧ 経済的虐待 ・ 身体的虐待 ］、心理的虐待、介護等放棄の順に多い 資料：厚生労働省「令和4年度『高齢者虐待の防止、高齢者の養護者に対する支援等に関する法律』に基づく対応状況等に関する調査結果」

※「高齢者虐待防止法」とは、「高齢者虐待の防止、高齢者の養護者に対する支援等に関する法律」のことである

虐待を早期発見すること、養護者の負担を軽減することが期待されています。

障害者虐待防止法

障害者	身体障害者、知的障害者、精神障害者（ ① を含む)		
障害者虐待	・養護者による障害者虐待 ・障害者福祉施設従事者等による障害者虐待 ・ ② による障害者虐待		
虐待の種類	身体的虐待、心理的虐待、性的虐待、放棄・放置、 ③ の5つ		
通報義務	虐待者	養護者	④ に通報
		障害者福祉施設従事者等	⑤ に通報
		使用者	市町村または ⑥ に通報

※「障害者虐待防止法」とは、「障害者虐待の防止、障害者の養護者に対する支援等に関する法律」のことである

高齢者虐待防止法と障害者虐待防止法の整理のポイントを教えてください

①虐待の種類はどちらも同じ
②虐待者は高齢者虐待が2系列、障害者虐待が3系列
③高齢者虐待は通報義務と努力義務があるが、障害者虐待は通報義務のみ

社会の理解

 過去問チャレンジ！（第35回－問題16)

「高齢者虐待防止法」に関する次の記述のうち、**最も適切なもの**を1つ選びなさい。

1　虐待が起こる場として、家庭、施設、病院の3つが規定されている。
2　対象は、介護保険制度の施設サービス利用者とされている。
3　徘徊しないように車いすに固定することは、身体拘束には当たらない。
4　虐待を発見した養介護施設従事者には、通報する義務がある。
5　虐待の認定は、警察署長が行う。

(注)「高齢者虐待防止法」とは、「高齢者虐待の防止、高齢者の養護者に対する支援等に関する法律」のことである。

解答（　　　）

17 生活保護法
せいかつほごほう

ポイント

- 生活保護は、租税が中心の社会扶助方式をとっている。
- 生活保護法は、日本国憲法第25条の生存権の理念を具体的な形にしたものである。
- 医療扶助と介護扶助は現物給付される。

クミアワセ① 生活保護法の４つの原理

①国家責任の原理 ・　　　・ A 健康で文化的な生活水準を維持する

②無差別平等の原理 ・　　　・ B 資産や能力はすべて活用する

③最低生活保障の原理 ・　　　・ C 国の責任で保護する

④保護の補足性の原理 ・　　　・ D 貧困に陥った理由にかかわらず保護する

クミアワセ② 生活保護法の４つの原則

①申請保護の原則 ・　　　・ A 要保護者の需要をもとに最低限の基準を定める

②基準および程度の原則 ・　　　・ B 要保護者それぞれの違いを考慮して保護する

③必要即応の原則 ・　　　・ C 申請に基づいて保護を開始する

④世帯単位の原則 ・　　　・ D 保護は世帯を単位とする

2018（平成30）年　生活困窮者自立支援法等改正のポイントをおさえましょう。
① 生活困窮者の自立支援の強化、② 生活保護制度における自立支援の強化、
③ ひとり親家庭の生活の安定と自立の促進

扶助の種類

正しい方を
〇で囲みましょう

種類	内容	給付方法
① 扶助	食費や光熱水費など	⑦ 金銭 ・ 現物
② 扶助	義務教育の教材費や給食費など	⑧ 金銭 ・ 現物
③ 扶助	家賃や家屋の修繕費など	⑨ 金銭 ・ 現物
医療扶助	医療サービスの費用	⑩ 金銭 ・ 現物
介護扶助	介護保険サービスの自己負担費用	⑪ 金銭 ・ 現物
④ 扶助	出産に関する費用や入院費など	⑫ 金銭 ・ 現物
⑤ 扶助	職業訓練にかかる費用や就職支度費など	⑬ 金銭 ・ 現物
⑥ 扶助	葬式にかかる費用	⑭ 金銭 ・ 現物

社会の理解

保護の実施責任

居住地区分	実施責任	
市または福祉事務所を設置する町村内居住者	居住地の ①	福祉事務所
福祉事務所を設置していない町村内居住者	居住地を管轄する ②	の福祉事務所
居住地の明らかでない者	③ を管轄する福祉事務所（現在地保護）	
救護施設・更生施設・介護老人福祉施設等入所者	④ または ⑤	を管轄する福祉事務所

【語群】

市町村　　都道府県　　国　　現在地　　入所前の居住地　　入所施設

18 医療法

ひづけ ／ できたシール

ポイント

- 医療法において、病院は20床以上、診療所は0〜19床と規定されている。
- 特定機能病院は、一般の病院からの紹介により、より高度な医療を提供する病院である。

カキコミ 病院・診療所・助産所

- 病院は、 ① ┃　　　　　　┃ 人以上の患者を入院させられる施設をもつ。

- 診療所は、 ② ┃　　　　　　┃ 人以下の患者を入院させられる施設をもつ。

- 診療所には、無床診療所（0床）と ③ ┃　　　　┃ 診療所（1〜 ④ ┃　　　　┃ 床）がある。

- 助産所は、妊婦、産婦または褥婦10人以上の入所施設をもつことはできない。

■特定機能病院と地域医療支援病院

	特定機能病院	地域医療支援病院
特徴	一般の病院からの紹介により、より ⑤ ┃　　┃ な医療を提供する	地域の医療確保に必要な支援をする機能をもつ
承認者	⑥	⑦

【語群】 ※同じ語句を複数回使用する場合もあります

10　11　19　20　高度　有床　都道府県知事　厚生労働大臣

医療法における病院、診療所、助産所などの定義（規定）を覚えておくことが大切です。

こころとからだのしくみ

★ ねらい ★

・介護技術の根拠となる人体の構造や機能について理解する！
・介護サービスを提供する際の安全への留意点や心理的側面への配慮について理解する！

だいじ！！

・なぜ伝音性難聴の場合は補聴器が有効なのか？

外耳と中耳	伝音系(音を伝える器官)。障害されると…伝音性難聴
内耳	感音系(音を感知する器官)。障害されると…感音性難聴

伝音性難聴は音を内耳に伝えることが難しい。
　→補聴器で音を集めれば聴くことができる。
感音性難聴は音を感知することが難しい。
　→補聴器で音を集めても音を感知することが難しいため効果が
　　期待できない。

・なぜ高齢者は便秘になりやすいのか？
水分摂取量が少ない。服用する薬の副作用がある。
　→脱水になりやすいからだになっている。便も硬くなりやすい。
さらに…便を肛門方向に送る蠕動運動が弱くなっている。
　→便が大腸に長くとどまる。その間に便から水分が吸収される。
　　　→さらに便が硬くなる！
　　　・【生活支援技術】や【発達と老化の理解】、
　　　【障害の理解】と併せて理解する！

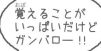
覚えることが
いっぱいだけど
ガンバロー！！

1 健康の概念

カキコミ 健康の定義

● 健康の定義について、WHOは憲章前文で「完全な ①　　　　　　 、

②　　　　　　 及び ③　　　　　　 福祉の状態であり、単に

④　　　　　　 又は ⑤　　　　　　 の存在していない状態ではない」と述べて

いるように、「健康」と「不健康」は一直線上に存在するものである。

● 介護福祉士は、利用者の健康的な生活の実現を目指す際に、本人が自分で判断する

「 ⑥　　　　　　 な健康」、医学的な検査等で判断する「 ⑦　　　　　　 な健康」、

身体の状態に関わらず本人が「自分は健康な状態である」と感じることのできる

「 ⑧　　　　　　 な健康」を「健康」の判断指標にすると良い。

【 語群 】　※同じ語句を複数回使用する場合もあります

病弱　　主観的　　精神的　　疾病　　社会的　　客観的　　肉体的

過去問チャレンジ！（第29回－問題5）

健康長寿社会に関する次の記述のうち、最も適切なものを1つ選びなさい。

1　WHO（世界保健機関）は、健康とは病気や障害がないことであると定義している。

2　健康寿命を延ばすために、ロコモティブシンドローム（運動器症候群）対策が重要である。

3　2010年（平成22年）時点の日本における平均寿命と健康寿命の差は、男性が約5年、女性が約8年である。

4　2014年（平成26年）時点の日本におけるがん（cancer）の部位別にみた死亡者数は、男女ともに胃がん（gastric cancer）が最も多い。

5　「健康日本21（第2次）」における飲酒に関する目標には、未成年者の飲酒防止は含まれていない。

（注）「健康日本21（第2次）」とは、「21世紀における第2次国民健康づくり運動」のことである。

解答（　　　）

2 人間の欲求と自己実現

ポイント

・マズローは、人間の欲求を5段階に分けてとらえた。

・マズローの欲求階層説は、下位の欲求が満たされていくことにより、上位の欲求が生じてくるとした。

カキコミ マズローの欲求階層説①

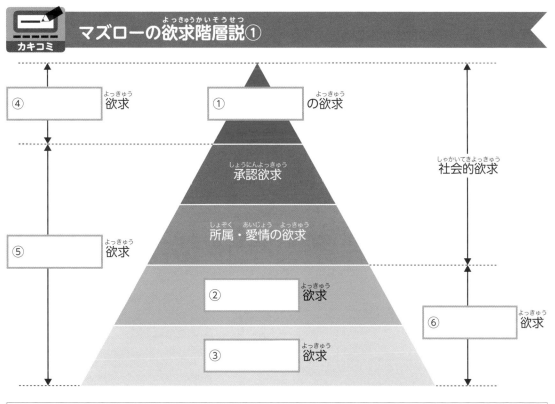

④ _____ 欲求

① _____ の欲求

承認欲求

所属・愛情の欲求

社会的欲求

⑤ _____ 欲求

② _____ 欲求

⑥ _____ 欲求

③ _____ 欲求

【語群】

生理的　自己実現　安全　基本的　欠乏　成長

マズローの理論では下位の欲求が満たされた場合に、上位の欲求が生じるとされていますが、実際には必ずしもそうとは限りません。介護福祉職としては、5つの欲求が常にすべて満たされる状態にあることを目指しましょう。

人間にはさまざまな欲求があるのね。

マズローの欲求階層説②

● マズローは、人間の欲求を $\left[\begin{array}{c} ① \quad 5 \quad \cdot \quad 7 \end{array}\right]$ 段階の階層としてとらえた。

● マズローは、食事、排泄、睡眠などの生存に必要な生理的欲求といった

$\left[\begin{array}{c} ② \quad 下位 \quad \cdot \quad 上位 \end{array}\right]$ の欲求が満たされていくことにより、より

$\left[\begin{array}{c} ③ \quad 下位 \quad \cdot \quad 上位 \end{array}\right]$ の欲求が生じてくるとした。

● 自分自身の価値を認め、それについて $\left[\begin{array}{c} ④ \quad 自己 \quad \cdot \quad 他者 \end{array}\right]$ からの承認を受けた結果、最上位の自己実現の欲求が生じる。

● 下位の4段階の欲求は、何かが欠けていて満たせないことで生じる $\left[\begin{array}{c} ⑤ \quad 欠乏 \quad \cdot \quad 欠損 \end{array}\right]$ 欲求と考えられている。

● 最上位の自己実現の欲求は、充足することを自ら求める $\left[\begin{array}{c} ⑥ \quad 発達 \quad \cdot \quad 成長 \end{array}\right]$ 欲求として位置づけられている。

 過去問チャレンジ！（第36回－問題19)

次のうちマズロー(Maslow, A.H.)の欲求階層説で成長欲求に該当するものとして、**正しいも
の**を1つ選びなさい。

1 承認欲求　　　　　　　　　　2 安全欲求

3 自己実現欲求　　　　　　　　4 生理的欲求

5 所属・愛情欲求

解答（　　）

 過去問チャレンジ！（第32回－問題97)

マズロー（Maslow, A.)の欲求階層説の所属・愛情欲求に相当するものとして、**適切なもの**
を1つ選びなさい。

1 生命を脅かされないこと　　　2 他者からの賞賛

3 自分の遺伝子の継続　　　　　4 好意がある他者との良好な関係

5 自分自身の向上

解答（　　）

3 人間の適応機制

・欲求が充足されない欲求不満状態が継続した場合、安心や満足などの心理的適応を得るために、人のこころのはたらきとして、適応機制をとることがある。

適応機制と具体例

次の表の（　　）に入る具体例をA〜Lのイラスト群から選び、記号を書き込みましょう。
イラスト内の（　　）にもあてはまる適応機制の名称を書き込みましょう。

適応機制	説明	具体例
攻撃	他人や物を傷つけることで欲求不満を解消しようとすること	（①　　）
抑圧	嫌な記憶を思い出さないように押さえつけ、意識に上らせないようにすること	（②　　）
補償	ある一部分での劣等感情を他の部分での優越感情で補おうとすること	（③　　）
置き換え	ある対象に向けられた欲求や感情を、別の対象にぶつけること	（④　　）
昇華	社会的に容認されにくい欲求や衝動を、社会的・文化的に認められる形で満たそうとすること	（⑤　　）
投射（投影）	自分のなかにある容認しがたい感情を他の人に転嫁してその人を非難すること	（⑥　　）
反動形成	自分の感情や思いとは正反対の行動をとることで、本当の自分を隠そうとすること	（⑦　　）
逃避	困難な状況から逃げたり別のことに集中したりして自分を守ること	（⑧　　）
退行	目の前の問題から逃避するために、より以前の発達段階に戻ろうとすること	（⑨　　）
代償	本来の目標がかなわないときに、かなえやすい代わりの目標を達成することで満足しようとすること	（⑩　　）
合理化	都合のよい言い訳をすることで自分の失敗を正当化すること	（⑪　　）
同一化（同一視）	自分の満たされない欲求を実現している他者と自分とを重ねあわせることで欲求を満たそうとすること	（⑫　　）

こころとからだのしくみ

59

A 自分がミスしたことを部下に八つ当たりする

（　　　）

B 自分がAさんを嫌っているのに、「私はAさんから嫌われている」と言う

（　　　）

C 運動は苦手だけど、勉強なら誰にも負けない！

（　　　）

D 男の子が、好きな女の子に意地悪をする

（　　　）

E 人を殴りたいという衝動をゲームに打ち込むことで満足させる

（　　　）

F 失恋した彼女のことは無理やり忘れ、楽しいことを考える

（　　　）

G 機嫌が悪いときにぬいぐるみを殴る

(　　　　)

H 指しゃぶりやおねしょをして親の気をひこうとする

(　　　　)

I あこがれのアイドルの服装やしぐさをまねる

(　　　　)

J テストの点数が悪かったことを、熱が出て勉強できなかったと言い訳する

(　　　　)

K テスト勉強をしないといけないのに、マンガを読むのに集中してしまう

(　　　　)

L 高価なものが買えないので、安いものを買って満足する

(　　　　)

4 人体の骨格

主な骨の名称

おも　ほね　めいしょう

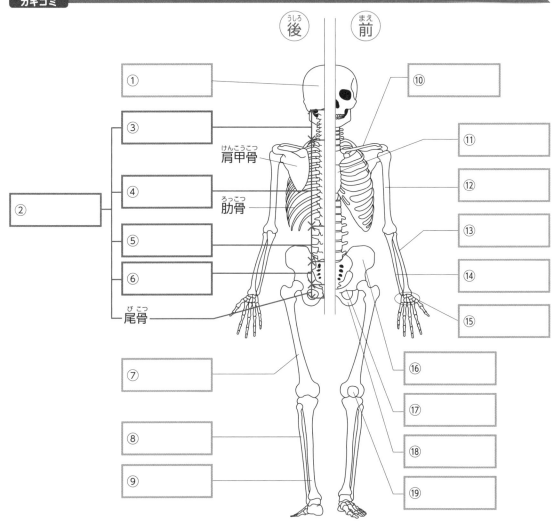

後 (うしろ)　前 (まえ)

① ③ ④ ⑤ ⑥ ② ⑦ ⑧ ⑨

肩甲骨 (けんこうこつ)
肋骨 (ろっこつ)
尾骨 (びこつ)

⑩ ⑪ ⑫ ⑬ ⑭ ⑮ ⑯ ⑰ ⑱ ⑲

【 語群 】 (ごぐん)

頭蓋骨 (ずがいこつ)　鎖骨 (さこつ)　胸骨 (きょうこつ)　脊椎 (せきつい)　胸椎 (きょうつい)　頸椎 (けいつい)　腰椎 (ようつい)　上腕骨 (じょうわんこつ)　手根骨 (しゅこんこつ)　橈骨 (とうこつ)

尺骨 (しゃっこつ)　大腿骨 (だいたいこつ)　膝蓋骨 (しつがいこつ)　腓骨 (ひこつ)　脛骨 (けいこつ)　仙骨 (せんこつ)　恥骨 (ちこつ)　坐骨 (ざこつ)　腸骨 (ちょうこつ)

血管の名称は、骨の名称と一致する場合が多いです。例えば、手首で脈を測る際に触れる手首の親指側の動脈は、橈骨に沿って走る橈骨動脈といいます。

62

5 人体の部位

こころとからだのしくみ

前面からみた部位の名称

カキコミ❶

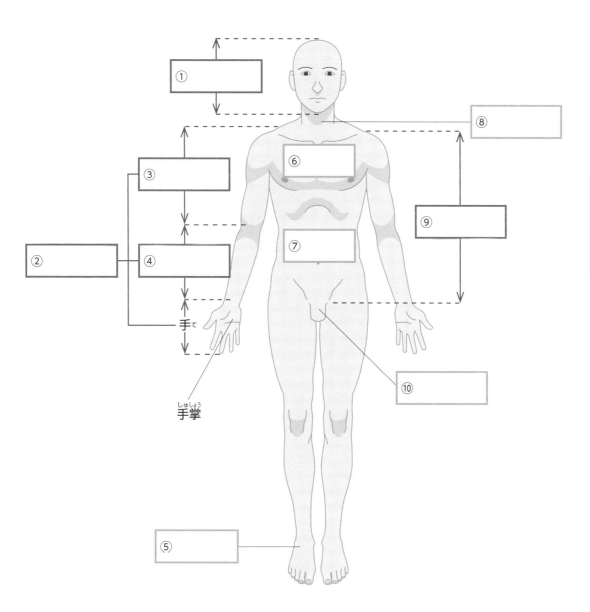

①

②

③

④

⑤

⑥

⑦

⑧

⑨

⑩

手て

しゅしょう
手掌

【語群】

とうぶ	けいぶ	じょうし	ぜんわん	じょうわん	たいかん	きょうぶ	ふくぶ	いんぶ	そくはいぶ
頭部	頸部	上肢	前腕	上腕	体幹	胸部	腹部	陰部	足背部

背面からみた部位の名称

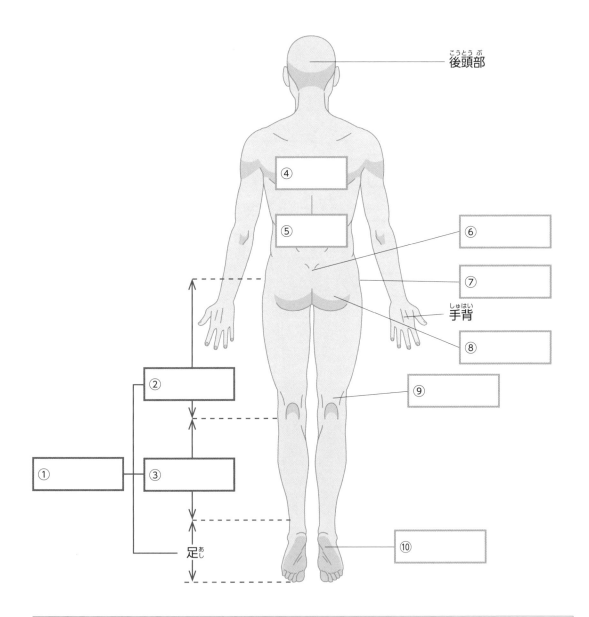

後頭部

④

⑤

⑥

⑦

手背

⑧

②

①　③

⑨

⑩

足

【 語群 】

背部　腰部　臀部　仙骨部　大転子部　膝窩部　下肢　大腿部　下腿部
足底部

6 人体の臓器
じんたい ぞうき

カキコミ❶ 前面からみた臓器の位置と名称
ぜんめん　　　　ぞうき　いち　めいしょう

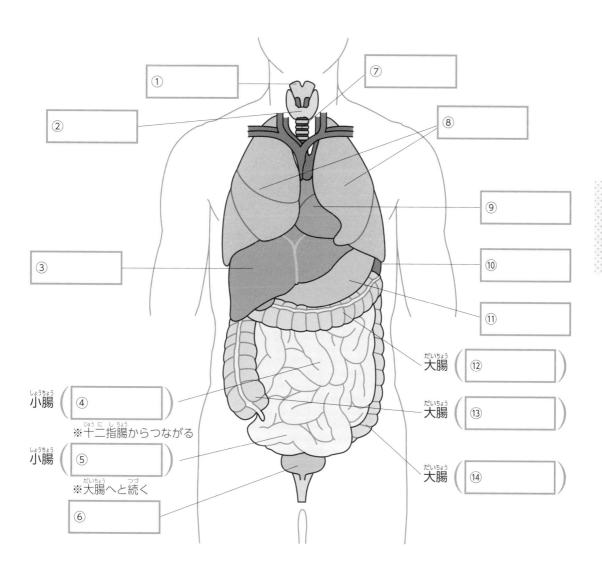

①

②

③

④ （小腸）
しょうちょう
※十二指腸からつながる
じゅうにしちょう

⑤ （小腸）
しょうちょう
※大腸へと続く
だいちょう　　つづ

⑥

⑦

⑧

⑨

⑩

⑪

⑫ （大腸）
だいちょう

⑬ （大腸）
だいちょう

⑭ （大腸）
だいちょう

こころとからだのしくみ

【 語群 】
ごぐん

こうとう	こうじょうせん	はい	きかん	しんぞう	かんぞう	ひぞう	い	ぼうこう	くうちょう	かいちょう
喉頭	甲状腺	肺	気管	心臓	肝臓	脾臓	胃	膀胱	空腸	回腸

じょうこうけっちょう	おうこうけっちょう	かこうけっちょう
上行結腸	横行結腸	下行結腸

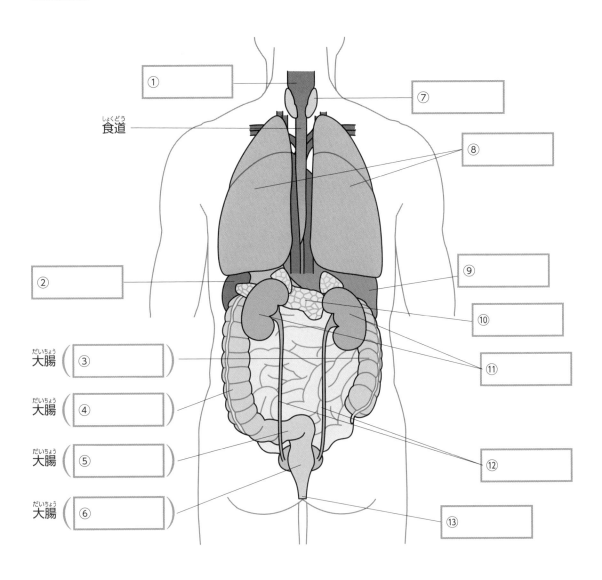

①

⑦

食道

⑧

②

⑨

⑩

大腸 ③

⑪

大腸 ④

大腸 ⑤

⑫

大腸 ⑥

⑬

【語群】

咽頭　甲状腺　肺　肝臓　膵臓　脾臓　胃　肛門　腎臓　尿管　上行結腸

横行結腸　下行結腸　S状結腸　直腸

7 骨と関節のはたらき

カキコミ 骨の作用と関節のしくみ

■骨のさまざまな作用

骨の作用	説明
① _____ 作用	頭や内臓を支え、からだの支柱となること
② _____ 作用	いくつかの骨で骨格を形成し、胸腔などの腔をつくり、脳や内臓などの重要な臓器を収め保護すること
③ _____ 作用	骨に付着する筋肉の収縮によって、可動性のある関節を支点に運動すること
④ _____ 作用	骨内の骨髄で赤血球、白血球、血小板などを絶えずつくり続けること
⑤ _____ の貯蔵 作用	カルシウム・リン・ナトリウム・カリウムなどの電解質を骨中に蓄え、必要に応じて血流に送り出すこと

■関節のしくみ

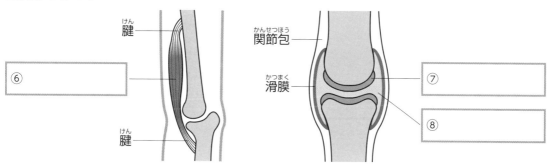

腱

⑥ _____

腱

関節包

滑膜

⑦ _____

⑧ _____

【 語群 】
保護　運動　造血　電解質　筋　関節軟骨　支持　関節腔

こころとからだのしくみ

8 筋肉のはたらき

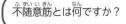

カキコミ❶ 筋肉の種類

横紋筋	横紋がある。主に ① _____ と心筋
② _____	横紋がない。③ _____ を動かす筋肉

● 人の意思で動きを変えられる随意筋は ④ _____ のみである。

● 骨格筋以外は人の意思とは関係なく動き続ける ⑤ _____ である。

【語群】 ※同じ語句を複数回使用する場合もあります
平滑筋　　骨格筋　　不随意筋　　内臓

○✕ マルバツ 筋肉の役割

①関節を保護する	(　　)	⑤姿勢を保つ	(　　)
②血液をつくる	(　　)	⑥からだのラインを形づくる	(　　)
③エネルギーを消費する	(　　)	⑦血液循環を促す	(　　)
④動きをつくり出す	(　　)	⑧代謝を上げる	(　　)

不随意筋とは何ですか？

例えば、心臓の筋肉（心筋）は、動かそうと思って動かせるものではありませんね。このように、その人の意思に関係なく動く筋肉を不随意筋といいます。走ったときに心拍数が増えるなど、心臓などの臓器の動きは自律神経が支配しています。

◆不随意筋とは
不 随 意 筋
自分の意思である
自分の意思ではない

筋肉と関節の動き

右の図を見て、からだの動きと関連する筋肉の動きを答えましょう。図は動作後の様子を表しています。

■膝の動き

●膝を曲げる動きを

[① 伸展 ・ 屈曲] といい、

大腿四頭筋が [② 収縮 ・ 弛緩]、

大腿二頭筋が [③ 収縮 ・ 弛緩] している。

●膝を伸ばす動きを

[④ 伸展 ・ 屈曲] といい、

大腿四頭筋が [⑤ 収縮 ・ 弛緩]、

大腿二頭筋が [⑥ 収縮 ・ 弛緩] している。

■足の動き

●足をからだの外に向ける動きを

[⑦ 内旋 ・ 外旋] といい、

大臀筋が [⑧ 収縮 ・ 弛緩]、

小臀筋が [⑨ 収縮 ・ 弛緩] している。

●足をからだの中心に向ける動きを

[⑩ 内旋 ・ 外旋] といい、

大臀筋が [⑪ 収縮 ・ 弛緩]、

小臀筋が [⑫ 収縮 ・ 弛緩] している。

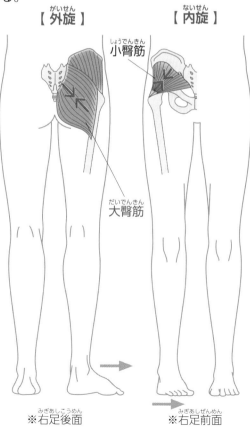

【 屈曲 】　【 伸展 】

大腿四頭筋

大腿二頭筋

【 外旋 】　【 内旋 】

小臀筋

大臀筋

※右足後面　　※右足前面

こころとからだのしくみ

69

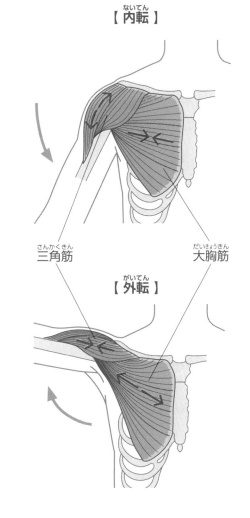

【内転】

三角筋（さんかくきん）　　大胸筋（だいきょうきん）

【外転】

■肩の動き（かた うご）
●腕をからだに近づける動きを（うで ちか うご）

[⑬　外転（がいてん）　・　内転（ないてん）] といい、

主に大胸筋が（おも だいきょうきん）[⑭　収縮（しゅうしゅく）　・　弛緩（しかん）]、

三角筋が（さんかくきん）[⑮　収縮（しゅうしゅく）　・　弛緩（しかん）] している。

●腕をからだから離す動きを（うで はな うご）

[⑯　外転（がいてん）　・　内転（ないてん）] といい、

主に大胸筋が（おも だいきょうきん）[⑰　収縮（しゅうしゅく）　・　弛緩（しかん）]、

三角筋が（さんかくきん）[⑱　収縮（しゅうしゅく）　・　弛緩（しかん）] している。

■前腕の動き（ぜんわん うご）
●手の親指をからだの外に向ける動きを（て おやゆび そと む うご）

[⑲　回内（かいない）　・　回外（かいがい）] といい、

上腕二頭筋、回外筋が（じょうわん に とうきん かいがいきん）

[⑳　収縮（しゅうしゅく）　・　弛緩（しかん）] している。

●手の親指をからだの内側に向ける動きを（て おやゆび うちがわ む うご）

[㉑　回内（かいない）　・　回外（かいがい）] といい、

方形回内筋、円回内筋が（ほうけいかいないきん えんかいないきん）

[㉒　収縮（しゅうしゅく）　・　弛緩（しかん）] している。

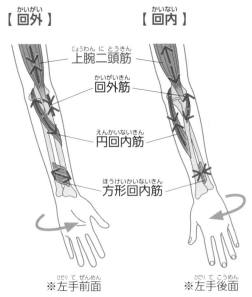

【回外】（かいがい）　　**【回内】**（かいない）

上腕二頭筋（じょうわん に とうきん）

回外筋（かいがいきん）

円回内筋（えんかいないきん）

方形回内筋（ほうけいかいないきん）

※左手前面（ひだり て ぜんめん）　　※左手後面（ひだり て こうめん）

主な筋肉の名称

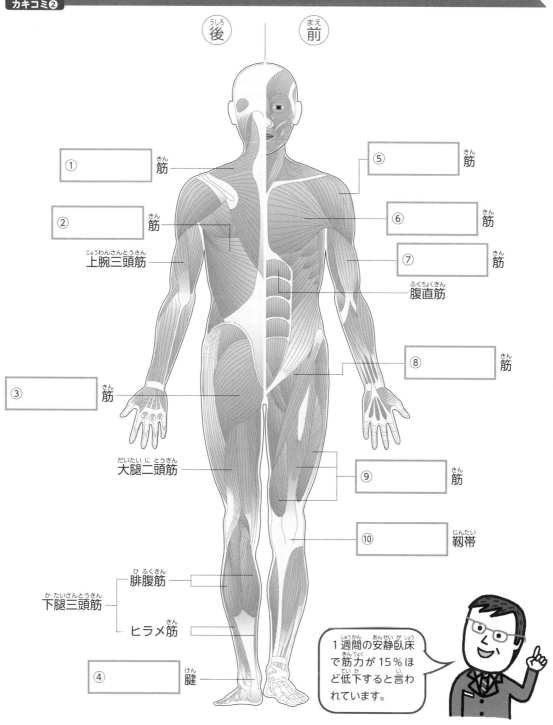

後（うしろ）　前（まえ）

① ［　　　　］筋

② ［　　　　］筋

上腕三頭筋（じょうわんさんとうきん）

③ ［　　　　］筋

大腿二頭筋（だいたいにとうきん）

腓腹筋（ひふくきん）

下腿三頭筋（かたいさんとうきん）

ヒラメ筋（きん）

④ ［　　　　］腱（けん）

⑤ ［　　　　］筋

⑥ ［　　　　］筋

⑦ ［　　　　］筋

腹直筋（ふくちょくきん）

⑧ ［　　　　］筋

⑨ ［　　　　］筋

⑩ ［　　　　］靱帯（じんたい）

1週間の安静臥床（しゅうかん　あんせいがしょう）で筋力（きんりょく）が15％ほど低下（ていか）すると言われています。

こころとからだのしくみ

【語群（ごぐん）】

大胸（だいきょう）　大臀（だいでん）　広背（こうはい）　上腕二頭（じょうわんにとう）　大腿四頭（だいたいしとう）　アキレス　三角（さんかく）

腸腰（ちょうよう）　僧帽（そうぼう）　膝蓋（しつがい）

71

9 脳のしくみ

脳の役割①

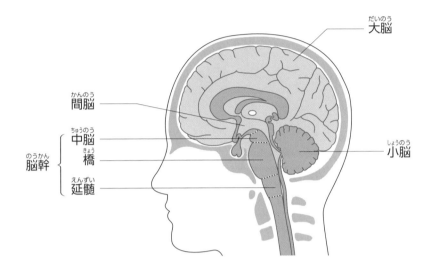

大脳（だいのう）

間脳（かんのう）

中脳（ちゅうのう）
橋（きょう）
脳幹（のうかん）
延髄（えんずい）

小脳（しょうのう）

大脳（だいのう）		全身（ぜんしん）から ① _____ を受け取り、記憶（きおく）、思考（しこう）、判断（はんだん）の後（あと）に、 ② _____ の命令（めいれい）などを出（だ）す
小脳（しょうのう）		主（おも）に運動（うんどう）の ③ _____ を担（にな）う
間脳（かんのう）	視床（ししょう）	体内環境（たいないかんきょう）の維持（いじ）や、からだからの感覚（かんかく）の情報（じょうほう）を大脳（だいのう）に伝（つた）える
	④ _____	
⑤ _____	⑥ _____	⑦ _____ の中心的（ちゅうしんてき）な役割（やくわり）を果（は）たす。呼吸（こきゅう）、
	橋（きょう）	心臓（しんぞう）の動（うご）き、体温（たいおん）、 ⑧ _____ の循環（じゅんかん）などを調節（ちょうせつ）する
	延髄（えんずい）	

【語群（ごぐん）】

血液（けつえき）　情報（じょうほう）　生命維持（せいめいいじ）　協調（きょうちょう）　運動（うんどう）　脳幹（のうかん）　中脳（ちゅうのう）　視床下部（ししょうかぶ）

脳の役割②

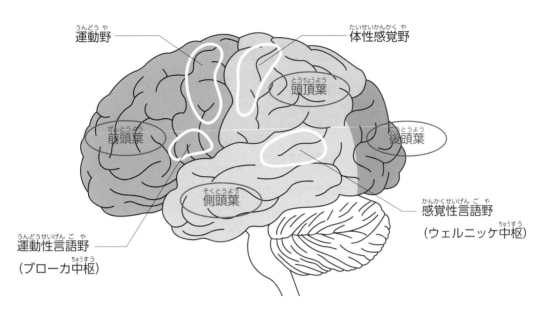

運動野

体性感覚野

頭頂葉

前頭葉

後頭葉

側頭葉

感覚性言語野
（ウェルニッケ中枢）

運動性言語野
（ブローカ中枢）

大脳新皮質 （大脳の表層）	① ___ の受け止め、思考・判断・運動の指令を行う	
	前頭葉	左脳には ② ___ （ブローカ中枢）があり、左右の脳の中心溝のそばには身体の運動を指示する ③ ___ がある
	頭頂葉	中心溝のそばに身体からの感覚を受け止める ④ ___ がある
	側頭葉	左脳には話し言葉や書き言葉の受け止めに必要な ⑤ ___ （ウェルニッケ中枢）がある
	後頭葉	視覚からの情報を受け取る ⑥ ___ がある
大脳辺縁系 （大脳の深部）	海馬や扁桃核で構成され、⑦ ___ や感情・欲求などの情動をコントロールしている	

【語群】

情報　聴覚　記憶　味覚　感覚性言語野　運動性言語野　運動野　体性感覚野
視覚野

10 神経系のしくみ

刺激の伝達

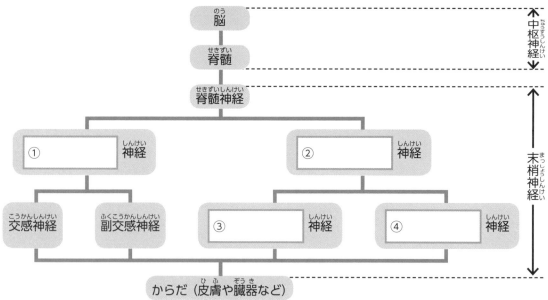

脳

脊髄

中枢神経

脊髄神経

① ____ 神経　② ____ 神経

末梢神経

交感神経　副交感神経　③ ____ 神経　④ ____ 神経

からだ（皮膚や臓器など）

（例）
(1)右手への刺激
→(2)感覚神経
→(3)脊髄
→(4)左脳：熱さを認識
→(5)左脳：「手を離せ！」という指令を出す
→(6)脊髄
→(7)運動神経
→(8)筋肉
→(9)手を離す

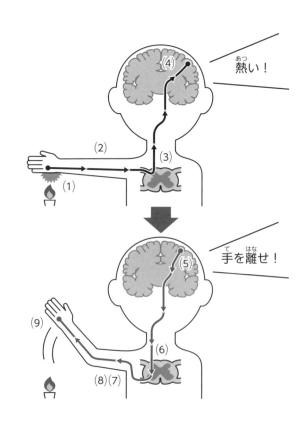

熱い！

手を離せ！

脊髄神経の名称

次の説明文を読み、下の図の空欄に適切な語句を書き込みましょう。

- 脊髄神経は、上から順に頸神経、胸神経、腰神経、仙骨神経、尾骨神経に分かれている。
- 脊髄は途中で交差しているため、右脳に脳梗塞を起こした人のからだでは、左半身に麻痺が生じる。

【脊髄】　　　　【脊髄神経】　　　　　　　　【骨】

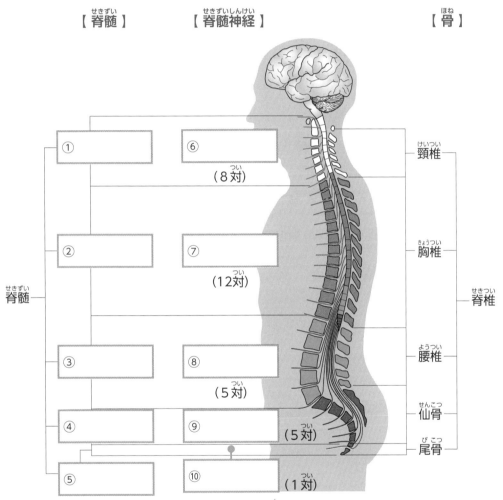

① 　　　　　⑥
（8対）

② 　　　　　⑦
（12対）

脊髄

③ 　　　　　⑧
（5対）

④ 　　　　　⑨
（5対）

⑤ 　　　　　⑩
（1対）

頸椎

胸椎

脊椎

腰椎

仙骨

尾骨

背骨となる骨の一つひとつを見てみると、腹側の椎体と背側の椎弓からできています。椎体と椎弓の間に空洞（脊柱管）があり、脊髄が通っています。

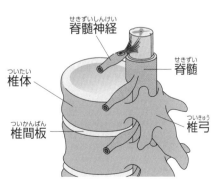

脊髄神経

脊髄

椎体

椎間板

椎弓

11 自律神経

ひづけ ／ できたシール

カキコミ

交感神経と副交感神経のはたらき

自律神経…内臓、知覚、分泌などを調整（不随意運動）

① ［　　］神経…エネルギーを発散し、からだを活動的な状態にする

② ［　　］神経…エネルギーを蓄え、消化を促してからだを休息させる

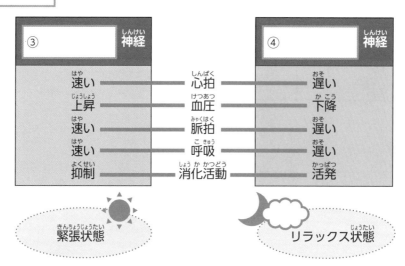

③ ［　　］神経		④ ［　　］神経
速い	心拍	遅い
上昇	血圧	下降
速い	脈拍	遅い
速い	呼吸	遅い
抑制	消化活動	活発

緊張状態 　　　　リラックス状態

交感神経と副交感神経のバランスが乱れると、心身にさまざまな症状が起こりやすくなります。

カコモン

過去問チャレンジ！　（第36回－問題20）

次のうち、交感神経の作用に該当するものとして、正しいものを1つ選びなさい。

1 血管収縮
2 心拍数減少
3 気道収縮
4 消化促進
5 瞳孔収縮

解答（　　　）

12 感染症
かんせんしょう

ポイント

- 血液は、大きく血球と血しょうに分けられる。
- 赤血球に含まれるヘモグロビンが酸素を取り込み、全身に運搬する。

血液の成分と役割
けつえき せいぶん やくわり

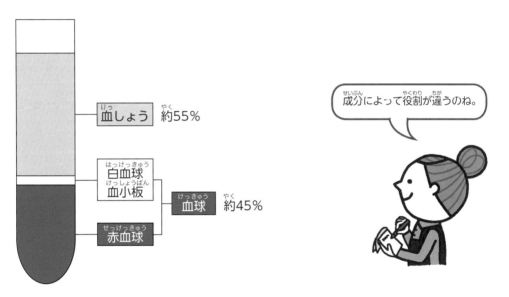

血しょう 約55%

白血球
血小板
赤血球
血球 約45%

成分によって役割が違うのね。

血球
- 赤血球：ヘモグロビンが ① を取り込み、全身に届ける
- ② ：感染防御などの免疫機能を担う
  - リンパ球：抗体を産生し、ウイルスなどを攻撃する
- 血小板：③ 作用をもつ
- ④ 血液の液体成分。栄養・老廃物・電解質などを運ぶ

人間の免疫

● 人体に害を及ぼすウイルスや微生物などの異物は、 ① [ ] 感染や

② [ ] 感染などの経路で人体に付着する。

● 異物は皮膚や ③ [ ] などでキャッチされ、体内に入らないように防がれる。これらの防御力を高めるものとして、 ④ [ ] 、うがい、マスクがあげられる。

● 異物が体内に入った場合、異物は ⑤ [ ] と呼ばれる。

● 人間の免疫系の細胞である ⑥ [ ] が抗体などを産生して、異物を排除しようとするはたらきを、 ⑦ [ ] という。

● 異物が体内に侵入している人のことを、 ⑧ [ ] と呼ぶ。

【語群】

| 粘膜 | 抗原 | 飛沫 | 宿主 | 接触 | リンパ球 | 抗原抗体反応 | 手洗い |

> 家族がインフルエンザなどに罹患したときはどうしたらいいの？

気づかないうちに自分が宿主になって他者に感染させる危険性があります。健康な成人であれば数日で回復するものでも、高齢者など免疫力が低い人（または非常に低下した人）が感染すると、死に至ることもあります。
介護福祉職である皆さんはもちろん、皆さんの家族が罹患した場合も、仕事だからといって出勤したり、外出したりするのはやめましょう。周囲の人に感染させないことを第一に考えて行動することが大切です。
感染症について、介護の基本や医療的ケアにて出題されることもあります。しっかり学んでおきましょう。

クミアワセ 免疫機能の変化と生じる病態

【 免疫機能の変化 】

① 免疫機能の低下により、通常は免疫系に破壊される異常な細胞が増殖する

② 抗体が、自分のからだの臓器や骨などを異物（非自己）と誤認識して攻撃することによって起こる炎症など

③ 自己免疫疾患のうち、抗体の攻撃により、主に関節の炎症と破壊が進む疾患

④ 免疫機能が低下しているときに、健康であれば感染しないような弱い菌に感染して発症する感染症

【 生じる病態 】

A 自己免疫疾患

B 関節リウマチ

C 日和見感染症

D がん

カキコミ❸ スタンダード・プリコーション(標準予防策)

● 感染を予防するためには、「1 ①＿＿＿＿ 1 ②＿＿＿＿」を徹底する。

● 血液・体液・嘔吐物・排泄物などを扱うときは、手袋を着用する。処理後は手袋をしていた

場合であっても、必ず ③＿＿＿＿ と ④＿＿＿＿ を使って手洗いを行う。

● 手洗い後は、共用のタオルではなく、⑤＿＿＿＿ を使用する。

● 血液・体液・嘔吐物・排泄物などによって、目・鼻・口を汚染する恐れがあるときは、

⑥＿＿＿＿ ・(必要に応じて)ゴーグルやフェイスマスクを使用する。

● 介護福祉職の衣服に汚染の恐れがあり、他の利用者などに感染させる恐れがあるときは、

使い捨ての ⑦＿＿＿＿ や ⑧＿＿＿＿ を着用する。

【 語群 】

ケア　手洗い　手荒れ　溜めた水　流水　石鹸　エプロン　ハンドクリーム

マスク　ガウン　ペーパータオル

こころとからだのしくみ

13 心臓のしくみ

カキコミ 心臓のしくみ

次の説明文を読み、下の図の空欄に適切な語句を書き込みましょう。

- 心臓は、右心系と左心系で構成され、それぞれ上部の心房と下部の心室に分かれている。
- 右心房には上大静脈と下大静脈から静脈血が入り、右心室から肺動脈を通って肺に送られる。
- 肺で酸素を多く含んだ動脈血は、肺静脈を通って左心房に戻る。
- 左心房から左心室に入った動脈血は、大動脈を通って全身へ送られる。
- 心房と心室の間には血液の逆流を防ぐための弁があり、右心房と右心室の間の弁を三尖弁、左心房と左心室の間の弁を僧帽弁という。
- 心臓は収縮と弛緩を繰り返して全身に血液を送る。
- 収縮・弛緩の回数を脈拍数という。成人では1分あたり約60〜70回。
- 心臓が1回の収縮・弛緩で全身に送り出す血液量を一回拍出量という。成人では約70ml。

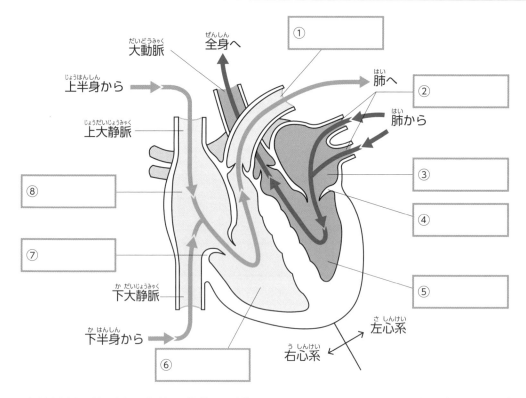

⬅ 二酸化炭素を多く含んだ血液（静脈血）の流れ　　⬅ 酸素を多く含んだ血液（動脈血）の流れ

※心臓から肺に入る血管を「肺動脈」というが、流れている血液は「静脈血」であり、また、肺から心臓に戻る血管を「肺静脈」というが、流れている血液は「動脈血」であることに注意する

14 目(め)のしくみ

■▲● ズカイ 目(め)のしくみ

下(した)の図(ず)を見(み)て、「見(み)える」までの流(なが)れを答(こた)えましょう。

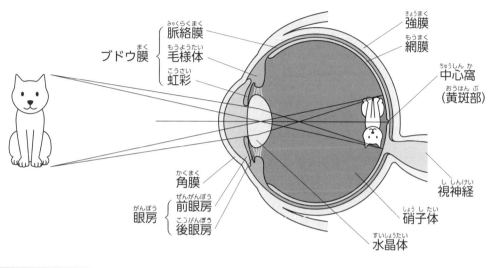

脈絡膜(みゃくらくまく)
ブドウ膜(まく) { 毛様体(もうようたい)
虹彩(こうさい)

強膜(きょうまく)
網膜(もうまく)
中心窩(ちゅうしん か)（黄斑部(おうはん ぶ)）

角膜(かくまく)
眼房(がんぼう) { 前眼房(ぜんがんぼう)
後眼房(こうがんぼう)

視神経(し しんけい)
硝子体(しょう し たい)
水晶体(すいしょうたい)

犬(いぬ)→ ① →眼房(がんぼう)→ ② → ③ →網膜(もうまく)→視神経(し しんけい)
→脳(のう)（視覚中枢(し かくちゅうすう)）→犬(いぬ)だ！

✏ カキコミ 眼球(がんきゅう)の部位(ぶ い)とはたらき

部位(ぶ い)	はたらき
①	角膜反射(かくまくはんしゃ)などで目(め)を保護(ほ ご)する
強膜(きょうまく)	眼球(がんきゅう)を保護(ほ ご)する
ブドウ膜(まく)	水晶体(すいしょうたい)の厚(あつ)さや光(ひかり)の量(りょう)を調節(ちょうせつ)する（カメラでいうピントや絞(しぼ)りのはたらき）
②	映像(えいぞう)を映(うつ)し出(だ)す
③	レンズのはたらきをする
④	眼球(がんきゅう)の内圧(ないあつ)を保(たも)つ。ゼリー状(じょう)の組織(そ しき)
眼房(がんぼう)（眼房水(がんぼうすい)）	眼圧(がんあつ)を一定(いってい)に保(たも)つ。水晶体(すいしょうたい)、硝子体(しょう し たい)、角膜(かくまく)に栄養(えいよう)を与(あた)える

15 耳のしくみ

ズカイ 耳のしくみ

下の図を見て空欄に入る言葉を書き込みましょう。

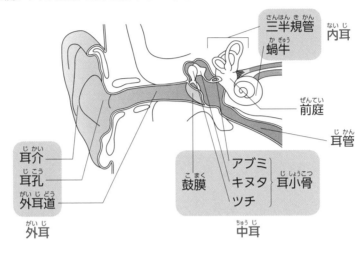

- 耳は、外から順に ① ［　　　］ 、② ［　　　］ 、③ ［　　　］ に分けられる。

- 外耳は、耳介と耳孔、音を伝える ④ ［　　　］ で構成される。

- 中耳では ⑤ ［　　　］ によって伝えられた音の振動が、⑥ ［　　　］ によって骨振動に変換され、内耳に伝えられる。

- 内耳に伝えられた振動は、⑦ ［　　　］ が受け取り電気振動（刺激）に変え、蝸牛神経と脳幹を経由し、脳の ⑧ ［　　　］ に伝えられ、音として認識される。

- 前庭は姿勢やからだの方向、加速度を、三半規管はからだの回転に関する情報をとらえ、からだの ⑨ ［　　　］ 感覚を維持する役割を担う。

【語群】
鼓膜　耳小骨　蝸牛　外耳道　外耳　中耳　内耳　聴覚野　平衡

耳のケアについて、覚えておきましょう。

◆耳のケア

・耳垢は外耳道の皮膚の汗腺から分泌される

・耳掃除では外耳道の入口周辺（約１cm程度）のみを綿棒などで軽くこする

・奥まで入れると鼓膜や中耳を傷つける恐れがある

耳の奥を傷つけないように注意が必要ね。

OK

カキコミ

難聴の種類

種類	概要
① 難聴	外耳や中耳の障害が原因。音を集め増幅する機能を補う ② や集音器が有効である場合が多く、治療できる可能性が高い
③ 難聴	④ で音を電気振動に変換して脳に伝達する間の障害が原因。音の周波数を調整する補聴器が有効な場合もある。人工内耳などを導入することも有効
混合性難聴	伝音性難聴と感音性難聴が混合したもの
老人性難聴	⑤ 音域の音から聞き取りが難しくなり、徐々に低音域も聞き取りにくくなる進行性の難聴。 ⑥ 難聴に分類される

【語群】 ※同じ語句を複数回使用する場合もあります

感音性　伝音性　中耳　内耳　高　低　補聴器

83

16 口腔と嚥下のしくみ

カキコミ❶ 口腔のしくみ

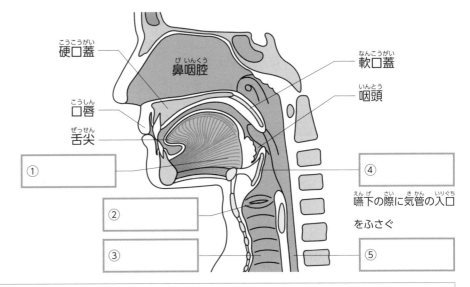

硬口蓋
鼻咽腔
軟口蓋
咽頭
口唇
舌尖
①
②
③
④
嚥下の際に気管の入口をふさぐ
⑤

【語群】
食道　気管　舌根　声帯　喉頭蓋

○× マルパツ 唾液のはたらき

①自浄作用 （　）	②緩衝作用 （　）	③潤滑作用 （　）
④薬物排泄作用 （　）	⑤抗菌作用 （　）	⑥消化作用 （　）

カコモン 過去問チャレンジ！ （第36回－問題24）

食物が入り誤嚥が生じる部位として、**適切なもの**を1つ選びなさい。

1 扁桃
2 食道
3 耳管
4 気管
5 咽頭

解答（　　）

摂食・嚥下の5段階

段階	状態	内容
① ___ 期		食事の色やにおいなどを認知する段階。条件反射で ④ ___ が分泌される
準備（咀嚼）期		⑤ ___ を形成する段階。食事を口に入れたら咀嚼し、食塊の形を整える
② ___ 期		食塊が ⑥ ___ から ⑦ ___ へ移送される段階。食塊の移送は ⑧ ___ で行われる
咽頭期		食塊が嚥下反射により咽頭を通る段階。⑨ ___ が気管の入口をふさぐことで誤嚥を防止している
③ ___ 期		食塊が食道から ⑩ ___ へ移送される段階。食塊が食道に入ると、⑪ ___ 運動によって無意識に胃へと移送される

【 語群 】 ※同じ語句を複数回使用する場合もあります

口腔　咽頭　先行（認知）　食道　食塊　唾液　舌　胃　蠕動　随意
喉頭蓋

こころとからだのしくみ

17 消化から排泄までの過程

■▲● ズカイ 消化から排泄までの過程

下の右の解説に合わせて、図の①〜⑬を順番に線でつなぎましょう。

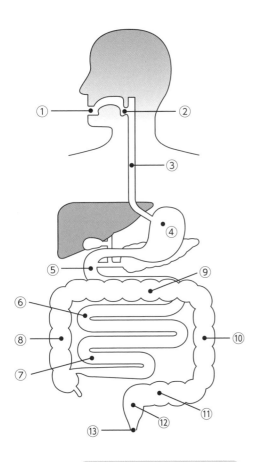

① 口腔 ……………… 食物をかみ砕き、唾液で糖(炭水化物)を分解する

② 咽頭、喉頭

③ 食道

④ 胃 ………………… 蠕動運動で食物と胃液を混合させ、粥状にする

⑤ 十二指腸 ◁ 胆汁や膵液が栄養素を分解し、さらに消化を進める

⑥ 空腸 ┐ 小腸…本格的に消化が行われ、多くの栄養素が吸収される。水分の95

⑦ 回腸 ┘ ％がここで吸収される

小腸で吸収された栄養素は、すべて静脈に取り込まれ肝臓へと流れ込む。肝臓は栄養素をよりからだが使いやすい形に変えたり、一時的に保存する。栄養素は、肝臓の門脈を出た後、大静脈、心臓を経由して全身へと運ばれる

⑧ 上行結腸

大腸に人工肛門(ストーマ)を造設している場合、結腸のどの部分に造設しているかによって便の性状が大きく異なる。小腸に近いほど水分を多く含み、直腸に近いほど水分が吸収されて通常の便に近い状態になる

⑨ 横行結腸

⑩ 下行結腸 ┐ 大腸…水分や電解質を吸収し、食物残渣を便として形成する

⑪ S状結腸

⑫ 直腸 ┘

⑬ 肛門

18 便の生成と排便のしくみ

便の生成

下の図の①〜⑦にあてはまる便の性状を語群から選び書き込みましょう。

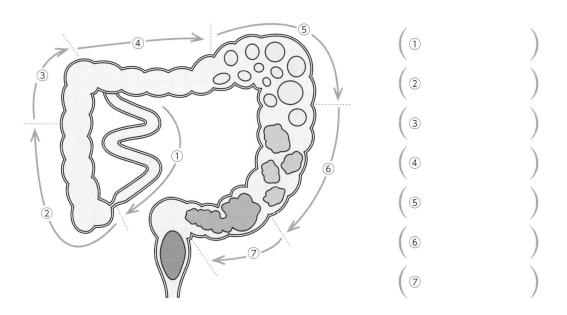

(①)（　　　　　　）

(②)（　　　　　　）

(③)（　　　　　　）

(④)（　　　　　　）

(⑤)（　　　　　　）

(⑥)（　　　　　　）

(⑦)（　　　　　　）

【語群】

| 固形状 | 流動体 | 半流動体 | 半固形状 | 半粥状 | 粥状 | 水様 |

便の硬さには個人差がありますが、ブリストル便形状スケールでは、「やや硬い便」「普通便」「やややわらかい便」が正常便とされています。排便を記録する場合は、便の形状やその量についても具体的に記録することが大切です。

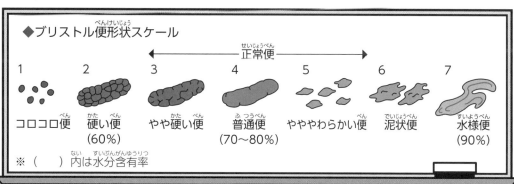

◆ブリストル便形状スケール

← 正常便 →

1	2	3	4	5	6	7
コロコロ便	硬い便(60%)	やや硬い便	普通便(70〜80%)	やややわらかい便	泥状便	水様便(90%)

※（　）内は水分含有率

こころとからだのしくみ

カキコミ① 蓄便から排便までの流れ

S状結腸
便の重みや蠕動運動により便が移動する

↓

① _____ ：蓄便され、直腸が刺激されると脳が ② _____ を感じる

↓

内肛門括約筋 ： ③ _____ 神経のはたらきにより緩められる

↓

トイレに入る！ ：排便の準備を整える

↓

外肛門括約筋 ： ④ _____ 神経のはたらきにより緩められる

↓

排便 ：標準的な排便回数は1日に ⑤ _____ 回から3日に1回

【語群】 ※同じ語句を複数回使用する場合もあります

下行結腸　直腸　便意　副交感　交感　体性　自律　1～3　3～5

排便に欠かせない便意は15分ほどで消えてしまいます。便秘予防のためにもタイミングのよい排便が重要ですね。

 カコモン 過去問チャレンジ！ （第35回－問題27）

健康な成人の便の生成で、上行結腸の次に内容物が通過する部位として、正しいものを1つ選びなさい。

1　S状結腸

2　回腸

3　直腸

4　下行結腸

5　横行結腸

解答（　　　）

排便障害

便秘	① ____ 便秘	大腸の運動機能や反射の異常による便秘 例：過去に受けた腹部の手術、服用している薬の影響、腸の動きが低下している(弛緩性便秘)、排便のタイミングを逃す、プライバシーの保たれない環境での排便など
	② ____ 便秘	大腸そのものが部分的に狭くなり、便が通りにくい 例：大腸がん
下痢		通常の便に含まれる水分は約 ③ ____ ％だが、それ以上の水分を含む泥状便や水様便を排泄すること。 ④ ____ への対処が必要となる

【語群】

機能性	器質性	腹圧性	40〜50	70〜80	脱水

高齢者がよく飲んでいる抗うつ剤など、精神にはたらきかける薬の多くには、のどの渇き、便秘などの副作用があります。

OK

薬の本で、副作用についても調べておくことが大切ですね。

過去問チャレンジ！ （第33回－問題105）

次のうち、便秘の原因として、最も**適切なもの**を1つ選びなさい。

1 炎症性腸疾患 (inflammatory bowel disease)
2 経管栄養
3 消化管切除
4 感染性腸炎 (infectious enteritis)
5 長期臥床

解答（　　）

こころとからだのしくみ

19 尿の生成と排尿のしくみ

泌尿器のしくみ

泌尿器のしくみ

大静脈　大動脈
腎動脈
腎静脈
腎臓
尿管
尿路　膀胱
尿道
尿道括約筋

腎臓のしくみ

皮質
腎乳頭
腎杯
腎錐体（髄質）
腎動脈
腎静脈
尿管

腎小体のしくみ

尿細管　尿管へ
ボウマン嚢
糸球体
動脈

● 泌尿器とは、尿を生成する ①[　　　　　]、尿を体外に排泄する

②[　　　　　]（尿管、膀胱、尿道）を合わせたものをいう。

● 腎臓は、③[　　　　　] と ④[　　　　　] に区分でき、皮質には数多くの

腎小体がある。

● 腎小体は、毛細血管が集まった ⑤[　　　　　] とそれを包む ⑥[　　　　　]

で構成され、そこにつながっている ⑦[　　　　　] と合わせて、ネフロンと呼ばれる。

【語群】

尿路　　腎臓　　糸球体　　尿細管　　皮質　　髄質　　ボウマン嚢

カキコミ❷ 尿の生成から排尿までの流れ

腎臓：毛細血管で血液が ① ［　　　　　　　］ される（1日約 ② ［　　　　　　　］ l の血液が流れる）

↓

ボウマン嚢：余分な水分や老廃物を含んだ ③ ［　　　　　　　］ が尿細管へ流れる

↓

尿細管：原尿の水分のほとんどが吸収される

↓

腎杯：尿細管で吸収されなかった水分が集められる

↓

尿管

↓

膀胱：尿が約300〜500mlたまると、膀胱内圧が上がり、脳が ④ ［　　　　　　　］ を知覚する

　　　　膀胱出口周辺の筋肉が緩み、⑤ ［　　　　　　　］ を緩める

↓

排尿：1日約 ⑥ ［　　　　　　　］ mlが尿として排泄される

【 語群 】

生成　　ろ過　　原尿　　骨盤底筋群　　尿意　　300〜500　　1,000〜2,000　　1,500〜1,700

カキコミ❸ 尿量の異常

種類	特徴
① ［　　　　　］	1日あたりの尿量が50〜100ml
② ［　　　　　］	1日あたりの尿量が400ml以下
多尿	1日あたりの尿量が ③ ［　　　　　］ ml以上

失禁の種類

カキコミ④

	種類	特徴
尿をためる 機能の障害	過活動膀胱	①
	切迫性尿失禁	②
	腹圧性尿失禁	③
尿を出す機 能の障害	排尿困難	④
	溢流性尿失禁	⑤
排泄行為の 障害	機能性尿失禁	⑥

【 語群 】

急な強い尿意を我慢できずに漏れる　　　　急に強い尿意を感じて我慢できない

膀胱に尿が残ってあふれるように漏れる　　腹圧がかかる際に漏れる

認知機能や運動機能に問題があって漏れる　尿を出しにくい

過去問チャレンジ！ （第33回－問題104）

カコモン

　　Gさん（83歳、女性）は、認知機能は正常で、日常生活は杖歩行で自立し外出もしていた。最近、外出が減ったため理由を尋ねたところ、咳やくしゃみで尿が漏れることが多いため外出を控えていると言った。Gさんの尿失禁として、**適切なもの**を1つ選びなさい。

1 機能性尿失禁
2 腹圧性尿失禁
3 溢流性尿失禁
4 反射性尿失禁
5 切迫性尿失禁

解答（　　　）

20 呼吸のしくみとはたらき

呼吸器のしくみ

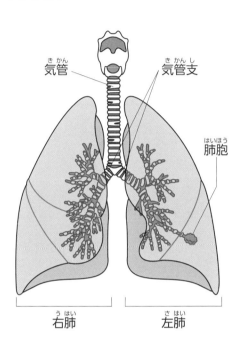

気管
気管支
肺胞
右肺　左肺

● 呼吸とは、代謝に必要な ① ［　　　　　］を
身体の各器官に提供し、細胞から不必要となっ
た ② ［　　　　　］を除去することをいう。

● 呼吸器系は、上のほうから ③ ［　　　　　］、

④ ［　　　　　］、喉頭、気管、

⑤ ［　　　　　］、⑥ ［　　　　　］で
構成される。

● 肺は左右に分かれ、さらに右肺は ⑦ ［　　　］つ、

左肺は ⑧ ［　　　］つに分かれる。

● 気管支は枝分かれを繰り返し、最終的に

⑨ ［　　　　　］に至る。

● 肺胞を包む毛細血管は体内から集められた不要
な二酸化炭素を肺胞内に放出し、酸素を

⑩ ［　　　　　］のなかに取り込む。

● 血液中に取り込まれた酸素は

⑪ ［　　　　　］内のヘモグロビンと結合
して、体内の各所に運ばれる。

ころとからだのしくみ

【語群】

二酸化炭素　酸素　口腔　咽頭　鼻腔　気管支　血液　肺　肺胞　赤血球
白血球　　2　　3　　4

● 人が空気を取り込もうと息を吸うことを [① 呼気 ・ 吸気] といい、肺から空気を吐き出すことを [② 呼気 ・ 吸気] という。

● 呼吸の方法は、お腹を膨らませたりへこませたりして横隔膜を動かす [③ 胸式 ・ 腹式] と、肋骨を上げ下げして行う [④ 胸式 ・ 腹式] の大きく2つに分けられる。

● 肺の容積を [⑤ 肺気量 ・ 肺活量] といい、最大に息を吸った後に最大限吐き出した空気の量を [⑥ 肺気量 ・ 肺活量] という。

● 通常の呼吸で吸い込んだ空気のうち、肺胞にまで届きガス交換に役立つ量を [⑦ 一回呼吸量 ・ 一回換気量] といい、約 [⑧ 300 ・ 500] mlである。

【 疾患 】 　　　　　　　　　　　　　　　　　【 特徴 】

①喘息 ・

②肺結核 ・

③肺炎 ・

④肺がん ・

・ A ウイルスや細菌によるものと、高齢や脳血管障害による嚥下障害(誤嚥)によるものがある。予防には風邪と誤嚥を避けることが重要となる

・ B 主症状は咳・痰・血痰・胸痛・呼吸困難など。初期は無症状であったり、風邪と症状が似ているため、発見が遅れることがある

・ C 発作的に起こる喘鳴と呼吸困難が主な症状。発作はハウスダストなどのアレルゲンや冷気などの刺激が原因となる

・ D 主症状は咳・痰・発熱。高齢者では、食欲低下・体重減少・だるさなどの全身症状が目立つ。咳で菌がばらまかれて感染が広がる

21 皮膚のしくみとはたらき

カキコミ　皮膚のしくみとはたらき

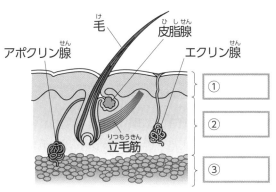

アポクリン腺　毛　皮脂腺　エクリン腺
立毛筋

① ② ③

●角質層など5層で構成される ④ には、⑤ と ⑥ の出口があり、弾力性のある ⑦ とともに、皮膚を衝撃から保護する。

●皮膚の表面は、皮脂や ⑧ によって保湿され、常在菌が病的細菌の増殖を防いでいる。新陳代謝が激しく、健康な成人では約 ⑨ 日で垢となり、剥がれ落ちる。

●爪は、皮膚の成分である ⑩ がケラチンという固い組織に変化したものであり、指先を保護し、手や足の動きを支える機能を持つ。

● ⑪ にある体温調節中枢は、自律神経を通して汗腺に発汗するように指示を出す。⑫ から排出された汗が蒸発することで体熱を放散する。

● ⑬ は腋窩や陰部に分布し、分泌物に有機成分を含むため、体臭の原因の一つとなる。

●目には見えないが皮膚や肺(呼気)からは、それぞれ1日あたり ⑭ 〜 ⑮ ml、⑯ mlの水分が ⑰ として排出される。

【語群】 ※同じ語句を複数回使用する場合もあります

| 視床下部 | 汗 | たんぱく質 | アポクリン腺 | 28 | 表皮 | 不感蒸泄 | 汗腺 | 300 |
| 400 | 500 | 600 | 700 | 皮下組織 | 皮脂腺 | 真皮 | 糖質 | エクリン腺 |

こころとからだのしくみ

22 死の受容過程と家族へのケア

ポイント

・本人が最期に「良い人生だった」と感じ、家族も死別という大きな悲嘆の後に再度自分の人生を歩み始めることができるように、本人や家族が死を受け止めるための支援が必要である。

カキコミ① キューブラー・ロスの死の受容過程

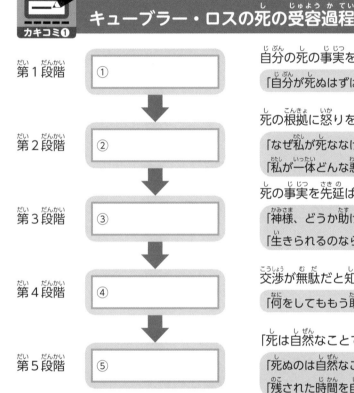

第1段階	①	自分の死の事実を否定する段階 「自分が死ぬはずはない！」「何かの間違いだろう」
第2段階	②	死の根拠に怒りを抱く段階 「なぜ私が死ななければならないのだ!?」 「私が一体どんな悪いことをしたというのだ」
第3段階	③	死の事実を先延ばしにしようと交渉を試みる段階 「神様、どうか助けてください」 「生きられるのなら何でもしますから…」
第4段階	④	交渉が無駄だと知り、抑うつ状態に陥る段階 「何をしてももう助からないのか…」
第5段階	⑤	「死は自然なことである」と受容し静観する段階 「死ぬのは自然なことなんだ」 「残された時間を自分らしく過ごしたい」

【語群】　悲観　抑うつ　怒り　卑屈　悟り　取り引き　受容　否認

 過去問チャレンジ！（第30回−問題70）

　キューブラー・ロス（Kübler-Ross,E.）が提唱した死の受容過程における「取り引き」に該当するものとして、**適切なもの**を1つ選びなさい。

1　死ぬのがなぜ自分なのかと怒る。　　2　自分が死ぬことはないと思う。
3　つらい治療を我慢して受けるので助けてほしいと願う。
4　安らかな気持ちで死を受け入れる。　5　もう助からないと思って絶望する。

解答（　　）

ポイント

・人の脳の機能が失われても、人工心肺や生命維持装置で心肺機能を代替・維持することが可能となり、以下のように死のとらえ方が変化した。

死のとらえ方について

種類	概要
生物学的な死	① _____ 停止・② _____ 停止・対光反射の消失と瞳孔拡大 (③ _____ 停止)の三徴候によって認められる人のからだのすべての機能が停止した状態
法律的な死	④ _____ と ⑤ _____ の機能が完全に停止し、戻ることのない状態。 2009年に改正された「臓器の移植に関する法律」によって、⑥ _____ と ⑦ _____ の臓器提供の意思が認められた場合のみ、⑧ _____ が行われ、⑨ _____ が人の死として認められるようになった。
臨床的な死	心肺機能が停止して臨床的には死んでいる状態

【 語群 】

| 脳死判定 | 脳機能 | 脳幹 | 本人 | 心 | 呼吸 | 家族 | 脳死 | 大脳 |

こころとからだのしくみ

尊厳死について

尊厳死について、以下の単語を用いながら100字以内で説明しましょう。

【 キーワード 】

延命　　尊厳　　終末期　　苦痛　　死期　　死

				5				10				15				20
				25				30				35				40
				45				50				55				60
				65				70				75				80
				85				90				95				100

アドバンス・ケア・プランニング

【 名称 】　　　　　　　　　　　　　　　　　　【 特徴 】

①アドバンス・
　ディレクティブ

・

・ A　本人を主体に、家族、医療従事者や介護提供者などが、将来の変化に備え、本人の意思表示の能力があるうちに、今後の治療やケアについて話し合いを繰り返し、意思決定を支援するプロセスのこと。「人生会議」とも呼ばれる

②リビングウィル
　(事前指示書)

・

・ B　患者あるいは健康な人が、将来自らが判断能力を失った際に自分に行われる治療・ケアに対する意向や、本人に代わって意思決定を行う代理人に関する意思を前もって表示すること

③アドバンス・ケア・
　プランニング(ACP)

・

・ C　事故や病気等により自分では意思を表明できなくなる事態に備え、あらかじめ自らに行われる治療やケアへの意向を表示し、書面にすること(代理人の指定は通常含まれない)

家族へのケア

①家族は、医師の説明や利用者の衰弱していく様子から「死」へのこころの準備ができてい

るため、支援する必要はない。 （　）

②終末期は、家族の身体的負担や精神的不安が増えていくため、家族の希望を聞き、負担の

大きいケアをともに行うなどの支援が必要である。 （　）

③利用者の容態の変化や延命処置の意向などを尋ねられることは、家族が「死」を受け止め

る助けとなるため、介護福祉職は丁寧に説明を行うようにする。 （　）

④利用者に対する医療的な支援は医師や看護師が行うため、介護福祉職は利用者の生活面だ

け支援すればよい。 （　）

⑤大切な家族を失った家族は、喪失感から自分を責めたり、後悔したり、精神的な不安から

うつ状態に陥ることもある。 （　）

⑥家族が心情を自由に話すことができる機会を設ける、要介護者の人生と最期が満足できる

ものであったことを伝えるなど、遺族を対象としたグリーフケアが重要である。 （　）

 過去問チャレンジ！　（第34回－問題108）

　Bさん(76歳、女性)は、病気はなく散歩が日課である。肺がん(lung cancer)の夫を長年介護し、数か月前に自宅で看取った。その体験から、死期の迫った段階では延命を目的とした治療は受けずに、自然な最期を迎えたいと願っている。

　Bさんが希望する死を表す用語として、**最も適切なもの**を１つ選びなさい。

1　脳死　　　　　2　突然死　　　3　尊厳死

4　積極的安楽死　5　心臓死

解答（　　　）

 過去問チャレンジ！　（第35回－問題29）

　大切な人を亡くした後にみられる、寂しさやむなしさ、無力感などの精神的反応や、睡眠障害、食欲不振、疲労感などの身体的反応を表すものとして、**最も適切なもの**を１つ選びなさい。

1　認知症　（dementia）

2　グリーフ　（grief）

3　リビングウィル　（living will）

4　スピリチュアル　（spiritual）

5　パニック障害　（panic disorder）

解答（　　　）

23 終末期のこころとからだの変化

ポイント

・終末期には、心臓機能の低下により脈拍が微弱になり、それに伴い血圧も下降する。さらに、全身に血液を循環させられなくなるため、心臓から遠いところから体温も低下していく。
・医師によって、心臓の停止、瞳孔散大（脳の機能停止）、呼吸の停止が確認されると、死亡と判定される（死の三大徴候）。

カキコミ① 終末期のからだの変化

●血液やリンパ液の循環障害→足部から ①　　　　　　　　 がみられ、

②　　　　　　　　 が少なくなる。

●痛みや不安など→不眠になることがある。

●低栄養やるい痩（ひどく痩せた状態）→ ③　　　　　　　　 ができやすくなる。

【 語群 】

褥瘡　　浮腫　　尿量　　発汗量

過去問チャレンジ！ （第35回－問題30）

死が近づいているときの身体の変化として、**最も適切なもの**を１つ選びなさい。

1 瞳孔の縮小
2 筋肉の硬直
3 発汗
4 結膜の充血
5 喘鳴

解答（　　）

バイタルサインの変化

脈拍 (みゃくはく)	リズムが乱れ、① _____ になり、触れにくくなる
呼吸 (こきゅう)	・間隔が② _____ になり、深さも乱れる ・チェーンストークス呼吸^{※1}、肩呼吸^{※2}、下顎呼吸^{※3}がみられる ・自力で喀痰できないため、喉の奥からゼロゼロ、ヒューヒューという 　音を発しながら呼吸をする（③ _____ ）
血圧 (けつあつ)	④ _____ し、測定できなくなる
体温 (たいおん)	⑤ _____ から遠いところから低下する
意識状態 (いしきじょうたい)	・血圧の低下とともに、意識がなくなっていく ・⑥ _____ …意識が低下しうとうとし始めた状態 ・混迷…意識が低下しつつあるが完全に失ってはいない状態 ・⑦ _____ …完全に意識を失った状態
⑧ _____	酸素の欠乏により皮膚や粘膜が⑨ _____ 色になる。とくに口唇や爪でみられる

※1：10〜30秒ほど呼吸が止まり、浅めの呼吸から深く大きな呼吸になるというリズムを繰り返す呼吸
※2：息をするたびに肩を動かし、肩を使って懸命に呼吸しているようにみえる呼吸
※3：下顎をパクパク、カクカクと動かす呼吸で、死亡前の数時間以内にみられることが多い

【 語群 】

発汗量　チアノーゼ　微弱　不規則　赤　下降　昏睡　脳　傾眠　死前喘鳴
心臓　暗青

こころとからだのしくみ

死の受容過程で覚えておかなければならないこ
とはありますか。

死の受容過程は、実際には、5段階を一方向に進むとは限りません。から
だや痛みのケアに加えて、こころのケアが重要です。利用者本人やご家族
が死を話題にしたときには、きちんと受け止め、話を聴きます。
また、最期まで聴覚は残っていることを家族に説明し、手を握って声をか
けたりしてもらうことも重要なケアです。

発達と老化の理解

★ ねらい ★

・発達の観点から老化を理解する！
・老化に関する心理や身体機能の変化の特徴について基本的な知識
　を理解しながら覚える！

・老人福祉法や介護保険法などの法律における高齢者の定義は、65
　歳以上！
・老化に伴い、流動性知能は低下する。　→ 結晶性知能は加齢の影響を
　　　　　　　　　　　　　　　　　　　　　ほとんど受けない！
・高齢者が疾患に罹患した場合
　→症状は非定型的。
　→複数の疾患に罹患している場合が多い。
　→慢性化しやすい。
　→薬の副作用が現れやすい。
　→典型的な痛みを訴えない場合がある。
・骨粗鬆症は、閉経後の女性に多い。原因は骨密度の低下！
・糖尿病、高血圧はしっかり押さえる！
・死因の1位は悪性新生物（がん）。
・介護が必要となった原因の1位は認知症。

骨粗鬆症
↓
骨折
↓
寝たきり
↓
廃用症候群、褥瘡
という流れにならないように！！

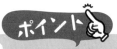

1 発達の基本的理解

ポイント

・人間は、個人差はあるものの、遺伝子と環境との相互作用を受けながら発達していく。

カキコミ① 人間の発達の順序性と連続性

順序性と連続性	具体例
① _____ から ② _____ の方向へ	首がすわる→座る→立つ→歩く
身体の ③ _____ から ④ _____ へ	肩や腕が動く→物をつかむ
全体から特殊へ	単純→複雑、粗大→微細、立つ、歩く→飛ぶ、片足立ち

【 語群 】
足　頭　中枢　末梢

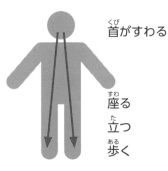

首がすわる
座る
立つ
歩く

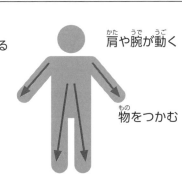

肩や腕が動く
物をつかむ

クミアワセ 発達と老化に関する語句とその意味

【 語句 】　　　　　　　　　　　　【 意味 】

① 成熟　・　　・ A 衰退に限らず、年齢を加える過程で自然に起こるすべての変化

② 老化　・　　・ B それぞれの器官やからだが、形も機能的にも大人として完成する過程

③ 加齢　・　　・ C 成熟後に加齢とともに生じる、生理的・形態学的な衰退現象

発達段階別にみた特徴的な疾病や障害

発達区分	およその年齢	特徴と発症することの多い病気・障害
胎生期・乳児期	0～1歳	・安定した母子関係を通して、人間や社会を信頼する。 ・染色体異常などの遺伝的要因、母体の感染症などによる胎生期の環境的要因、低酸素症などの出産時の要因、出生後すぐの疾病や事故などが多い。 ① □ や先天性代謝異常などの先天異常、 ② □ 、 ③ □
幼児期	1～6歳	・言語と身体機能の発達が著しく、生活習慣や自我などが発達する。 ・活動性が高く、事故等による外傷の危険性が高い。 ・個人差はあるものの運動や言語の発達の遅れ、社会的場面での行動が増えたことによる発達上の課題が明確になる。 外傷、 ④ □ による心身への障害、 ⑤ □
学童期	7～11歳	・より活動性が増す。小学校に進学し、集団の中での社会的活動が増え、社会的ルールを獲得する。 ・授業の難易度が高まるにつれて、発達上の課題が表面化しやすくなる。 ⑥ □ 、不慮の事故、発達障害(⑦ □ などの広汎性発達障害、 ⑧ □ 、 ⑨ □)
思春期・青年期	12～20歳	・知的機能が完成することで抽象的思考が可能となり、アイデンティティが確立する。 ・第二次性徴による身体的変化とともに性機能も成熟期を迎えるが、精神的には不安定な時期である。 ⑩ □ (神経性食欲不振症や神経性過食症)、 ⑪ □ 、 ⑫ □ (うつ病など)

発達と老化の理解

105

発達区分	およその年齢	特徴と発症することの多い病気・障害
成人期	20〜65歳	・コミュニティへの参加、家族を形成する。 ・職業人として働く生活が続き、仕事上のストレスが増える場合や食生活や運動習慣の乱れがたまる場合がある。 ・中年期以降は、体力や性機能の低下が始まる。 気分障害(40、50歳代の男性において、⑬〔　〕が高い傾向)、 生活習慣病(⑭〔　〕、⑮〔　〕、 ⑯〔　〕、⑰〔　〕 による脳卒中や心筋梗塞など)、⑱〔　〕
老年期	65歳〜	・身体的な衰えに直面、新たな役割の探求、死の準備 ・加齢に伴うさまざまな障害、廃用症候群など

【語群】

動脈硬化　　乳幼児突然死症候群　　統合失調症　　知的障害　　更年期障害　　自殺率

脳性麻痺　　学習障害　　脂質異常症　　摂食障害　　ダウン症候群　　糖尿病　　虐待

気分障害　　高血圧症　　自閉症　　注意欠陥多動性障害　　感染症

発達区分の名称とおよその年齢は、理論を発表した研究者ごとに少しずつ違うことがあります。時期ごとの特徴と発症することの多い病気や障害も覚えましょう。

2 発達段階

・人間は、それぞれの発達段階ごとに発達課題（目標）を達成しながら、階段を上るように質的な変化をたどる。
・発達段階の研究者には、ピアジェ、フロイト、ハヴィガースト、エリクソンがあげられる。

カキコミ① ピアジェの発達段階と発達課題

段階	年齢	概要
① 期	0〜2歳頃	刺激と感覚器官の結びつきを通して動作が形成される
② 期	2〜7歳頃	見かけの変化に左右される直観的思考の段階。「ごっこ遊び」をするようになる
③ 期	7〜11歳頃	見かけの変化に惑わされず、具体的に思考できるようになる
④ 期	11歳頃〜	目に見えない抽象的な概念の理解や論理的な思考ができるようになる

【 語群 】
前操作　　形式的操作　　具体的操作　　感覚運動

過去問チャレンジ！（第27回−問題69）

　A君は、積み木を飛行機に見立ててB君と遊んでいた。大人がA君とB君の目の前で、おやつのジュースを一人150mlずつになるように計った。しかし、同じ大きさのコップがなかったので、それぞれ形の違うコップに入れて与えた。A君にジュースを入れたコップを渡したところ、A君は、「B君のほうが量が多い」と言って泣き出した。

　ピアジェ（Piaget, J.）によるA君の認知発達段階として、**適切なもの**を1つ選びなさい。

1　形式的操作期	2　感覚運動期	3　前操作期
4　再接近期	5　具体的操作期	

解答（　　）

発達と老化の理解

107

フロイトとハヴィガーストの発達段階と発達課題

カキコミ❷

■フロイトの発達段階と発達課題

段階	年齢	概要
① 期	生後〜1歳頃	摂食・授乳によって口唇から快感を得る
② 期	3歳頃まで	排泄と保留によって肛門から快感を得る
③ 期	5歳頃まで	生殖器への関心と異性の親に対する小児性欲が特徴となる
④ 期	11歳頃まで	精神エネルギーが外部に向けられ、同性の親との同一化が特徴となる
⑤ 期	16歳頃まで	身体的成熟とともに性器性欲が出現する
⑥ 期	成人の時期	愛情対象の全人格を認めた異性愛が完成される

■ハヴィガーストの発達段階と発達課題

段階	発達課題
⑦ 期	歩行や話すこと、排泄コントロールの習得、両親兄弟の人間関係の学習、善悪の区別など
⑧ 期	遊びに必要な身体的技能や男子と女子の区別の学習、基礎的学力の習得と発達、道徳性・価値観の発達、個人的独立と母子分離など
⑨ 期	成熟した人間関係をもつ対人スキル、情緒的独立、職業選択と準備、社会的に責任ある行動をとる、結婚と家庭生活の準備など
⑩ 期	職業に就く、結婚、配偶者との生活、出産、家庭の管理など
⑪ 期	市民的・社会的役割の達成、経済力の維持、生理的変化の受け入れ、高齢となった両親への適応と世話など
⑫ 期	健康の衰退、引退と収入の減少への適応、同年代の人達との新たな関係を結ぶ、死の到来への準備と受容など

【語群】

〈フロイト〉　潜在　　口唇　　男根　　肛門　　思春　　性器

〈ハヴィガースト〉　中年　　壮年　　児童　　青年　　乳幼児　　老年

エリクソンの発達段階と発達課題

段階（年齢）	発達課題	概要
① ____ 期 （0〜1歳頃）	基本的信頼 対 基本的不信 →希望	養育者との関係を通じて、自分を取り巻く社会が信頼できることを感じる
② ____ 期前期 （1〜3歳頃）	自律性 対 恥、疑惑 →意志	しつけを通して、自分のからだをコントロールすることを学習する
③ ____ 期後期 （3〜6歳頃）	自主性 対 罪悪感 →目的	自発的に行動することで、社会に関与していく主体性の感覚を学習する
④ ____ 期 （7〜11歳頃）	勤勉性 対 劣等感 →適格	学校や家庭での活動課題を達成する努力を通して、勤勉性・有能感を獲得する
⑤ ____ 期 （12〜20歳頃）	同一性 対 同一性混乱 →忠誠	身体的・精神的に自己を統合し、アイデンティティを確立する
⑥ ____ 期 （20〜30歳頃）	親密 対 孤立 →愛	結婚など親密な人間関係を築き、人と関わり、連帯感を獲得する
⑦ ____ 期 （30〜65歳頃）	生殖性、世代性 対 停滞 →世話	子育てや仕事で、社会に意味や価値のあるものを生み出し、次世代を育てる
⑧ ____ 期 （65歳頃〜）	統合 対 絶望 →英知	これまでの自分の人生の意味や価値、新たな方向性を見出す

※発達課題の「○○」対「△△」は、「○○」がその段階の発達課題がうまく達成された場合、「△△」はうまく達成されなかった場合である

過去問チャレンジ！（第28回－問題69）

エリクソン（Erikson,E.）の発達段階説に関する次の記述のうち、**最も適切なもの**を1つ選びなさい。

1 誕生から1歳頃までは、自分の行動のコントロールを身につける段階である。
2 3歳頃から6歳頃までは、自発的行動を通して主体性の感覚を学ぶ段階である。
3 12歳頃から20歳頃までは、勤勉性を身につける段階である。
4 20歳頃から30歳頃までは、心身共に自分らしさを身につける段階である。
5 30歳頃から60歳頃までは、社会全体や他者への信頼感を持つ段階である。

解答（　　）

発達と老化の理解

109

3 高齢者の定義

ひづけ ／ できたシール

ポイント

- 狭い意味での老化とは、加齢に伴う生体機能の変化がピークに達した後の退行期を意味する。
- 老人福祉法や介護保険法の主な対象者は、現在は65歳以上とされている。

カキコミ 高齢者に関する年齢の定義

区分	定義
社会習慣上の区分	還暦（ ① 歳）、古希（ ② 歳）など
統計上の区分 （国連の統計、WHOの定義）	高齢者： ③ 歳以上
行政上の区分	
老人福祉法 　介護保険法 　高齢者虐待防止法※1	高齢者： ④ 歳以上
後期高齢者医療制度（高齢者の医療の確保に関する法律）	後期高齢者： ⑤ 歳以上
役割上の区分 （高年齢者雇用安定法※2）	企業が定年制を導入する場合は ⑥ 歳以上、雇用努力義務は ⑦ 歳まで
発達段階などの心理的区分	発達段階の老年期の始まりは ⑧ 歳

※1 「高齢者虐待防止法」とは、「高齢者虐待の防止、高齢者の養護者に対する支援等に関する法律」のことである

※2 「高年齢者雇用安定法」とは、「高年齢者等の雇用の安定等に関する法律」のことである

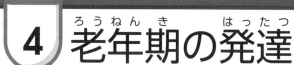

4 老年期の発達

クミアワセ① 老年期における発達課題

【語句】

①ハヴィガースト
「発達段階」の概念を発表

②エリクソン
発達を8段階に分けた「生涯発達的理論」を提唱

③ペック
エリクソンの理論を発展させた「自我発達理論」を提唱

【意味】

A
老年期の課題を①「仕事役割没入」対「自我分化」、②「身体没入」対「身体超越」、③「自我没入」対「自我超越」とした

B
老年期の課題を「身体の衰え」「退職」「役割の変化」「身近な人の死」「自分自身の死」に向き合うこととした

C
老年期の課題を「自我の統合」対「絶望」とし、人生を振り返り、有意義であると感じ取れば、死を含めて人生を受容することにつながるとした

発達と老化の理解

高齢者の個別的な理解を妨げる要素には①ステレオタイプ（「高齢者はこういうものだ」という一律的で型にはまった考え方）と、②エイジズム（年齢に対する偏見や差別）があります。また、老化によるパーソナリティ（人格）の変化は、一般的な傾向があるかは不明です。固定観念をもたず、一人ひとりを理解することが大切です。

カコモン 過去問チャレンジ！（第36回－問題34）

エイジズム (ageism)に関する次の記述のうち、**最も適切なもの**を1つ選びなさい。

1 高齢を理由にして、偏見をもったり差別したりすることである。
2 高齢になっても生産的な活動を行うことである。
3 高齢になることを嫌悪する心理のことである。
4 加齢に抵抗して、健康的に生きようとすることである。
5 加齢を受容して、活動的に生きようとすることである。

解答（　　　）

老年期に関する用語

①	加齢による心身の変化に対し、本人が主観的に「高齢者になったな」と感じること。個人差、年齢、時代や地域、文化、社会情勢などによって感じる時期は異なる
②	老化にうまく適応した幸せな老年期の生き方のこと。「長寿であること」「生活の質が高いこと」「社会貢献をしていること」などで構成される
③	人生に対して積極的に生きていくことを目指そうということ。2002年にWHO（世界保健機関）が提唱し、「その人の年齢にふさわしい人生の質を高めるために、健康、社会参加、安全に関するチャンスを最大限に利用するプロセスである」とされた
④	バトラーが提唱し、「年を取っているという理由で老人たちを一つの型にはめ差別すること」と定義される。人種差別、性差別に次いで、第3の差別として指摘されている
⑤	1975年に、バトラーは高齢者の生産的・創造的な能力が年齢差別によって活かされていない現状を批判し、「高齢者は社会に貢献していること、さらに幅広い社会参加が可能である」という理念を提唱した

「高齢者は社会でどのように生きることが幸せなのか？」という研究から生まれた「老化理論」である「活動理論（役割喪失を少なくし、活発に社会の中で活動すべきという考え方）」や「離脱理論（社会的活動から離れていくことが適応した生き方であるという考え方）」なども学んでおくとよいでしょう。

サクセスフルエイジングの土台となった考え方でもあるんですね。

【 人格特性 】　　　　　　　　　　　　　　　　　　【 説明 】

①円熟型 ・

②依存型（安楽いす型） ・

③防衛型（装甲型） ・

④外罰型（憤慨型） ・

⑤内罰型（自責型） ・

・ A 受け身のタイプで、老年期において仕事の責任から解放されて楽に暮らそうとする傾向にある

・ B 人生における目標を達成できなかった原因が他者にあるとして、他者を責める傾向にある

・ C 自分の人生を受け入れ、社会参加や人間関係にも満足している傾向にある

・ D 自分の人生を失敗と捉え、その原因が自分にあると責める傾向にある

・ E 活動し続けることで、老化による身体機能の低下への不安を抑圧して、自己防衛を図る傾向にある

※ライチャードが分析した人格の傾向の分類は、支援者が、老年期に入った人々がどのような状態にあるのかを把握し、支援の必要性を検討する際の目安になる

発達と老化の理解

カコモン **過去問チャレンジ！**（第35回－問題19）

　Hさん（75歳、男性）は、一人暮らしであるが、隣人と共に社会活動にも積極的に参加し、ゲートボールや詩吟、芸術活動など多くの趣味をもっている。また、多くの友人から、「Hさんは、毎日を有意義に生活している」と評価されている。Hさん自身も友人関係に満足している。

　ライチャード（Reichard, S.）による老齢期の性格類型のうち、Hさんに相当するものとして**適切なもの**を１つ選びなさい。

1　自責型
2　防衛型（装甲型）
3　憤慨型
4　円熟型
5　依存型（安楽いす型）

解答（　　　）

5 老化に伴うこころ・知的機能の変化

ポイント

- 老化は誰にでも起こる普遍的なものであるが、個人差が大きい。
- 老年期は、身近な人の死や役割（地位や収入など）の変化など、喪失体験に直面しやすい。
- 喪失体験により、不眠などの症状が現れることもある。

○×マルバツ　老年期における喪失体験

老年期の喪失体験につながる可能性があるできごとに○を、そうでないものに×をつけましょう。

①身体的な健康の喪失　（　　　）
②退職後の新たな人間関係の構築　（　　　）
③収入の減少　（　　　）
④配偶者や友人との死別　（　　　）
⑤老年期の新たな役割を担うこと　（　　　）
⑥仕事からの引退　（　　　）
⑦家庭内での役割の交代　（　　　）
⑧住み慣れた場からの引っ越し　（　　　）

カキコミ❶　高齢者の知的機能

● からだの内外から情報を取り入れ認識すること、話す、計算する、判断する、記憶する、

思考するなど、脳の知的機能を総称して ① [　　　　　] という。

● 認知機能の低下によって、瞬時の判断が ② [　　　　] なり、課題の遂行時間が

③ [　　　　] なるが、時間をかければ正しく行うことができる。

● 介護福祉職の感覚で高齢者の能力を ④ [　　　　] 見積もらないよう留意する。

【語群】

速く　遅く　長く　短く　低く　認知機能　知能

知能の種類	内容	加齢による影響
① 知能	新しいものを覚える、計算・暗記などの学習などの能力	② する
③ 知能	判断力や理解力など、経験や学習で獲得した能力	加齢の影響をほとんど受けない

◆高齢者の「個人差」を理解するために介護福祉職がもつべき視点

①生物学的老化の個人差	同じ年齢であっても、老化による機能低下の差は大きい（例：高齢だけを理由に、誰にでも大きな声で話しかけることは本人の自尊心を損なわせる）
②社会的影響の個人差	職業経験、家族関係、社会的役割などの変化が与える影響のこと。現在では、生き方そのものが多様化しているため、体験も変化の受け止め方も個人差が大きい
③経験の違いによる個人差	これまでの人生での経験や習慣などにより、心理や行動の傾向には個人差がある

発達と老化の理解

大切な対象を亡くした人が悲嘆（グリーフ）から立ち直り、新しい環境に適応するための支援をグリーフケアといいます。フロイト（Sigmund Freud）は、大切な対象を喪失した人がたどる心理的過程を「喪の作業」と定義し、ボウルビィはその過程について①ショックを受ける「麻痺・無感覚」、②対象喪失を認めない「否認・抗議」、③抑うつを体験する「絶望・失意」、④喪失を受け止め立ち直る努力を始める「離脱・再建」の4段階をたどるとしました。

過去問チャレンジ！（第35回−問題34）
カコモン

ストローブ（Stroebe, M.S.）とシュト（Schut, H.）による悲嘆のモデルでは、死別へのコーピングには喪失志向と回復志向の2種類があるとされる。
喪失志向のコーピングとして、**最も適切なもの**を1つ選びなさい。

1　しばらく連絡していなかった旧友との交流を深める。
2　悲しい気持ちを語る。
3　新たにサークル活動に参加を申し込む。
4　ボランティア活動に励む。
5　新しい生活に慣れようとする。　　　　　　　　　　　解答（　　　）

6 老化に伴うからだの変化

ポイント

・老化に伴い、身体の機能も個人差はあるものの低下していく。
・環境の変化に合わせて自律神経や代謝・体液のバランスなどの生理機能を変化させる能力を、ホメオスタシス（恒常性の維持）と呼ぶ。

カキコミ① 老化(一次老化)に伴う変化の全般的な傾向

● 予備力※の低下：加齢とともに ① や ② のゆとりが

減少するため、大きな負荷がかかった場合に対処しづらくなる。

● ③ の低下：熱中症や脱水症を起こしやすくなる。

● ④ 機能の低下：感染症に罹患しやすく、重症化する傾向がある。

● 回復力の低下：何らか の ⑤ や、普段しないような ⑥ を

した場合に、回復に時間がかかるようになるため、病気などがなかなか治りづらくなる。

● 適応力の低下：引っ越しや施設入所などのストレッサーが心身にストレスを及ぼさないよ

うに ⑦ する能力が低下する。

※体力や生理的機能の最大の能力と、日常的に使っている能力との差

【 語群 】
順応　免疫　ストレス　体力　ホメオスタシス　無理　生理的機能

カキコミ❷ 病的な状態を引き起こす老化(二次老化)にいたる特徴的な状態

● サルコペニア：加齢に伴う骨格 ① ◻ の減少と骨格 ② ◻ の低下のこ

と。活動や栄養状態とも関連があり、③ ◻ や骨折のハイリスク因子となる。

● フレイル：加齢に加え、疾患等による影響によって運動機能や認知機能等が減少し、心身

に ④ ◻ が現れた状態。徐々に要介護状態にいたるが、適切な介入によって

⑤ ◻ な状態に戻ることができる。

● ロコモティブシンドローム：骨粗鬆症・骨折・関節の変形などの運動器の疾患や筋力

低下による運動器機能不全のために、立つや歩くなどの ⑥ ◻ が低下

した状態。

【語群】

| 脆弱性 | 健全 | 筋力 | 移動機能 | 筋量 | 転倒 |

発達と老化の理解

高齢者の身体機能の特徴は、老化によって身体機能の
予備力が低下し、内臓も影響を受けています。また、
複数の疾患を長期にわたって管理する場合が多く、使
用する薬の種類や量も増えていきます。そして、長期
間飲み続けなければいけません。

個人差に加えて、さまざまな要因
の影響を含めて、全体像を捉えて
いけばいいですね。

老化に伴うからだの主な変化

【 脳・神経系 】

● 脳の重量の [① 減少 ・ 増加]

● 瞬時の判断や反応が遅くなる

【 口腔・嚥下 】

● 歯の脱落

● 唾液の [② 減少 ・ 増加]

● 嚥下反射・咳反射が鈍くなり、誤嚥
しやすくなる

【 感覚器系 】

● 視力、聴力、嗅覚、味覚の

[③ 低下 ・ 向上]

● 平衡機能の

[④ 低下 ・ 向上]

【 心・循環器系 】

● 心臓の

[⑤ 縮小 ・ 肥大]

● 血圧の

[⑥ 低下 ・ 上昇]

● 冠状動脈の動脈硬化

【 呼吸器系 】

● 肺活量の

[⑦ 低下 ・ 向上]

● 残気量の

[⑧ 減少 ・ 増加]

【 消化器系 】

● 消化液の分泌

[⑨ 低下 ・ 上昇]

● 蠕動運動の低下

【 肝臓、腎・泌尿器系 】

● 糸球体のろ過機能の

[⑩ 低下 ・ 向上]

● 尿細管での再吸収能力の低下

● 肝臓の解毒機能・腎臓の排泄
機能が低下しているため、副
作用が出やすくなる

【 骨・運動器系 】

● 骨量の [⑪ 減少 ・ 増加]

● 関節の変形

7 高齢者と健康

ポイント

- 高齢者は検査値の個人差が大きく、痛みなどの自覚症状も感じにくく、訴えが少ない場合が多い。
- 2022（令和4）年の国民生活基礎調査の概況によると、病気やケガなどで自覚症状がある人は、全体では人口千人当たり276.5であるのに対し、65歳以上の高齢者では418.2である。また、通院している人は、全体で417.3に対し、65歳以上では696.4である。
- 高齢者の老化による心身の変化と、廃用症候群を中心としたさまざまな病態や疾患をまとめて老年症候群という。

センタク 高齢者の疾患や症状の特徴

- 高齢者の疾患の症状は、成人と比較して ［ ① 定型的 ・ 非定型的 ］である。

- 高齢者は、ひとつの疾患をきっかけに ［ ② 単一 ・ 複数 ］の疾患にかかりやすい。

- 高齢者は、一度疾患に罹患すると ［ ③ 急性化 ・ 慢性化 ］する場合が多い。

- 高齢者は、薬剤の副作用が現れ ［ ④ やすい ・ にくい ］。

- 慢性疾患を合併することが多い高齢者の予後は、疾患からの身体的な回復と同時に、療養生活を送る際の環境から、大きな影響を ［ ⑤ 受ける ・ 受けない ］。

カコモン 過去問チャレンジ！（第35回－問題35 ）

加齢の影響を受けにくい認知機能として，**最も適切な**ものを1つ選びなさい。

1 エピソード記憶
2 作業記憶
3 選択的注意
4 流動性知能
5 意味記憶

解答（　　）

発達と老化の理解

高齢者に多い症状とその原因

クミアワセ

【症状】

① かゆみ •

② むくみ •

③ 痛み •

④ 体重減少、食欲不振 •

⑤ めまい •

⑥ 息切れ、息苦しさ •

⑦ 誤嚥 •

⑧ 痰、咳 •

⑨ 脱水 •

⑩ 不眠 •

⑪ 便秘 •

【主な原因】

• A 心臓や呼吸器の疾患、抑うつ状態

• B 脳の血流量の不足、起立性低血圧、心疾患、内耳や神経の老化、脱水

• C アルブミン不足、心疾患、下肢の筋肉収縮の不足

• D 老人性皮膚搔痒症、ドライスキン

• E 関節炎、圧迫骨折、打撲、腹腔内の消化器系・泌尿器系・生殖器系の疾患

• F 水分摂取量が少ない、尿量が多い、嘔吐・下痢、利尿剤

• G 抑うつ状態、がん、義歯が合わない

• H 腸の疾患や機能不全、排泄する環境の整備不十分、薬の副作用

• I 肺の疾患、感染症、肺結核、薬の副作用、逆流性食道炎

• J 不十分な口腔ケア、本人の嚥下能力に合わない食事形態

• K 生活パターンの乱れ、睡眠リズムの不調に対する不安、病気や痛みの影響

筋量や骨量の低下によって、骨粗鬆症が進み、背骨は円背になります。その結果、呼吸のしづらさや動きづらさが生じ、転倒や骨折などにつながります。このように高齢者の心身の老化による影響と、よくみられる症状を結びつけて理解しておきましょう。

8 骨粗鬆症と骨折

カキコミ 高齢者に多くみられる骨折と骨粗鬆症

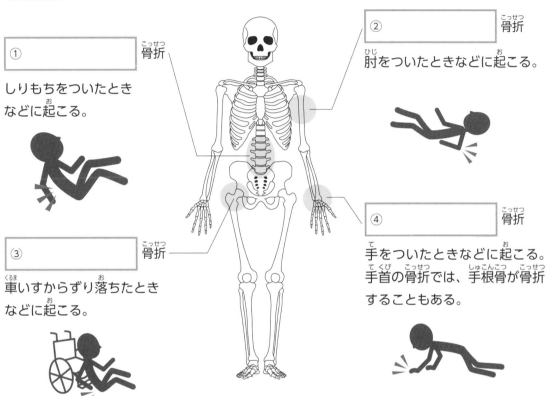

① _____ 骨折

しりもちをついたとき
などに起こる。

② _____ 骨折

肘をついたときなどに起こる。

③ _____ 骨折

車いすからずり落ちたとき
などに起こる。

④ _____ 骨折

手をついたときなどに起こる。
手首の骨折では、手根骨が骨折
することもある。

発達と老化の理解

● 高齢者の骨折の原因のほとんどは、転倒と骨粗鬆症によるもの。

● 骨粗鬆症は、骨の成分である ⑤ _____ の減少や、運動不足、日光浴の不足に

よって ⑥ _____ が欠乏し、骨の破壊と再生のバランスがくずれた結果、

⑦ _____ が低下して起こる。

● 骨粗鬆症は、閉経を迎えた女性に多い。

【語群】

橈骨遠位端　　上腕骨近位端　　大腿骨頸部　　脊椎圧迫　　骨密度　　ビタミンD

カルシウム

クミアワセ

転倒・骨折の対策

【 問題点 】

① 骨の脆弱性 •

② 再転倒の恐怖により外出を控える •

③ 転倒の衝撃 •

④ 廃用症候群による筋力の低下 •

⑤ 転倒を引き起こしやすい環境 •

【 対策 】

• A 介護福祉職が付き添い、安全に配慮した外出を行う

• B 歩行の障害になるものや段差を調整し、明るさ・暗さ・まぶしさなど視覚にも配慮する

• C 可能な限り立つ・歩くなど、骨と筋肉を使う機会を日常的に設ける

• D カルシウムやビタミンなど栄養摂取と運動、日光浴

• E ヒッププロテクターを装着する

骨折した後、リハビリに取り組まず、長期間安静にしていると要介護状態になりやすくなります。骨折や転倒は要介護状態になる大きな要因であることも覚えておきましょう。

骨折しない生活を送ることが重要ね。

 カコモン

過去問チャレンジ！ （第36回−問題38）

次のうち、高齢期に多い筋骨格系の疾患に関する記述として、**適切なもの**を1つ選びなさい。

1 骨粗鬆症 (osteoporosis) は男性に多い。

2 変形性膝関節症 (knee osteoarthritis) では X 脚に変形する。

3 関節リウマチ (rheumatoid arthritis) は軟骨の老化によって起こる。

4 腰部脊柱管狭窄症 (lumbar spinal canal stenosis) では下肢のしびれがみられる。

5 サルコペニア (sarcopenia) は骨量の低下が特徴である。

解答（　　　）

9 廃用症候群と褥瘡

ポイント

- 廃用症候群とは、心身を使わない、または使えない状態にいることによって、心身に生じるさまざまな機能低下のことをいう。
- 高齢者の皮膚は、薄く乾燥し、筋肉や脂肪が少ないこと、寝ている間に寝返りを打つ回数や体位変換などが少ないなどの理由で、褥瘡を生じやすい状態にある。

カキコミ❶ 廃用症候群の症状とその影響

症状	影響
① 　　　　の低下	せん妄、認知症などにつながる
② 　　　　が薄くなる	少しの圧力で容易に褥瘡になる
③ 　　　　の低下	少し起きただけでも頻脈や起立性低血圧になりやすい
④ 　　　　の萎縮	筋力や耐久性が低下する
⑤ 　　　　の機能の低下	食欲不振や便秘になりやすい
⑥ 　　　　の拘縮	関節の動きが悪くなる・動かなくなる
静脈内で ⑦ 　　　　ができやすくなる	血栓症や肺塞栓が生じやすい

【語群】

精神活動性　心機能　筋肉　消化器　関節　骨　皮膚　血栓

発達と老化の理解

褥瘡とその症状

● 褥瘡は、長時間、からだのある一定の部位に重力がかかり、その部位の ① [＿＿＿]

が妨げられることによって、皮膚が ② [＿＿＿] した状態をいう。

● 褥瘡のできやすい部位は、とくに ③ [＿＿＿] の突出部位、皮膚が ④ [＿＿＿]

しやすい部位などである。

■褥瘡の症状

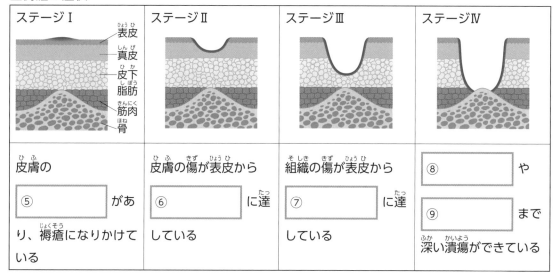

ステージ I	ステージ II	ステージ III	ステージ IV
表皮 / 真皮 / 皮下脂肪 / 筋肉 / 骨			
皮膚の ⑤ [＿＿＿] があり、褥瘡になりかけている	皮膚の傷が表皮から ⑥ [＿＿＿] に達している	組織の傷が表皮から ⑦ [＿＿＿] に達している	⑧ [＿＿＿] や ⑨ [＿＿＿] まで深い潰瘍ができている

【語群】 ※同じ語句を複数回使用する場合もあります

壊死　　発赤　　湿潤　　骨　　筋肉　　真皮　　皮下脂肪　　血液循環

過去問チャレンジ！ （第35回－問題23）

褥瘡の好発部位として、**最も適切なもの**を1つ選びなさい。

1 側頭部
2 頸部
3 腹部
4 仙骨部
5 足趾部

解答（　　　）

 10 循環器系の病気

発達と老化の理解

ポイント

- 肺動脈には静脈血が、肺静脈には動脈血が流れている。
- 高齢者に多い循環器系の病気として、狭心症と心筋梗塞があげられる。

血液の循環

下の右の説明を読んで、図の①～⑫の点を線でつなぎましょう。

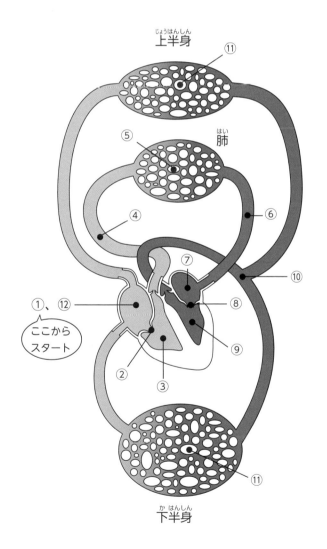

上半身

⑪

肺

⑤

④

⑥

⑦

①、⑫

ここから
スタート

②

③

⑧

⑨

⑩

⑪

下半身

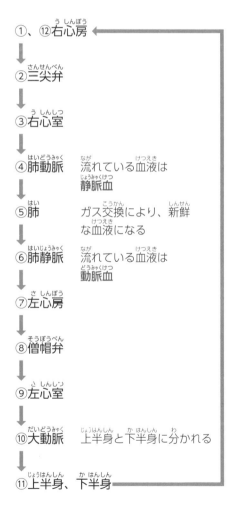

①、⑫右心房
↓
②三尖弁
↓
③右心室
↓
④肺動脈　流れている血液は
　　　　静脈血
↓
⑤肺　ガス交換により、新鮮
　　　な血液になる
↓
⑥肺静脈　流れている血液は
　　　　動脈血
↓
⑦左心房
↓
⑧僧帽弁
↓
⑨左心室
↓
⑩大動脈　上半身と下半身に分かれる
↓
⑪上半身、下半身

高齢者に多い循環器系の病気

● 血管が狭くなり（狭窄）、その先の組織や臓器に血液を十分に運ぶことができなくなった状態を ① _____ という。

● 冠動脈が閉塞し、虚血が30分以上続くと、心筋細胞が ② _____ する。

病名		症状
虚血性心疾患	③	一時的に狭窄した血管の血液の流れが悪くなる疾患。胸痛や心窩部の痛みが現れる
	④	心筋が壊死に陥った状態

【 語群 】

壊死　　血栓　　虚血　　心筋梗塞　　狭心症

あまり動かないことや脱水状態によって、下肢の血液の状態や流れが悪くなった結果、血栓ができ、肺動脈を詰まらせること（エコノミークラス症候群）は高齢者でなくても起こります。血液の流れが滞る「うっ滞」と、血液の粘度が高まる「水分不足」は、どのような人にも危険であることを覚えておきましょう。

トイレの回数が増えるからと飲み物を控えるのは、やめたほうがいいですね。

過去問チャレンジ！（第32回－問題73）

高齢者において、心不全（heart failure）が進行したときに現れる症状に関する次の記述のうち、**最も適切なもの**を1つ選びなさい。

1　安静にすることで速やかに息切れが治まる。

2　運動によって呼吸苦が軽減する。

3　チアノーゼ（cyanosis）が生じる。

4　呼吸苦は、座位より仰臥位（背臥位）の方が軽減する。

5　下肢に限局した浮腫が生じる。

解答（　　　）

11 脳・神経系の病気

ポイント

- 脳血管障害（一般的な名称は脳卒中）は、血管が詰まるものと血管が裂けるものの大きく2つに分かれる。
- 脳血管障害 ─ 脳梗塞（血管が詰まる）┬ 心原性脳梗塞
　　　　　　　　　　　　　　　　　　└ 脳血栓
　　　　　　 └ 脳内出血（血管が裂ける）┬ 脳出血
　　　　　　　　　　　　　　　　　　　└ くも膜下出血
- パーキンソン病は、神経(中脳黒質の細胞)が変性して起こる慢性かつ進行性の疾患で、ドーパミンという神経伝達物質が出にくくなることが原因。多くは50歳代以降に発症する。

脳血管障害

疾患名	① （血管が詰まる）		② （血管が裂ける）	
	③	④	脳出血	⑤
主な原因	心房細動のある心臓内で作られた血栓が脳まで運ばれ、脳の細い血管が詰まる	動脈硬化により脳内の血管が狭窄を起こし、脳の血管が詰まる	老化や糖尿病などで脆くなった血管に、高血圧による強い力がかかって血管が裂ける	脳の動脈にできた瘤（脳動脈瘤）が破裂する
主な症状	・随意運動や感覚・知覚の ⑥ ・高次脳機能障害※（認知機能障害） ・意識障害など		・激しい ⑦ ・嘔吐 ・意識障害	

※脳に損傷を受けたことにより、言語や行動、記憶や注意関心など脳の高次の機能に異常が生じる障害。
「高次脳機能障害」（P 177）参照

✏ カキコミ❷　パーキンソン病

- パーキンソン病は、①_____（中脳黒質の細胞）が変性して起こる慢性疾患である。

- 神経細胞が互いに信号をやりとりするために必要な②_____という神経伝達物質が出にくくなることで、脳の信号が身体に届かなくなり、振戦、姿勢反射障害など運動障害と自律神経系の多様な症状が生じる。

- 多くは③_____歳代以降に発症する。治療は、L-ドパを中心とした多剤併用療法が主となる。

- パーキンソン病の症状や進行の程度を示すものに、ヤールの重症度分類がある。

■ヤールの重症度分類

Ⅰ度	からだの片側のみに症状がある。症状はごく軽い
Ⅱ度	からだの両側に症状がある。④_____はない
Ⅲ度	⑤_____がある
Ⅳ度	起立・歩行はなんとかできる。日常生活に介助が必要なことがある
Ⅴ度	一人で起立・歩行ができない。日常生活に介助が必要

【語群】　※同じ語句を複数回使用する場合もあります

50　　20　　ドーパミン　　インスリン　　姿勢反射障害　　神経

🔄 カコモン　過去問チャレンジ！　（第30回－問題75）

パーキンソン病（Parkinson disease）の症状として、**適切なもの**を１つ選びなさい。

1　後屈した姿勢
2　大股な歩行
3　血圧の上昇
4　頻回な下痢
5　無表情

解答（　　　）

クミアワセ

パーキンソン病の4大症状

【 症状 】　　　　　　　　　　　　　　　　　　　【 説明 】

①姿勢反射障害・突進歩行

●

●

A 不随意運動の１つ。安静時に出現し、動作や運動を始めると減弱・消失する

②振戦(とくに安静時)

●

●

B 動作が緩慢になり、動作を始めるまでに時間がかかる。顔面の筋肉も動きにくくなり、表情が乏しくなる(仮面様顔貌)

③筋固縮

●

●

C 全身の筋肉の緊張が増す(亢進)ため、動きのぎこちなさやカクカクとした動きが現れる

④無動・寡動

●

●

D 立ったときに前かがみの姿勢になり、歩くときは小股ですり足歩行になる。そのため、なかなか前に足が出ない、歩行中に小走りが止まらなくなる、よく転ぶようになる

発達と老化の理解

パーキンソン病には４大症状のほか、自律神経系の症状などがあります。蓄尿障害などの排尿障害と便秘、収縮期血圧が低下する起立性低血圧、認知障害や幻覚が現れる場合もあります。

129

12 生活習慣病
せいかつしゅうかんびょう

- 人の毎日の生活習慣である食事や運動、休養、飲酒、喫煙などが大きく発症に関わると考えられている病気を生活習慣病という。
- 糖尿病は自覚症状に乏しく、著しい高血糖の場合に口渇、多飲、多尿などがみられる。
- 脂質異常症とは、血液中のコレステロールや中性脂肪などの脂質が異常値を示す病気である。

カキコミ❶ 糖尿病になるまで

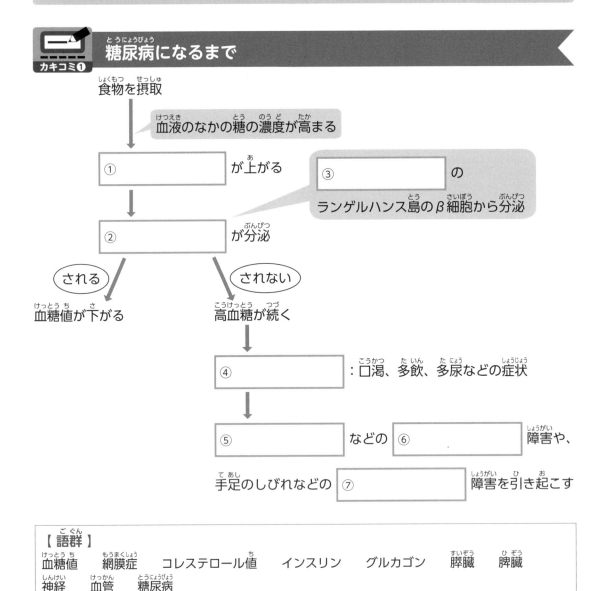

食物を摂取

血液のなかの糖の濃度が高まる

① _____ が上がる

③ _____ の
ランゲルハンス島のβ細胞から分泌

② _____ が分泌

される → 血糖値が下がる

されない → 高血糖が続く

④ _____ ：口渇、多飲、多尿などの症状

⑤ _____ などの ⑥ _____ 障害や、

手足のしびれなどの ⑦ _____ 障害を引き起こす

【語群】
血糖値　網膜症　コレステロール値　インスリン　グルカゴン　膵臓　脾臓
神経　血管　糖尿病

糖尿病のタイプと治療、合併症

■糖尿病のタイプ

1型糖尿病	若い頃に発症し、生活習慣とは関係なく ① ［　　　　　　　　　　］ が分泌されなくなる
2型糖尿病	② ［　　　　　　　　　　］ に多く、運動や食事などの生活習慣が関係する

● 糖尿病の治療では ③ ［　　　　　　　　　　］ 療法、④ ［　　　　　　　　　　］ 療法、薬物療法を組み合わせて実施する。

● 薬物療法中は、薬の効きすぎなどによる、冷汗・動悸・めまいなどの ⑤ ［　　　　　　　　　　］ の症状に気をつける。

● ⑥ ［　　　　　　　　　　］ を正常値に近い値に保つことで、合併症の予防を目指す。

■糖尿病の3大合併症

網膜症	⑦ ［　　　　　　　］ の血管が出血し失明につながる
⑧ ［　　　　　］	腎臓の機能が低下し、たんぱく尿などを伴い、人工透析が必要な腎不全につながる
⑨ ［　　　　　］	手足のしびれや痛み、痛みへの鈍麻による壊疽（壊死した部分が腐敗すること）や発汗異常などにつながる

【語群】 グルカゴン　　インスリン　　血糖値　　低血糖　　高血糖　　食事　　運動　　行動
中高年　　網膜　　神経障害　　腎症

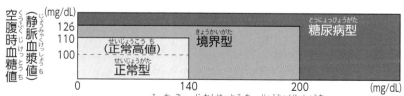

負荷後2時間血糖値（静脈血漿値）

日本糖尿病学会編・著　糖尿病診療ガイドライン2019より引用改変

健康な成人の空腹時血糖値は、70-110mg/dl です。この値を下回ると低血糖症状になり、冷汗などの自覚症状が出現します。低血糖症状を見逃さないようにすることも重要です。

発達と老化の理解

131

脂質異常症

- 脂質異常症とは、血液中の ① [   ] や ② [   ]

　などの脂質が異常値を示す病気である。

- 脂質異常症の自覚症状はほとんどないが、放置すると ③ [   ] が進み、

　心筋梗塞や脳梗塞などを起こしやすくなる。

- 脂質異常症の治療は、卵や揚げ物など ④ [   ] を多く含む食品を避け、

　適正なエネルギーをバランスのよい食事で摂取する食事療法を行う。

- メタボリックシンドロームは複数の生活習慣病の罹患の原因となるため、肥満の場合は食事と運動などのライフスタイルを変更し、減量や禁煙を行う。

高血圧

血圧とは	① [ ] を流れている血液が、血管の壁を内側から押す圧力のこと		
血圧の分類	収縮期血圧 （最高血圧）	心臓が ② [ ] して血液を押し出すときの血圧	
	拡張期血圧 （最低血圧）	心臓が ③ [ ] して心室に送り出す血液をためているときの血圧	

- 日本高血圧学会のガイドラインで高血圧は

　収縮期血圧 ④ [   ] mmHg以上、

　または拡張期血圧 ⑤ [   ] mmHg

　以上と定義されている。

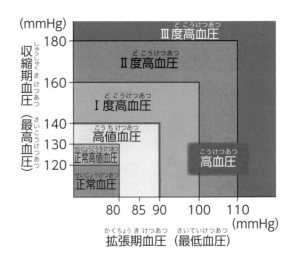

■高血圧による影響

高血圧の状態が続く

↓

⑥ [   ] が分厚く硬くなる

↓

動脈硬化を起こす

↓

脈圧（収縮期血圧と拡張期血圧の差のこと）が大きくなる

↓

心臓が ⑦ [   ] を起こす、細い血管の多い脳、腎臓、目などの血管が

⑧ [   ] を起こす

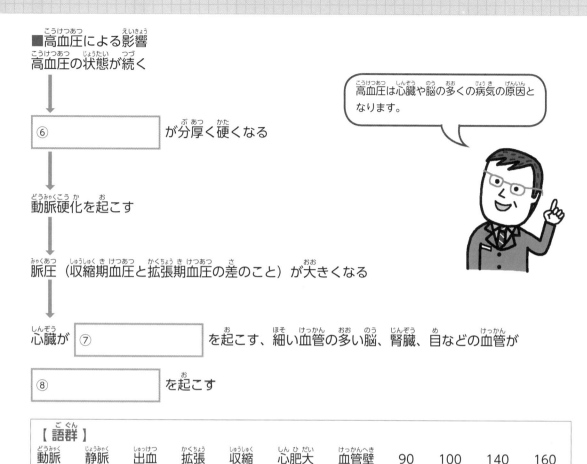

> 高血圧は心臓や脳の多くの病気の原因となります。

【語群】										
動脈	静脈	出血	拡張	収縮	心肥大	血管壁	90	100	140	160

高血圧の治療

- [① 塩分 ・ カリウム] の摂取量を1日あたり6g未満にする。

- 血圧の上昇をまねく機会を減らすため入浴時の脱衣所や浴室の温度管理に注意する、排便時にいきまないように下剤などを用いて [② 便秘 ・ 下痢] を予防するなど。

- 十分な睡眠と休養、禁煙（タバコは血管を [③ 拡張 ・ 収縮] させる）、適度な飲酒にとどめる、肥満の解消、運動。

- ライフスタイルを変更しても血圧が下がらない場合には、降圧剤を服用する。

13 出生率、死因、要介護状態となった原因

ポイント

・国民生活基礎調査は、保健・医療・福祉・年金・所得等国民生活の基礎的事項を把握するために、3年ごとに大規模な調査が行われる（間の各年は簡易な調査を実施）。
・近年、「がん（悪性新生物）」による死亡率が増加している。
・2022（令和4）年の調査では、介護が必要となった主な原因の第1位は「認知症」で、第2位は「脳血管疾患」である。

ズカイ 出生、死因、介護に関するグラフ

下のグラフを見ながら答えましょう。

■出生数及び合計特殊出生率の年次推移

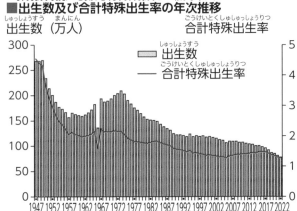

出典：厚生労働省
「令和4年（2022）人口動態統計（確定数）の概況」

●「出生数及び合計特殊出生率の年次推移」のグラフによると、合計特殊出生率（一人の女性が生涯に出産する子どもの数の平均）は、2005年と2022年に最低になった。

●人口を維持するために必要な合計特殊出生率は ①［　　　　　　］で、1975年以降超えたことがない。

■死因別にみた死亡率（人口10万対）の推移

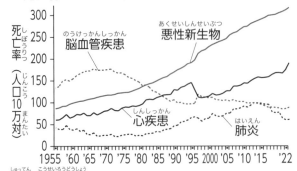

出典：厚生労働省
「令和4年（2022）人口動態統計（確定数）の概況」

●「死因別にみた死亡率（人口10万対）の推移」のグラフによると、最近では、②［　　　　　　］による死亡率が最も高い。

■脳血管疾患の死亡率（人口10万対）の推移

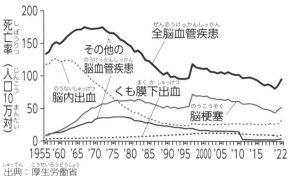

出典：厚生労働省
「令和4年（2022）人口動態統計（確定数）の概況」

● 「脳血管疾患の死亡率（人口10万対）の推移」のグラフによると、1960年代から、 ③ □□□□□ による死亡率は低下している。これは、栄養状態の改善で血管の状態がよくなったこと、高血圧の治療が進んだことなどが原因と考えられる。

● 最近では、糖尿病や脂質異常症の患者の増加に伴い、動脈硬化から ④ □□□□□ を発症する人が多い。

■介護が必要となった主な原因

(単位：%)

現在の要介護度	第1位		第2位		第3位	
総数	認知症	16.6	脳血管疾患（脳卒中）	16.1	骨折・転倒	13.9
要支援者	関節疾患	19.3	高齢による衰弱	17.4	骨折・転倒	16.1
要介護者	認知症	23.6	脳血管疾患（脳卒中）	19.0	骨折・転倒	13.0

出典：厚生労働省「2022（令和4）年国民生活基礎調査の概況」より作成

● 介護が必要になった主な原因の表によると、要介護者において、介護が必要になった主な原因のよると、第1位は認知症で、第2位は ⑤ □□□□□ である。

これは、アルツハイマー型認知症についで多いとされる認知症の原因疾患でもあることから、日頃からの生活を改善し、予防できる疾患の発症を防ぐことが重要である。

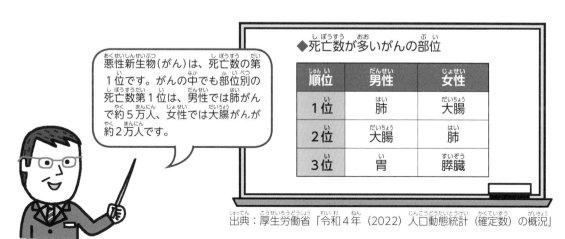

悪性新生物（がん）は、死亡数の第1位です。がんの中でも部位別の死亡数第1位は、男性では肺がんで約5万人、女性では大腸がんが約2万人です。

◆死亡数が多いがんの部位

順位	男性	女性
1位	肺	大腸
2位	大腸	肺
3位	胃	膵臓

出典：厚生労働省「令和4年（2022）人口動態統計（確定数）の概況」

少子高齢化

① 1950（昭和25）年以降、出生数は一貫して低下し続けている。（　　）

② 1950（昭和25）年以降、合計特殊出生率は2.0を超えたことはない。（　　）

③ 1980年代前半、老年人口割合は年少人口割合を上回った。（　　）

④ 2000（平成12）年以降、65歳以上の者のいる世帯は過半数を超えている。（　　）

⑤ 2023（令和5）年現在、高齢化率は29％を超えている。（　　）

カコモン　過去問チャレンジ！（第34回－問題71）

2019年（平成31年、令和元年）における、我が国の寿命と死因に関する次の記述のうち、正しいものを1つ選びなさい。

1　健康寿命は、平均寿命よりも長い。

2　人口全体の死因順位では、老衰が悪性新生物より上位である。

3　人口全体の死因で最も多いのは、脳血管障害（cerebrovascular disorder）である。

4　平均寿命は、男女とも75歳未満である。

5　90歳女性の平均余命は、5年以上である。

解答（　　）

①全世帯に占める65歳以上の者がいる世帯の割合は、約半数である。（　　）

②65歳以上の者のいる世帯構造別の構成割合は、「単独世帯」、「夫婦のみの世帯」、「三世代世帯」の順に多い。（　　）

③65歳以上の者のいる「単独世帯」の数は、平成７年に比べて２倍になった。（　　）

④65歳以上の者のいる世帯構造別のうち「単独世帯」「夫婦のみの世帯」「親と未婚の子のみの世帯」の構成割合を合わせると80％を超える。（　　）

⑤65歳以上の者のいる世帯構造別のうち「三世代世帯」の構成割合は10％以上である。（　　）

■65歳以上の者のいる世帯数及び構成割合（世帯構造別）と全世帯に占める65歳以上の者がいる世帯の割合

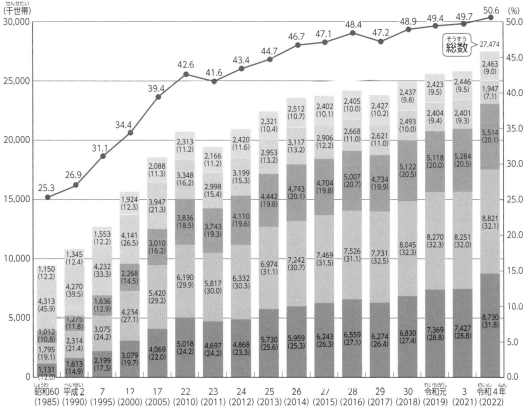

資料：昭和60年以前の数値は厚生労働省「厚生行政基礎調査」、昭和61年以降の数値は厚生労働省「国民生活基礎調査」による

（注1）平成7年の数値は兵庫県を除いたもの、平成23年の数値は岩手県、宮城県及び福島県を除いたもの、平成24年の数値は福島県を除いたもの、平成28年の数値は熊本県を除いたものである。令和２年は、調査を実施していない。

（注2）（　）内の数字は、65歳以上の者のいる世帯総数に占める割合（％）

（注3）四捨五入のため合計は必ずしも一致しない。

発達と老化の理解

年代ごとの日本でのできごとと結びつけて、図表の数値の推移を読み解けるように練習しましょう。

第1次ベビーブームは1947〜49（昭和22〜24）年で、そのときに生まれた女性が出産して、第2次ベビーブームが1971〜73（昭和46〜48）年に起こったんですよね。

認知症の理解

★ ねらい ★

・認知症に関する基本的な知識を習得する！
・認知症について正しく理解し、認知症の人やその家族、周囲
　の環境に配慮した介護の視点を習得する！

・認知症は、知能の障害である。
・認知症の症状は、中核症状とBPSD（行動・心理症状）に大き
　く分けられる。
・中核症状は、認知症の人に共通してみられる症状である。
・BPSD（行動・心理症状）は、その人の生活環境や状況などが
　与える影響によって出現する症状が異なる。
・アルツハイマー型認知症は、脳内の神経細胞が変性する疾患で、
　しだいに脳が萎縮する。
・血管性認知症は、脳梗塞などによって脳の機能が損なわれる
　ことによる。
・回想法は、人生を振り返ることで気持ちを安定させ、生活の
　活性化を図る療法である。
・リアリティ・オリエンテーション（RO）は、見当識にはたら
　きかける療法である。

↑
日付や時間、人物などについて
正しく認識すること。

うつ病やせん妄は
認知症と間違えられやすい。
症状をしっかり見極めることが大事！！

シールを貼ろう

1 認知症ケアの歴史と理念

カキコミ　認知症の人が福祉の対象として位置づけられるまで

● 1963年に ① _____ が制定され、 ② _____ 年には老人医療費支給制度が

実施されたものの、認知症の人に対する社会的な支援策はほとんどなかった。

● 在宅介護が限界を迎えた家族は、 ③ _____ に入院させるなど、苦渋の選択を

迫られた。

● 1972年に発売された有吉佐和子の「 ④ _____ 」はベストセラーとなり、認知症

への関心を高めたが、認知症の行動上の問題に焦点が当てられ、ケア論は

⑤ _____ を優先するものが中心であった。

● 1984年から、特別養護老人ホームにおいても認知症の人を受け入れるため、

⑥ _____ が開始され、国立療養所菊池病院の室伏君士をはじめと

して認知症ケアの方向性を示す実践例も報告され始めた。

● 回廊式廊下や施錠による ⑦ _____ の抑制やつなぎ服の推奨など、 ⑧ _____ を無視

するような ⑨ _____ 的ケアが一般的であったが、 ⑩ _____ に関する知

識や行動上の問題の多くは ⑪ _____ が発生させている等の認識が深まるにつれ、

認知症の人を理解する ⑫ _____ の転換を試み、ケアを模索する時代となった。

● 1990年代には、認知症グループホームなどの小規模施設から、認知症の人の行動の背景に

は、 ⑬ _____ などの意味があり、生活の ⑭ _____ や ⑮ _____

の重要性が報告され始めた。

● 2000年に施行された介護保険では、 ⑯ _____ の保障や ⑰ _____ の視点

が重視され、小規模化した介護の有効性を取り入れた ⑱ _____ が始まった。

140

● ⑲ [   ] 年には、厚生労働省によって「痴呆」という用語が廃止され、「認知症」に用語が統一された。

● ⑳ [   ] 年に社会福祉士及び介護福祉士法が制定され、介護福祉士らは

　⑪ [   ] が問われるようになった。

● 介護福祉士らは、人としての「⑫ [   ] (守るべき道や行い)」に加え、専門職として

　の倫理を ⑬ [   ] としてまとめ、自らに課した。その中で、「⑭ [   ] 」

　「㉕ [   ] 」「㉖ [   ] 」「㉗ [   ] 」

　「㉘ [   ] 」「㉙ [   ] 」などを掲げ、

　自らの行為を律する規範としている。

● 権利侵害や本人の意向が無視されやすい認知症ケアの現場において、介護職には、倫理を規範として守ること、そのうえで「介護を提供する際にどのような状態を目指すのか」という実践の指針となる「㉚ [   ] 」の実現が求められている。

● 介護保険制度は「㉛ [   ] を保持し、㉜ [   ]

　を営むこと」を基本的な理念としている。

● ㉝ [   ] は、キッドウッドによって提唱された認知症ケアの理念の

　1つである。この理念の目指す状態は、年齢や健康状態に関わらず、すべての人に

　㉞ [   ] があることを認め、尊重し、個性に応じた取り組みによって認知症の人とそ

　の ㉟ [   ] を重視したケアを実践することである。

【語群】 ※同じ語句を複数回使用する場合もあります

外出　　社会への働きかけ　　集団管理　　中核症状　　パーソン・センタード・ケア
生活上の要望　　精神科病院　　継続性　　2004　　2005　　恍惚の人　　倫理綱領
自立支援　　その有する能力に応じ自立した日常生活　　介護者の都合　　プライバシーの保護
当事者の代弁　　関わる側　　個別の関わり　　痴呆性老人処遇技術研修　　ユニットケア
援助者として知識・技術の獲得　　権利擁護　　介護の専門性　　理念　　倫理　　尊厳
1973　　1987　　価値　　老人福祉法　　人権　　人間関係　　自己決定　　視点

2 認知症の基本的理解

- 認知症は、ほぼ正常に発達してから起こった病的かつ慢性の ［ ① 意識 ・ 知能 ］ の障害である。

- 認知症の経過は ［ ② 可逆的 ・ 不可逆的※1 ］ である。

- 認知症の原因は脳の ［ ③ 機能性※2 ・ 器質性※3 ］ 病変であり、これらの病変によって認知症の人に共通にみられる症状を ［ ④ 中核症状 ・ BPSD※4 ］ と呼ぶ。

- BPSDには、幻覚・妄想・抑うつ・不安などがあるが、人や環境からの

［ ⑤ 正しい ・ 誤った ］ 刺激や関わりなどが原因であり、適切な支援によって症状を現れにくくすることができる。

※1：元に戻すことができない
※2：臓器・細胞には異常がないのに、機能が果たせない状態
※3：臓器・細胞の形態そのものに異常がある状態
※4：認知症の行動・心理症状（Behavioral and Psychological Symptoms of Dementia）

脳の神経細胞が変性したり萎縮したりすることで、新しいことを覚えられない記憶障害や、段取りが立てられない遂行（実行）機能障害などの中核症状が起こります。

過去問チャレンジ！（第34回－問題85）

認知症 (dementia) の人に配慮した施設の生活環境として、**最も適切なもの**を1つ選びなさい。

1　いつも安心感をもってもらえるように接する。
2　私物は本人の見えないところに片付ける。
3　毎日新しい生活体験をしてもらう。
4　壁の色と同系色の表示を使用する。
5　日中は1人で過ごしてもらう。

解答（　　）

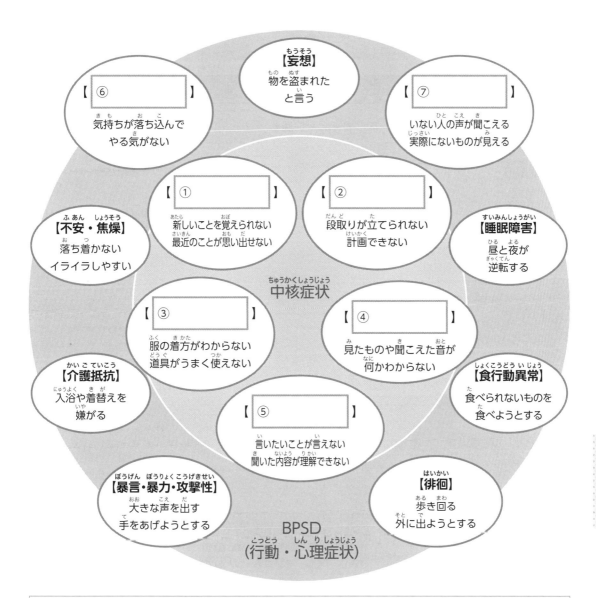

【妄想】
物を盗まれた
と言う

【　⑥　】
気持ちが落ち込んで
やる気がない

【　⑦　】
いない人の声が聞こえる
実際にないものが見える

【　①　】
新しいことを覚えられない
最近のことが思い出せない

【　②　】
段取りが立てられない
計画できない

【不安・焦燥】
落ち着かない
イライラしやすい

【睡眠障害】
昼と夜が
逆転する

中核症状

【　③　】
服の着方がわからない
道具がうまく使えない

【　④　】
見たものや聞こえた音が
何かわからない

【介護抵抗】
入浴や着替えを
嫌がる

【食行動異常】
食べられないものを
食べようとする

【　⑤　】
言いたいことが言えない
聞いた内容が理解できない

【暴言・暴力・攻撃性】
大きな声を出す
手をあげようとする

【徘徊】
歩き回る
外に出ようとする

BPSD
(行動・心理症状)

【語群】
記憶障害　　遂行（実行）機能障害　　幻聴・幻視（幻覚）　　抑うつ　　失認　　失行　　失語

BPSD の現れ方は、その人が生活している環境によって異なります。また、便秘や脱水などの体調が関わっている場合もありますので、本人と環境を同時にアセスメントすることが大切です。

3 認知症の定義と診断基準

 カキコミ① 認知症の定義と診断方法

定義の根拠	診断方法
介護保険法	・ ① ____ などの神経変性疾患、② ____ やその他の疾患(せん妄やうつ病などの精神疾患を除く)による ③ ____ な脳の障害により、④ ____ に支障が生じる程度にまで ⑤ ____ が低下した状態
ICD-10	・ ⑥ ____ があること ・意識混濁がないこと(⑦ ____ ではないこと) ・日常生活動作や ⑧ ____ に支障をきたす症状などが ⑨ ____ か月以上継続していること等

【 語群 】

認知機能　　記憶障害　　遂行能力　　日常生活　　意識障害　　アルツハイマー病　　3

社会的認知　後天的　　6　　脳血管疾患　　12

DSM-5 では、従来の診断基準では必須であった「記憶障害」が必須ではなくなり、脳の機能を「学習と記憶」や「社会的認知」などの6領域に分類し、「記憶」を領域の一つとして扱うことになりました。
その結果、記憶障害ではなく、行動障害が主な症状として現れる前頭側頭型認知症など、より多くの認知症を診断できるようになりました。

社会的認知とは、社会脳とも呼ばれ、他者の表情などから相手の気持ちを推しはかり、同情する能力や、自分の感情などを適切にコントロールしながら行動を決定する、皆で協力しながら物事を達成するときなどに必要となる力のことです。
この機能は主に前頭葉(の前頭前野)が担っているため、前頭側頭型認知症のある人では症状として社会的に不適切な行動が現れます。

認知症の診断に必要な基準と把握する方法

認知症と診断をつける際に使われる診断基準は複数ありますが、共通する要素とそれを把握する方法をまとめると以下のようになります。

診断に必要な基準	把握する方法
脳に ① や ② が あること	(1) 脳の ③ 検査 脳の形態を画像として得る ④ や ⑤ 、脳内の ⑥ を 画像として得るSPECTなどを利用して評価 (2) 診察と血液検査など一般的な検査
⑦ 機能が低下していること	(1) 問診 (2) ⑧ 学的検査 （MMSEやHDS-Rなどを利用）
⑨ に支障が出ていること	問診やスケールを利用
症状が ⑩ 続いていること	問診など
⑪ による症状ではないこと※ ⑫ がなく覚醒していること※	スクリーニングテスト、疑われる疾患の診断基準、検査などで鑑別する

※疾患を正しく診断するために、似たような症状を示す疾患である可能性を否定するために満たすべき基準を「除外基準」といいます

【語群】

認知　　長期間　　精神疾患　　CT　　病変　　意識障害　　MRI　　血流　　萎縮　　生活
神経心理　　画像

4 記憶のしくみと認知症による影響

カキコミ❶ 記憶の過程

①		②		③
（学習する、覚え込む）	→	（忘れないようにしまっておく）	→	（思い出す）

カキコミ❷ 記憶の分類

■記憶を保持する時間による分類

記憶の種類	説明	具体例
① 記憶	意識されることはないが、からだの各器官が一瞬のみ保持した記憶。このうち、意識されたもののみが ② 記憶となる	電車の窓から見た風景を、その一瞬だけ覚えているなど
③ 記憶	その瞬間は覚えていても、何もしなければ忘れてしまう記憶	電話するまでに電話番号を一時的に覚えるなど
④ 記憶	⑤ 記憶から選択的に残り、一定時間経過した後でも想起することが可能な記憶	子どもの頃の経験や生活歴など

認知症による影響は、数分から数日程度保持される記憶（短期記憶）から現れます。昔の記憶は残っていることが多いのですよ。

小さい頃のエピソードや印象的なエピソードを高齢者からよく教えてもらえるのは、長期記憶として残っているからなんですね。

■長期記憶の記憶内容の性質による分類

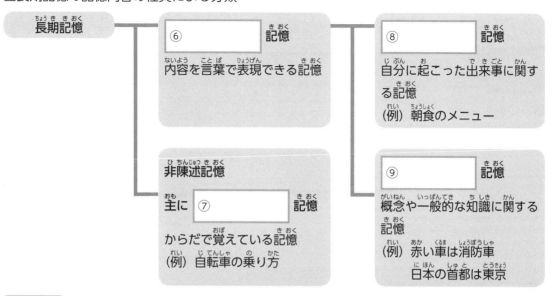

長期記憶

⑥　　　　　記憶
内容を言葉で表現できる記憶

⑧　　　　　記憶
自分に起こった出来事に関する記憶
（例）朝食のメニュー

非陳述記憶
主に⑦　　　　　記憶
からだで覚えている記憶
（例）自転車の乗り方

⑨　　　　　記憶
概念や一般的な知識に関する記憶
（例）赤い車は消防車
　　　　日本の首都は東京

記憶障害の現れ方

● 初期のうちから認知症の影響が現れるのは [①　短期記憶　・　長期記憶] である。

● 長期記憶の種類のうち、初期のうちから認知症の影響が現れるのは

　　[②　手続き記憶　・　エピソード記憶　・　意味記憶] である。

● 健康な人は、体験（エピソード）の [③　一部　・　全部] を忘れるので、前後の記憶

　などから、物忘れした部分を思い出すことが [④　できる　・　できない]。

● 認知症の記憶障害は、体験（エピソード）の [⑤　一部　・　全部] を忘れるので、

　思い起こすことが [⑥　できる　・　できない] 可能性が高い。

認知症の高齢者が、少し前にご飯を食べたのに「ご飯を食べていない」と言うことがありますね。

「ご飯を食べた」という数時間前の「エピソード記憶」がなくなっているため、少しの空腹感を感じて「食べていない」と判断したのです。この場合、「ご飯を食べた」という事実を思い出してもらうのは難しいことが多いので、本人の考えの背景を理解し、軽い食事やおやつを提供しましょう。

認知症の理解

5 認知症と間違えられやすい症状

うつ病、せん妄、軽度認知障害

■うつ病

原因	生活上のさまざまな ① や、② の疾患、パーキンソン病、③ などの身体疾患、薬物に関連して発症する
症状の特徴	・④ （落ち込んだ気持ち）、⑤ の低下、頭痛・不眠・胃腸症状などの強い ⑥ など ・若年者のうつ病に特徴的な悲哀感、考えがまとまらないなどの典型的な症状はみられないこともあるため、慎重な観察が求められる
支援	共感する態度で、食欲不振による ⑦ や ⑧ を引き起こさないように注意し、医師の診断や服薬による治療を行っていく

■せん妄

原因	⑨ の副作用、脱水、脳や心臓の疾患、感染症、アルコール中毒、転居などの環境変化などであり、多くの場合は回復可能
症状の特徴	・⑩ の障害の認知症とは異なる。軽度の ⑪ 混濁 ・見当識障害・集中困難・感情の不安定など ・症状は ⑫ に現れる。大声を出して暴れるなどの ⑬ と、ぼーっとした状態になる ⑭ がある
支援	せん妄を引き起こしている原因（体調不良や薬物、環境などの影響）を発見・改善しつつ、本人の気持ちを理解した関わりをもつ

■軽度認知障害（Mild Cognitive Impairment：MCI）

原因	MCIの段階では、明らかな原疾患はとくにない
症状の特徴	・ ⑮ _____ の訴えがあるが、知的機能や日常生活能力はほぼ支障なく、正常と認知症の境界にある状態 ・年齢に比べて記憶力テストの成績が低いなどの傾向や認知症の前兆となる症状がみられ、認知症のハイリスク群と考えられている
支援	MCIの状態にある人のうち、約半数が認知症に進行するといわれているため、 ⑯ _____ が必要

【語群】

抑うつ	脱水症状	喪失体験	糖尿病	意欲	一時的	栄養失調	身体症状
低活動性せん妄	高活動性せん妄	意識	薬物	知能	脳	予防的介入	記憶障害

認知症は脳の器質性障害です。これに対し、せん妄は意識障害の一種です。

◆せん妄の特徴
・意識障害のなかでも、軽度の意識混濁にあたり、一時的に起こる
・意識障害の症状には、日内変動がある。夜間せん妄といって、夕方から夜間に症状が強く出ることがある
・夜間せん妄は、睡眠と覚醒のリズムの障害や、日中の意識混濁による転倒などで生じるため、原因を特定したうえでの支援が重要

認知症の理解

過去問チャレンジ！（第36回－問題41）

認知症（dementia）の人にみられる、せん妄に関する次の記述のうち、**最も適切なもの**を1つ選びなさい。

1　ゆっくりと発症する。
2　意識は清明である。
3　注意機能は保たれる。
4　体調の変化が誘因になる。
5　日中に多くみられる。

解答（　　　）

6 認知症の原疾患

認知症を引き起こす病気

変性性認知症
・神経細胞の変性で生じる

① 　　　　　 認知症
・脳血管障害後に生じる

その他

---

②
・脳全体が萎縮する

ハンチントン病
・遺伝性の変性疾患、不随意運動が特徴

アルツハイマー型認知症ではない変性性の疾患

（1）レビー小体型認知症
・脳の全体に ③ が沈着する
・身体の動きが悪くなる、最初の一歩が踏み出せない
　などの ④ 症状が現れる
・鮮明で具体的な ⑤ や
　一過性の意識障害・失神、転倒、1日のなかで認知
　機能が変動する ⑥ などが特徴

（2）⑦ （ピック病など）
・⑧ に発症する代表的な認知症
・記憶の低下や生活の障害は初期には軽度
・⑨ の変化が大きな特徴
　（例：万引きなど反社会的行動、性的な逸脱行動、
　だらしなく無精になるなど）
・進行すると ⑩ が見られる

---

⑪ 　　　　 疾患
・薬物やアルコールなど

⑫ 　　　　 疾患
・クロイツフェルト・ヤコブ病（異常なプリオン蛋白が脳に取り込まれて起こる）
・脳炎・髄膜炎・エイズなど

腫瘍性疾患
・脳腫瘍や転移した腫瘍

外傷性疾患
・頭部外傷や慢性硬膜下血腫など

その他
・⑬ （脳脊髄液がたまりすぎることで、認知症状、歩行障害等が起こる）
・多発性硬化症
・神経ベーチェット病

⑭
18歳以上 ⑮ 歳以下に認知症が発症した場合

【語群】

レビー小体	前頭側頭型認知症	血管性	若年性認知症	アルツハイマー型認知症

正常圧水頭症　　パーキンソン　　人格　　日内変動　　感情の荒廃　　初老期

中毒性　　感染性　　幻視　　60　　64

 カキコミ② アルツハイマー型認知症と血管性認知症

	アルツハイマー型認知症	血管性認知症
脳の変化	神経細胞が変性し、脳が全体的に ① する	虚血等により、神経細胞が ③ し、その部分の脳が担当していた機能が損なわれる
症状の経過	少しずつ進行する	脳梗塞などを繰り返すたびに、④ に機能が低下する
既往歴（基礎疾患）	なし	高血圧、糖尿病、心疾患、動脈硬化、脂質異常症など。硬く脆い血管に強い力で血液を流す、血栓や血管内の狭窄など血流が途絶えやすい状態にある
自覚症状	なし	初期のうちは、脳血管障害による記憶力などの低下を理解している場合がある
年齢・性別	70歳以上、② に多い	50歳以上、⑤ に多い
治療方法	根治療法はない。薬によって進行を遅らせることは可能	認知症の原疾患である脳血管障害や基礎疾患を治療する

【語群】

壊死　　萎縮　　階段状　　急速　　女性　　男性

内臓脂肪型の肥満に、高血圧、血糖値の異常（糖尿病の前段階）、脂質代謝の異常を重複してもっている状態を、メタボリックシンドロームといいます。メタボリックシンドロームの人は、動脈硬化が進み、脳血管障害などが起こりやすいとされます。

認知症の理解

①認知症に用いる薬を大きく分けると、原因疾患に対するものと、中核症状に伴って起こるBPSDに対するもの、すでに患っている病気に対するものの3つに分かれる。（　　）

②原因疾患がアルツハイマー病の場合は、悪化させないために、高血圧・糖尿病・高脂血症などに対する薬剤を使う。（　　）

③原因疾患が脳血管障害の場合は、脳内の神経伝達物質のアセチルコリンが分解されるのを防ぐアリセプト等を使う。（　　）

④原因疾患が硬膜下血腫の場合は、手術で改善することが可能な場合もある。（　　）

⑤BPSDに対しては、認知症高齢者の生活のしづらさを緩和するために、抗うつ剤、睡眠導入剤などの向精神薬を適切に使う。（　　）

⑥正常圧水頭症や慢性硬膜下血腫の場合、手術で症状の改善が可能なこともある。（　　）

過去問チャレンジ！　（第36回－問題42）

　レビー小体型認知症(dementia with Lewy bodies) にみられる歩行障害として、**最も適切な**ものを1つ選びなさい。

1　しばらく歩くと足に痛みを感じて、休みながら歩く。
2　最初の一歩が踏み出しにくく、小刻みに歩く。
3　動きがぎこちなく、酔っぱらったように歩く。
4　下肢は伸展し、つま先を引きずるように歩く。
5　歩くごとに骨盤が傾き、腰を左右に振って歩く。

解答（　　）

過去問チャレンジ！　（第36回－問題43）

　次の記述のうち、若年性認知症 (dementia with early onset) の特徴として、**最も適切なも**のを1つ選びなさい。

1　高齢の認知症 (dementia) に比べて、症状の進行速度は緩やかなことが多い。
2　男性よりも女性の発症者が多い。
3　50歳代よりも30歳代の有病率が高い。
4　特定健康診査で発見されることが多い。
5　高齢の認知症 (dementia) に比べて、就労支援が必要になることが多い。

解答（　　）

7 認知症の診断と検査

ポイント

- 認知症の診断では、身体的な状態を把握するための血液、尿、心電図などの検査や、脳内の変化を把握するためのCT、MRI、脳波などの検査を行う。
- 検査と同時に、認知機能と日常生活動作の障害の程度を把握するための評価尺度（スケール）や知能テストなどを必要に応じて組み合わせて実施する。
- 認知症を評価するための尺度は、評価したい内容（①認知機能障害の内容と程度、②日常生活動作の障害）、評価する方法（a.質問式、b.観察式）で分類できる。

クミアワセ 認知症の評価尺度

【評価尺度】

① 長谷川式簡易知能評価スケール(HDS-R)

② ミニメンタルステート検査(MMSE)

③ FAST

④ 認知症高齢者の日常生活自立度判定基準

⑤ N式老年者用日常生活動作能力評価尺度

⑥ 柄澤式老人知能の臨床的判断基準

【説明文】

A アルツハイマー型認知症の病状ステージを、生活機能の側面から7段階に分類した観察式尺度

B 国際的に使用され、日付や計算、図形の模写など11項目を尋ねる30点満点のテスト

C 知能レベルを測定する観察式尺度

D 口頭で、日時や場所、計算や物の記憶など9項目を尋ねる30点満点のテスト

E ADLのうち身体機能障害を評価する観察式尺度

F 日常生活における支障について、具体的な目安に沿って評価する観察式尺度

認知症の理解

153

【評価尺度】

長谷川式簡易知能評価スケール (HDS-R)

ミニメンタルステート検査（MMSE）

FAST

認知症高齢者の日常生活自立度判定基準

N式老年者用日常生活動作能力評価尺度

柄澤式老人知能の臨床的判断基準

こんなにあるのね！

「観察式」には、本人の協力は必要ない、学力の影響を受けないという長所がある。日頃の生活をよく知る家族や介護福祉職などの情報提供者が必要という短所がある。

評価対象	認知機能障害	日常生活動作
観察式 （その人の様子を観察して評価）	①	③
質問式 （本人にさまざまな質問をして、その答えから評価）	②	

「質問式」には、家族などの情報提供者がいなくても実施できるという長所がある。失語がある場合、本人が非協力的である場合、正しく検査できない、学力の影響を受けやすいという短所がある。

◆改正道路交通法（2020＜令和2＞年改訂）

・更新時…75歳以上の運転者は、「高齢者講習」の前に「認知機能検査」を受けなければならない。検査にて、「記憶力・判断力が低くなっている」と判定された場合は、臨時適性検査（専門医による診断）や医師の診断を受け、認知症でないことが認められた場合には高齢者講習の受講後に免許更新できるが、認知症と診断された場合には免許が取り消される。

　2022(令和4)年5月より、過去3年間で信号無視など11種類の交通違反のうち、一つでも違反歴のある75歳以上の運転手には、認知機能検査に進む前に実車を用いる運転技能検査の合格が義務化された。

・更新時以外の検査…75歳以上のドライバーが信号無視等の特定の交通違反をした場合には、臨時に認知機能検査を受ける。「記憶力・判断力が低くなっている」との結果であった場合は、更新時と同様の手続を経て、認知症と診断された場合には免許が取り消される。

　運転技術に不安があるが、車を必要とする高齢者に対し、自動ブレーキなどの基準を満たす「安全運転サポート車（サポカー）」に限り運転できる限定免許が導入された。

認知症高齢者の日常生活自立度判定基準

ランク	判断基準	見られる症状・行動の例
①	何らかの認知症を有するが、日常生活は家庭内および社会的にほぼ自立している	
②	日常生活に支障を来すような症状・行動や意思疎通の困難さが多少見られても、誰かが注意していれば自立できる	
③	家庭外で ④ の状態が見られる	たびたび道に迷う、買物や事務、金銭管理といったそれまでできたことにミスが目立つなど
⑤	家庭内でも ⑥ の状態が見られる	服薬管理ができない、電話の応対や訪問者との対応、ひとりで留守番ができないなど
⑦	日常生活に支障を来すような症状・行動や意思疎通の困難さが見られ、介護を必要とする	
⑧	日中を中心として ⑨ の状態が見られる	着替え、食事、排便、排尿が上手にできない、時間がかかる。やたらに物を口に入れる、物を拾い集める、徘徊、失禁、大声、奇声をあげる、火の不始末、不潔行為、性的異常行為など
⑩	夜間を中心として ⑪ の状態が見られる	ランクⅢaに同じ
⑫	日常生活に支障を来すような症状・行動や意思疎通の困難さが頻繁に見られ、常に介護を必要とする	ランクⅢに同じ
⑬	著しい精神症状や周辺症状あるいは重篤な身体疾患が見られ、専門医療を必要とする	せん妄、妄想、興奮、自傷・他害などの精神症状や精神症状に起因する周辺症状が継続する状態など

【語群】 ※同じ語句を複数回使用する場合もあります

M　Ⅰ　Ⅱ　Ⅲ　Ⅳ　Ⅱa　Ⅱb　Ⅲa　Ⅲb

認知症の理解

認知症の薬物療法

①神経細胞の活動(興奮)は、アセチルコリンやセロトニンといったホルモンによって調節されている。

（　　　）

②認知症では、神経細胞の減少にともない、産生するアセチルコリンの量も減るため、ドネペジルなどのコリンエステラーゼ阻害薬は根本的な治療薬にはならず、内服したとしても症状は進行する。

（　　　）

③コリンエステラーゼ阻害剤は、シナプスで神経伝達物質を受け取る側の受容体を阻害することで、神経細胞の過剰な興奮による細胞死を防ぐ働きをする。（　　　）

④ドネペジルは、アセチルコリンの分解を防ぐ働きを持つため、服用後に脳が活性化しイライラしやすくなったり(易怒性)、脳外のアセチルコリンも増えるため、徐脈・喘息・胃腸障害などの副作用が出たりする場合がある。（　　　）

⑤アセチルコリンを増やす薬剤の中では、ドネペジルのみが重度のアルツハイマー型認知症およびレビー小体型認知症に保険適用できる。（　　　）

⑥認知症のBPSDを和らげるために使われる薬には、抑肝散やドーパミンの受容体を阻害する抗精神病薬がある。（　　　）

 過去問チャレンジ！（第34回−問題81）

　認知症 (dementia) の行動・心理症状(BPSD) に対する抗精神病薬を用いた薬物療法でよくみられる副作用として、**最も適切なもの**を1つ選びなさい。

1　歩幅が広くなる。

2　誤嚥のリスクが高くなる。

3　過剰に活動的になる。

4　筋肉の緊張が緩む。

5　怒りっぽくなる。

解答（　　　）

8 認知症の人への介護

ポイント

・認知症の人への介護にも、自立支援、自己決定が重要。
・認知症の人を理解するには、本人がどのように世界を体験しているのかを考える必要がある。
・認知症の人の生活支援では、本人がストレスを感じないような環境を整える。

○✕ 障害ごとの関わりのポイント

■記憶障害への関わり

①「朝ご飯を食べていない」という人には、「さっき食べましたよ」と伝える。　　（　　）

②何度も同じ話をする場合には、話を聞き流しても差し支えない。　　（　　）

③「お財布がない」と言うので、タンスなどを一緒に探した。　　（　　）

④記憶を想起できるかアセスメントするため、昨日の晩ご飯のメニューを繰り返し尋ねた。

（　　）

■見当識障害への関わり

⑤見当識をもたせるために、「今日は何日ですか」と繰り返し尋ねる。　　（　　）

⑥会話の中で季節の花や行事などの内容を盛り込む。　　（　　）

⑦面会の際には、面会相手の名前や本人との関係性を伝え、本人の理解を助ける。　　（　　）

⑧施設入居中の認知症の人から「ここはどこか」と尋ねられた場合、必ず話題を変える。（　　）

■高次脳機能障害への関わり

⑨運動性失語があるため、「はい」または「いいえ」で答えられる形で意思を尋ねた。（　　）

⑩脱衣所に来ても何をする場所かわからない場合に、浴室を見せ、理解を促した。（　　）

⑪本人の趣味が編み物であることがわかったため、編み物セットを渡して様子をみた。（　　）

⑫今まで使っていた道具など、本人にとって使い方がわかりやすいものを用意した。　（　　）

■感情の障害への関わり

⑬不安を強く感じている様子だったため、話を共感的に聞いた。　　（　　）

⑭皆で参加しているレクリエーションの場を離れようとしている人に、居室に戻らない

よう伝えた。　　（　　）

⑮発語が難しくなってきたため、言動の意味を解釈し、意思を読み取るようにした。　（　　）

⑯不眠や不安が非常に強かったため、医師に相談し、少量の入眠剤と抗不安剤を使った。（　　）

BPSDが現れる過程

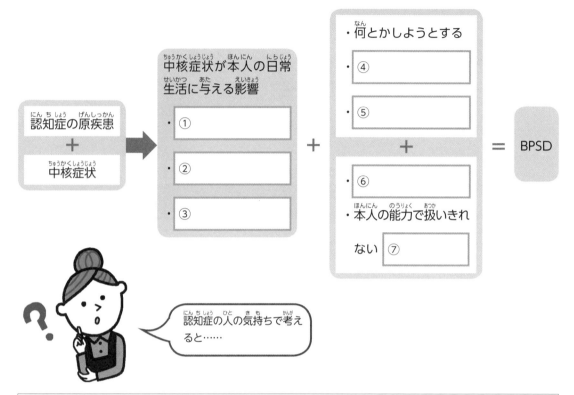

認知症の原疾患
＋
中核症状

中核症状が本人の日常生活に与える影響
・①
・②
・③

・何とかしようとする
・④
・⑤
＋
・⑥
・本人の能力で扱いきれない ⑦

＝ BPSD

認知症の人の気持ちで考えると……

【語群】
戸惑い・焦燥　　不適切な支援　　状況がつかめない　　混乱・パニック　　不安　　環境
間違えて失敗

 BPSDが現れた場合の関わり方

【個別の理解】
①

→

【状況の分析】
②

→

【個別の適切な支援】
③

【語群】
既往歴　　生活歴　　性格　　物的・人的環境の状態　　服用している薬　　物的な環境改善
本人との相互作用　　脳神経系の疾患　　関わりによる支援　　医療との連携

認知症の非薬物療法

クミアワセ

【 療法 】

① 回想法 ・

② 音楽療法 ・

③ アニマルセラピー ・

④ 24時間リアリティ・
オリエンテーション
（24時間RO） ・

⑤ 教室リアリティ・
オリエンテーション
（教室RO） ・

⑥ ユマニチュード ・

⑦ バリデーション ・

【 解説 】

A ・ 24時間分の日程を文字や図で示し、日付や曜日、スケジュールなど、折に触れて見当識に関わる声かけを行い、不安や戸惑いの軽減を目指す

B ・ なじみのあるメロディーを聞いたり歌ったりすることによって、精神的安定を得ることを目指す

C ・ アルツハイマー型認知症や類似する認知症のある人とのコミュニケーション技法。認知機能が低下しても失われない感情に焦点をあて、高齢者の思いを受け入れ、その人らしく最後まで生きることを目指す。

D ・ 人生を振り返り、過去の思い出を語ることにより、気持ちを安定させ、生活の活性化を目指す

E ・ 時間と場所を設定して、同じような認知症の症状のある人たちの少人数のグループで、見当識に関する内容を繰り返し練習し、覚えることを目指す

F ・ 動物に触れたり世話をしたりすることで、動物の反応が喜びや癒しとなり、より豊かに感情を表現することや、精神的安定を得ることを目指す

G ・ フランスの体育学の専門家が開発した介護技法。「見る」「話す」「触れる」「立つ」を組み合わせて行うマルチモーダル・ケアを通して、介護する側と受ける側が良い関係を築くことを目指す。

認知症の理解

認知症ケアにたずさわる専門職

職種名	主な役割
①	日常生活の介護を行う
②	日常生活に関するケアマネジメントや相談業務を行う
③	心身のさまざまな機能回復をはかる
④	
⑤	
⑥	心理に関する検査や支援および相談業務を行う
⑦	
⑧	医療行為や療養上の世話を行う
⑨	
⑩	医療品の調剤や薬剤管理指導を行う
⑪	歯科医療や歯科保健指導を行う
⑫	
⑬	社会資源を活用しながら地域生活を支える
⑭	
⑮	福祉用具や建築等に関するアドバイスを行う

【語群】　薬剤師　　作業療法士　　福祉住環境コーディネーター　　公認心理師　　看護師
歯科衛生士　　社会福祉士　　医師　　生活支援コーディネーター　　言語聴覚士
精神保健福祉士　　保健師　　理学療法士　　介護福祉士　　歯科医師

9 認知症の人を支える社会資源

カキコミ❶ **認知症の人を支える機関や人々**

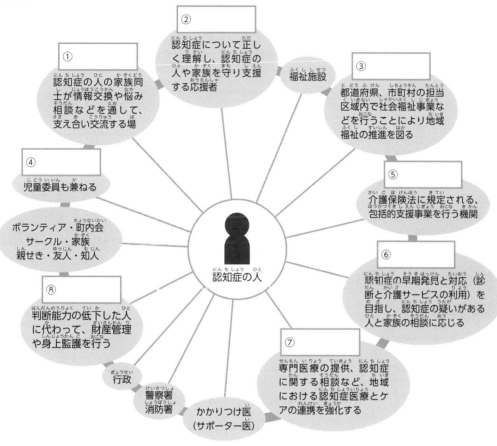

① 認知症の人の家族同士が情報交換や悩み相談などを通して、支え合い交流する場

② 認知症について正しく理解し、認知症の人や家族を守り支援する応援者

福祉施設

③ 都道府県、市町村の担当区域内で社会福祉事業などを行うことにより地域福祉の推進を図る

④ 児童委員も兼ねる

ボランティア・町内会サークル・家族親せき・友人・知人

⑤ 介護保険法に規定される、包括的支援事業を行う機関

認知症の人

⑧ 判断能力の低下した人に代わって、財産管理や身上監護を行う

⑥ 認知症の早期発見と対応（診断と介護サービスの利用）を目指し、認知症の疑いがある人と家族の相談に応じる

行政

警察署消防署

かかりつけ医（サポーター医）

⑦ 専門医療の提供、認知症に関する相談など、地域における認知症医療とケアの連携を強化する

【語群】 民生委員　　社会福祉協議会　　地域包括支援センター　　家族会
認知症サポーター　　認知症疾患医療センター　　法定後見人　　認知症初期集中支援チーム

認知症の理解

カコモン **過去問チャレンジ！（第35回-問題45）**

現行の認知症サポーターに関する次の記述のうち、**最も適切なもの**を1つ選びなさい。

1　ステップアップ講座を受講した認知症サポーターには、チームオレンジへの参加が期待されている。

2　100万人を目標に養成されている。

3　認知症介護実践者等養成事業の一環である。

4　認知症ケア専門の介護福祉職である。

5　国が実施主体となって養成講座を行っている。　　　　　解答（　　　）

● 人の暮らしは、①□□□ や ②□□□ など多様な側面を持つ。さらに、認知症の人の生活は、発症が疑われる時期から、医療や介護が必要となる時期を経て、看取りの時期まで長期に渡って、多くの ③□□□ や ④□□□ に支えられて日常を暮らすことになる。

● 多職種が連携して認知症の人を支えるためには、互いの ⑤□□□ を理解し支えあうこと、共通の達成 ⑥□□□ である「認知症の人の ⑦□□□ （ニーズ）」を共有することなどが重要となる。

● 専門職の領域ごとで認知症ケアに対する考え方が異なる等の課題を解決し、認知症ケアそのものや医療と介護を含めた生活支援に ⑧□□□ を持てるよう促し、統合的な生活支援の実践を目指す考え方として「認知症ライフサポートモデル」が策定された。

認知症ライフサポートモデルでは、認知症の人のニーズを ⑨□□□ にとらえ、

『 ⑩□□□ のケア』、『社会との ⑪□□□ と ⑫□□□ の中でのケア』、

『 ⑬□□□ を最大限活かす』、『早期から終末期までの ⑭□□□ な支援』、

『 ⑮□□□ 支援に取り組む』、『 ⑯□□□ も含めた連携による総合的な支援

体制』を原則とし、認知症の人の ⑰□□□ や ⑱□□□ を目標にチームで関わりをもつ。

● 認知症の人とその家族にとって、認知症の ⑲□□□ の段階から始まる療養生活において、認知症の人の ⑳□□□ と ㉑□□□ にあわせて、入院や施設入居を含め、いつ、どこで、どのような ㉒□□□ を受けることができるのかという情報を得ることは、非常に重要である。

●「 ㉓ _____ 」は、認知症の人の状態に応じた適切な ㉔ _____

を示し、㉕ _____ ごとに具体的な医療・介護・行政機関の ㉖ _____ や

㉗ _____ が提示されている。

●認知症の人とその家族は、必要な支援を求める際に認知症ケアパスを活用し、同時に認知

症ケアに携わる人にとっても、どの ㉘ _____ と連携・協働すればよいのかを理解する

ことができる。

【 語群 】

| 専門性　　本人主体　　目的　　機関　　認知症ケアパス　　生活への希望　　多面的　　生活 |
| 本人の力　　非専門職　　継続的　　家族　　自己決定　　継続性のある暮らし　　共通理解 |
| 生活機能　　障害　　専門職　　予防　　受けられる支援内容　　医療・介護サービス |
| 食生活　　サービスの流れ　　つながりの継続　　市町村　　社会生活　　名称　　地域社会 |

 過去問チャレンジ！（第35回－問題46）

認知症ケアパスに関する次の記述のうち、**最も適切なもの**を１つ選びなさい。

1 都道府県ごとに作られるものである。
2 介護保険制度の地域密着型サービスの１つである。
3 認知症（dementia）の人の状態に応じた適切なサービス提供の流れをまとめたものである。
4 レスパイトケアとも呼ばれるものである。
5 介護支援専門員（ケアマネジャー）が中心になって作成する。　　　　解答（　　　）

 過去問チャレンジ！（第35回－問題47）

認知症ライフサポートモデルに関する次の記述のうち、**最も適切なもの**を１つ選びなさい。

1 各職種がそれぞれで目標を設定する。
2 終末期に行う介入モデルである。
3 認知症（dementia）の人本人の自己決定を支える。
4 生活を介護サービスに任せるプランを策定する。
5 認知症（dementia）の人に施設入所を促す。　　　　解答（　　　）

10 家族への支援

💬 センタク 介護する家族が抱える課題と解決方法

次の家族の悩みに対し、最も適切な解決方法をA～Gから選びましょう。

① 「自分の時間がほしい」「心身ともに疲れている」 （　　）
② 「私以外に家族介護者がいない」 （　　）
③ 「介護の悩みを話せる場所がない」 （　　）
④ 「子どもの世話や家事、おじいちゃんのご飯づくりと介護で１日が終わってしまう」（　　）
⑤ 「自分の家族の介護を誰かに任せるなんて…」 （　　）
⑥ 「親族から『サービスを使うなんて…』と言われてつらい」 （　　）
⑦ 「家計が厳しく、介護保険の請求額を支払うことが難しい」 （　　）

【 解決方法 】

A　家事の代行サービスなどを導入する
B　デイサービスなどに同行し、スタッフの関わりや他の利用者の様子を見てもらう
C　主たる介護者以外の代替者（家族または支援者）を探し、協力を依頼する
D　介護支援専門員・地域包括支援センター・行政の窓口などへの相談を勧める
E　介護保険サービスを利用し、レスパイト（休息）することを勧める
F　家族会に参加し、情報の共有やピアカウンセリングの機会を得ることを勧める
G　第三者として間に入り、親族間の意見の調整やサービスの必要性を伝える

○✕ マルバツ 若年性認知症の人の家族が抱える課題

①年齢の低い子どもは、親が認知症になったことを容易に受け入れることができる。　（　　）

②若年性認知症の人が家計収入の大黒柱である場合、生活費に加え、医療費・介護保険の利用料、子どもの学費、住宅ローンの支払いなど、経済的に困窮する可能性が大きい。　（　　）

③若年性認知症の人は、身体的機能に問題が認められないので、家族の介護負担は少ない。

（　　）

④若年性認知症の人の配偶者は、介護に時間を取られるため、働きに行くことが難しい場合が多い。

（　　）

⑤若年性認知症の人は心身ともに若いため、デイサービスなどになじみやすく、暴力をふるうことはない。　（　　）

⑥若年性認知症になった場合、勤めていた会社に迷惑をかけることになるため、すぐに退職したほうがよい。

（　　）

障害の理解
（しょうがいのりかい）

★ ねらい ★

・障害のある人の心理や身体機能に関する基本的な知識を習得する！
・障害のある人の体験を理解し、障害のある人本人やその家族、周囲の環境に配慮した介護の視点を習得する！

だいじ！！

・障害者関連の各法律における定義はしっかり把握しておくこと！
　→精神障害のなかに発達障害も含まれる。
　→障害者は18歳以上、障害児は18歳未満。
　→難病の人も障害者総合支援法のサービス対象になっている！
・療育手帳は通知に基づく。⬅━━━━━ 知的障害者福祉法ではない！
・高次脳機能障害の症状、ダウン症候群の原因、発達障害の定義は頻出！！
・それぞれの障害の特徴を理解し、【生活支援技術】に結びつける！
・【発達と老化の理解】や【こころとからだのしくみ】と併せて覚えることが大事！

1 障害児・者の定義規定

 障害児・者の関連法とその定義

法律	定義
障害者基本法	障害者：身体障害、知的障害、精神障害（ ① 　を含む）その他の心身の機能の障害がある者であって、障害および社会的障壁により継続的に日常生活または社会生活に相当な制限を受ける状態にあるもの
障害者総合支援法※1	障害者：身体障害者福祉法に規定する身体障害者、知的障害者福祉法にいう知的障害者のうち ② 　歳以上である者、精神保健福祉法に規定する精神障害者（ ③ 　者を含む）のうち ④ 　歳以上である者ならびに治療方法が確立していない疾病その他の特殊の疾病がある者で、障害の程度が主務大臣が定める程度である者であって ⑤ 　歳以上であるもの 障害児：児童福祉法に規定する障害児
身体障害者福祉法	身体障害者：別表※2に掲げる身体上の障害がある18歳以上の者であって、 ⑥ 　から身体障害者手帳の交付を受けたもの
⑦ 　福祉法	定義規定なし
精神保健福祉法※3	精神障害者： ⑧ 　、精神作用物質による急性中毒またはその依存症、知的障害その他の精神疾患を有する者

法律	定義
発達障害者支援法	発達障害者：発達障害（ ⑨ 、 ⑩ その他の広汎性発達障害、 ⑪ 、注意欠陥多動性障害などの脳機能の障害で、通常低年齢で発現する障害）がある者であって、発達障害及び ⑫ により日常生活または社会生活に制限を受ける者
福祉法	障害児：身体に障害のある児童、知的障害のある児童、精神に障害のある児童（発達障害児を含む）または治療方法が確立していない疾病その他の特殊の疾病がある者で、障害の程度が主務大臣が定める程度である児童

※1：「障害者の日常生活及び社会生活を総合的に支援するための法律」のこと
※2：身体障害者手帳の交付対象となる障害の範囲を定めたもの。視覚障害、聴覚または平衡機能の障害、音声機能、言語機能または咀嚼機能の障害、肢体不自由および心臓、腎臓または呼吸器の機能の障害、その他政令で定める障害を掲げている
※3：「精神保健及び精神障害者福祉に関する法律」のこと

【語群】 ※同じ語句を複数回使用する場合もあります

認知症　発達障害　知的障害者　自閉症　統合失調症　ダウン症候群　社会的障壁
アスペルガー症候群　学習障害　児童　都道府県知事　市町村長　18　20

カコモン　過去問チャレンジ！（第34回－問題87）

障害者の法的定義に関する次の記述のうち、**正しいもの**を1つ選びなさい。

1　身体障害者福祉法における身体障害者は、身体障害者手帳の交付を受けた18歳以上のものをいう。

2　知的障害者は、知的障害者福祉法に定義されている。

3　「精神保健福祉法」における精神障害者には、知的障害者が含まれていない。

4　障害者基本法において発達障害者は、精神障害者に含まれていない。

5　障害児は、障害者基本法に定義されている。

（注）「精神保健福祉法」とは、「精神保健及び精神障害者福祉に関する法律」のことである。

解答（　　　）

2 障害者手帳制度

カキコミ 障害者手帳制度の特徴と申請

障害者	身体障害児・者	知的障害児・者	精神障害者（知的障害者を除く）
手帳名	身体障害者手帳	① 手帳	② 手帳
根拠法	身体障害者福祉法	通知「療育手帳制度について」	精神保健福祉法
特徴	1〜 ③ 級 ※身体障害者障害程度等級表は 1〜 ④ 級までだが、 ⑤ 級のみでの手帳交付はない	AとBの2区分 ※地方自治体によって異なる	1〜3級 有効期限 ⑥ 年
申請の流れ	【窓口】市町村、福祉事務所長 ↓ 【申請先】 ⑦ ↓ ⑧ の審査 ↓ 手帳の交付	【窓口】市町村、福祉事務所長 ↓ 【申請先】 ⑨ ↓ 児童相談所・知的障害者更生相談所の判定 ↓ 手帳の交付	【窓口】⑩ ↓ 【申請先】 ⑪ ↓ ⑫ の審査・精神保健福祉センターの判定 ↓ 手帳の交付

【語群】　※同じ語句を複数回使用する場合もあります

知的障害者　精神障害者　療育　精神障害者保健福祉　都道府県知事　市町村長

7　6　5　3　2

168

3 肢体不自由

ポイント

- 肢体不自由とは、先天的または後天的な要因により生じる四肢、あるいは体幹の永続的な運動機能の障害のことをいう。
- 肢体不自由の原因となる疾患は、脳血管障害が最も多く、次いで骨関節疾患、リウマチ性疾患などの順となっている。
- 関節リウマチでは、朝のこわばりなど日内変動がみられる。また、関節を動かせる範囲（関節可動域）が制限されるようになる。

クミアワセ① 麻痺の種類

【麻痺の種類】

①対麻痺 ・

②両麻痺 ・

③四肢麻痺 ・

④片麻痺 ・

【説明】

・A 大脳の左右に損傷を受け、両側に片麻痺があるもの

・B 右側または左側の半身のどちらかに麻痺があるもの。発語に関わる身体や言語中枢に損傷がある場合、言語障害が伴うこともある

・C 両方の下肢に麻痺があるもの。脊髄損傷などによるものが多い

・D 両方の上肢と下肢に麻痺があるもの

クミアワセ❷ 脳性麻痺（のうせいまひ）

【種類（しゅるい）】　　　　　　　　　　　　　　【特徴（とくちょう）】

①痙直型（けいちょくがた）　・　　　　　　　　・　A　不随意運動（ふずいいうんどう）を主症状（しゅしょうじょう）とする

②アテトーゼ型（がた）　・　　　　　　　　・　B　さまざまな病型（びょうけい）が混（ま）ざったもの

③強直型（きょうちょくがた）　・　　　　　　　　・　C　筋緊張（きんきんちょう）が亢進（こうしん）する

④混合型（こんごうがた）　・　　　　　　　　・　D　関節（かんせつ）の動（うご）きが硬（かた）く動作（どうさ）が遅（おそ）い、歩行（ほこう）バランスが不完全（ふかんぜん）

脳性麻痺（のうせいまひ）、脊髄損傷（せきずいそんしょう）などの場合（ばあい）、腹筋（ふっきん）や背筋（はいきん）などの筋肉（きんにく）の麻痺（まひ）などによって、身体（しんたい）を支（ささ）えたり起（お）こしたりバランスをとったりすることが困難（こんなん）になります。これを体幹機能障害（たいかんきのうしょうがい）といいます。

センタク　関節リウマチ（かんせつ）

●関節（かんせつ）リウマチでは、［ ① 朝（あさ）　・　夕（ゆう） ］のこわばりなど日内変動（にちないへんどう）がみられる。

●関節（かんせつ）リウマチは、［ ② 男性（だんせい）　・　女性（じょせい） ］に多（おお）いといわれる。

●関節（かんせつ）リウマチは、主（おも）に［ ③ 肘関節（ちゅうかんせつ）　・　手足（てあし）の関節（かんせつ） ］に症状（しょうじょう）が現（あらわ）れる。

●関節（かんせつ）リウマチによる関節（かんせつ）の腫（は）れは、［ ④ 1か所（しょ）　・　複数（ふくすう）か所（しょ） ］であることが多（おお）い。

カコモン　過去問チャレンジ！（かこもん）（第35回（だい）－問53（かい））

次のうち、四肢麻痺（ししまひ）を伴（ともな）う疾患（しっかん）や外傷（がいしょう）として、**適切（てきせつ）なもの**を1つ選（えら）びなさい。

1　右脳梗塞（みぎのうこうそく）（right cerebral infarction）
2　左脳梗塞（ひだりのうこうそく）（left cerebral infarction）
3　頸髄損傷（けいずいそんしょう）（cervical cord injury）
4　腰髄損傷（ようずいそんしょう）（lumbar spinal cord injury）
5　末梢神経損傷（まっしょうしんけいそんしょう）（peripheral nerve injury）

解答（かいとう）（　　）

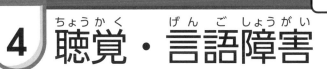

4 聴覚・言語障害

ポイント

- 聴覚障害では、ほとんど聞こえない状態をろう、少し聞こえる状態を難聴という。
- 中途失聴者は、人生の途中で耳が聞こえなくなった人をいう。話し言葉は明瞭だが、ほとんど聞こえない場合がある。
- 「話す」「聞く」「読む」「書く」といった行為が不自由となることを言語障害という。

 難聴

難聴の種類	特徴
① _____ 難聴	外耳および中耳の障害によって聞こえが悪くなる。小さな音が聞き取りにくい
② _____ 難聴	内耳から大脳皮質までの障害によって聴力が低下する。音がひずんで聞こえ、言葉がはっきりしないことが多い

補聴器で改善が期待できるのは、

③ _____ 難聴

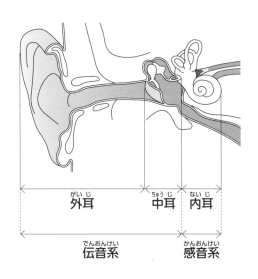

外耳　中耳　内耳

伝音系　感音系

171

聴覚障害のある人は、聴覚を通して日常的な情報が入らない、周囲の聞こえる人とのコミュニケーションや交流が困難といった問題から、孤立する恐れがあるので配慮が必要です。

障害特性に応じたコミュニケーション手段を選んで、信頼関係を築くことが大切ね。

OK

日常において聴覚障害のある人が何に不自由し、不安を感じているのか、また、どのような悩みをもっているのかを具体的に知り、その人のニーズに応じた支援をすることが求められます。障害者差別解消法とあわせて学習しましょう。

カキコミ❷ 失語症

失語症の種類	特徴
① □□□失語	言語の理解力はあるが、話す能力に障害がみられる
② □□□失語	言語の理解が困難。意味内容の伴わない流暢な発語（ジャルゴン・スピーチ）が特徴

※脳血管障害などが原因の場合、「話す」「聞く」「読む」「書く」などの行為に重複して障害が現れる場合がある

カコモン 過去問チャレンジ！（第30回ー問題93）

言語機能障害を来す難病として、**最も可能性の高いもの**を1つ選びなさい。

1 潰瘍性大腸炎（ulcerative colitis）
2 悪性関節リウマチ（malignant rheumatoid arthritis）
3 後縦靱帯骨化症（ossification of posterior longitudinal ligament）
4 クローン病（Crohn disease）
5 脊髄小脳変性症（spinocerebellar degeneration）

解答（　　　）

5 視覚障害

ポイント

- 中途視覚障害者は視覚に頼った生活経験があるため、受障時のショックが大きいといわれる。
- 視覚障害のある人の歩行手段は、手引きによる歩行、白杖による歩行、盲導犬による歩行などがある。

カキコミ 視覚障害の種類

視覚障害の種類	概要
①	水晶体が白く混濁している状態にあるもの
緑内障	何らかの原因によって眼圧が ② する疾患
③	糖尿病による合併症の一つで網膜の血管に異常を来し、視力の低下を引き起こす
④	ぶどう膜炎を頻繁に起こし、口内炎、陰部潰瘍などの主症状がある

クミアワセ 視覚障害に関する用語

【名称】 【特徴】

①バーバリズム ・

②ブラインディズム ・

③白黒反転文字 ・

・ A 黒地に白で書かれた文字のこと。白内障や角膜混濁などの眼疾患のある人は、この文字が読みやすい場合もある

・ B 先天性視覚障害児・者が、直接的な経験に裏づけられることなく適切な概念やイメージの裏づけがないままに言葉だけを学習してしまうこと

・ C 指を自分の目に押し当てたり、口に入れたり、頭や身体をゆすったりする特徴的な行動のこと。先天性視覚障害児によくみられる

6 内部障害

- 内部障害とは、心臓、腎臓、呼吸器、膀胱または直腸、小腸、肝臓の機能障害、HIV（ヒト免疫不全ウイルス）による免疫の機能障害の総称である。
- 内部障害の場合、日常生活上の制限や行動の制約が多く、フラストレーションに陥りやすいといわれている。

カキコミ① 心臓機能障害

虚血性心疾患	①	虚血時間が短く、器質的心筋障害を残さずに回復する
	②	虚血時間が長く、心筋壊死を起こして不可逆的な障害が残る

- ③ 　　　　　　　　　　　　は、強力な電磁波（空港の金属探知器、携帯電話、変電所や高圧電線など）で影響を受けることがある。
- 心臓機能障害者は、心臓に負担のかからないよう入浴時の温度はぬるめ（37〜39℃）にする。
- 心臓機能障害者は、④ 　　　　　　　　　のコントロール、⑤ 　　　　　　　　　の除去、食事や塩分摂取量に気をつける。

【語群】
心筋梗塞　　狭心症　　心臓ペースメーカー　　寒冷刺激　　排泄

カコモン 過去問チャレンジ！（第33回−問題94）

心臓機能障害のある人に関する記述として、**最も適切なもの**を1つ選びなさい。

1　塩分の制限は必要としない。
2　呼吸困難や息切れなどの症状がみられることが多い。
3　日常生活で外出を避けるべきである。
4　ペースメーカーの装着者は、身体障害者手帳の交付対象から除外される。
5　精神的なストレスの影響は少ない。

解答（　　　）

腎臓機能障害

人工透析	①	人工膜を利用する
	②	腹膜を利用して内部環境を正常化する
	連続携行式腹膜透析（CAPD）	連続的に液を注入する

● 透析治療を受ける人は、 ③ _____ が重要となる。塩分は1日6g未満、高血圧症の場合は5g以下に抑える。また、カリウム（K）の量が1日2g以下になるようにする。

呼吸器機能障害

【名称】

【特徴】

①慢性閉塞性肺疾患（COPD） ・

②在宅酸素療法 ・

③気管切開 ・

④在宅人工呼吸療法 ・

・A 在宅で呼吸器機能障害のある人が治療を行うためのもの。室内よりも高濃度の酸素を含む空気を酸素濃縮器から吸いながら生活を送る

・B 肺に酸素を送り込むために気管に穴を開け、呼吸を補助する。痰を吸引しやすくする目的もある

・C 主に喫煙などの原因から肺に慢性の炎症が起こり、息切れや咳、喀痰が増加する疾患

・D 在宅において、機器を使って呼吸の補助を行い、過剰にたまった二酸化炭素を排出して酸素の取り込みを促す

◆在宅酸素療法の注意点
・使用する酸素の量は医師が決定する（本人や家族、介護福祉職が調節してはならない）
・酸素ボンベは火気厳禁（爆発の恐れがあるので取り扱いに注意する）

膀胱・直腸機能障害

消化器系ストーマ	直腸がんや大腸がんなどの手術で腸の一部分を切除することによって、便を体外に排出することができなくなった場合につくられた ① のこと
尿路ストーマ	尿の排泄のために人工的につくられた ② のこと

● 人工肛門装着者の ③ は、パウチをはずしても腹腔内圧によりお湯が腸に入ることはないため普通にできる。

● ストーマ使用者は ④ のかかる運動は避けるようにする。

● 排尿困難で残尿が多い場合など、自分で尿道に管を入れて残尿を排泄することを

⑤ という。

【語群】
人工膀胱　人工肛門　自己導尿　腹圧　入浴

ヒト免疫不全ウイルスによる免疫機能障害

● ヒト免疫不全ウイルスは、一般的に ① と略される。

● エイズ（AIDS）は、 ② という病気の略称である。

● HIV感染者に対しての感染防御では、ふだんから感染対策の基盤となる

③ （標準予防策）を採用していれば、介護をむやみに恐れる必要はない。

肝臓機能障害

● 2010（平成22）年４月から ① が身体障害に含まれることになった。

● C型肝炎ウイルス（HCV）の感染経路は、 ② 、血液製剤、透析、針刺し事故、刺青、鍼治療、出産、性交渉（出産、性交渉による感染はまれ）などが考えられる。

7 精神障害
せいしんしょうがい

・精神障害の診断分類は、ICD（国際疾病分類）とDSM（精神疾患の診断と統計マニュアル）を診断基準としている。
・高次機能障害は、脳の障害により、言語、記憶、理解、判断、注意、学習、行為、感情などの機能が障害された状態をいう。

カキコミ❶ 精神障害の診断分類・原因や理論

精神障害の診断分類		概要
①	（国際疾病分類）	世界保健機関（WHO）によって作成
②	（精神疾患の診断と統計マニュアル）	アメリカ精神医学会によって出版された書籍

● 精神障害の原因や理論として、③ _____ が一般的になっている。

● 精神障害が発症する要因は、個人の脆弱性とストレスであり、④ _____ として精神障害が発症するとされている。

【語群】
ストレス－脆弱性モデル　　ICD　　ストレス反応　　DSM

精神障害の種類・特性・治療

■精神障害の種類と特性

種類	特性
統合失調症	① [　　] 期に多く発病する原因不明の疾患で、 ② [　　] や妄想などの症状が出現する ③ [　　] 症状と感情の平板化、 ④ [　　] の欠如などの ⑤ [　　] 症状が出現する
⑥ [　　]　うつ病	気分が沈み行動や動作が緩慢になり、食欲低下や不眠、頭痛などの身体症状が現れる。また、不安や悲観的な感情、自責感、⑦ [　　] 念慮などが生じることがある
双極性感情障害 (躁うつ病)	躁状態とうつ状態の2つの状態を繰り返す
⑧ [　　]　依存症	アルコールに対し、病的に強い依存、身体依存を示し、そのことによって日常・社会生活、健康面で問題が生じる

■精神障害者への治療

治療法	内容	具体例
精神療法	精神的相互作用を通じて患者の心身に治療的変化をもたらすことをねらいとした治療法	精神分析療法、⑨ [　　] 、行動療法、遊戯療法など
⑩ [　　]	患者の日常生活の調整、指導、訓練を行い症状の改善を図ることで社会への参加を促す療法	レクリエーション療法、作業療法、精神科リハビリテーションなど

【語群】

青年　老年　自殺　幻覚　徘徊　意欲　気分障害　カウンセリング　生活療法

アルコール　陽性　陰性

クミアワセ

高次脳機能障害

【名称】

【特徴】

①記憶障害 •

②注意障害 •

③遂行（実行）機能障害 •

④社会的行動障害 •

⑤半側空間無視 •

• A 自分で計画を立てて物事を実行することができなくなる

• B 依存や退行、欲求や感情のコントロールが低下する、人間関係が築けない、ひとつのことにこだわるなど

• C 物の置き場所を忘れたり、新しい出来事を覚えられない、繰り返し質問したりする

• D ぼんやりしてミスを繰り返す

• E 患側の感覚が鈍麻していたり、患側の空間にある物が認知できなかったりする

◆精神障害者の介護の3原則

1 ありのままに受容し、共感の態度を示す
2 幻覚や妄想に対する訴えも、精神障害者にとっては事実であることを認める。ただし肯定も否定もしない
3 治療に必要な薬がきちんと服用されているかを確認する

 カコモン

過去問チャレンジ！ （第36回－問題52）

統合失調症 (schizophrenia) の特徴的な症状として、**最も適切なもの**を1つ選びなさい。

1 振戦せん妄
2 妄想
3 強迫性障害
4 抑うつ気分
5 健忘

解答（　　）

8 知的障害
（ち　てきしょうがい）

ポイント

- 知的障害の原因は未解明のものが多いといわれている。
- 知的障害は、WHOの国際疾病分類（ICD－10）では、知能テストによって測定した知能の状態で、軽度（おおよそIQ69〜50）、中度（IQ49〜35）、重度（IQ34〜20）、最重度（IQ19以下）に分類されている。
- 知的障害者本人の自己決定や自立を支援することが大切である。
- 知的障害者がひとりの人間として地域社会でさまざまな人と関わりをもちながら生活できるよう支援することが大切である。

カキコミ❶ 知的障害のタイプ

タイプ	内容	特徴
①	染色体異常、胎生期の感染症、 ② な どの中毒、代謝障害、内分泌系の疾患、栄養不良、 ③ 時障害、発育期の高熱、その他の脳障害など、明らかな病理作用によって脳の発達に支障が生じたもの	知的障害全体の約4分の1を占める
④	とくに病理がみつからず原因不明のもの	知的障害全体の約4分の3を占める

【 語群 】

出生　　アルコール　　病理型　　生理型

◆知的障害者への対応

- 学習に時間がかかるため、動作を理解してもらうときには順序を追って一緒に行動したり、繰り返しわかりやすい言葉で説明する
- できることは自分で行うという経験を積む機会をつくる
- ものごとへのこだわりが強い人もいるので、その人のペースに合わせて見守る

ダウン症候群

●ダウン症候群は、精子や卵子がつくられる過程で起きる ① ［　　　］ 異常が原因

で、90〜95％は、通常は２本である ② ［　　　］ 番目の常染色体が３本あることによって

生じる。

●ダウン症候群は、知的障害があることに加え、難聴や先天的な心疾患などの

③ ［　　　］ があることが多いといえる。

ダウン症候群の発生率は出生1,000人に対して1人の割合といわれています。母親の年齢が高くなるほど発生率は高くなり、40歳以上では発生率は出生100人に1人の割合といわれています。

◆ダウン症候群の特徴
・知能のレベルは軽度から重度まで幅広い
・社会生活能力は知能のレベルよりも高い場合が多い
・筋緊張低下がある
・低身長である
・運動発達遅滞がある
・頸椎の異常である環軸椎不安定症がある
・心疾患があることが多い

乳幼児期は身体がとてもやわらかいために、運動の発達が遅れてしまうのね。

過去問チャレンジ！　（第31回－問題91）

　知的障害の特徴に関する記述として、**最も適切なもの**を１つ選びなさい。
1　成人期に出現する。
2　てんかん（epilepsy）の合併率が高い。
3　有病率は女性が高い。
4　重度・最重度が大半を占める。
5　遺伝性の障害が大半を占める。

解答（　　　）

9 発達障害
はったつしょうがい

ポイント

- 発達障害は、他の障害と比較して身体的な障害や知的な遅れもないことから周囲から障害と思われにくく、現れる行動を「親のしつけが悪い」、学習が進まないのは「本人の努力不足」とする誤解や偏見を招きやすい。

カキコミ 発達障害の特性

障害	特性
自閉 ① 障害 自閉 ① 症	1. 社会的な ② の障害 ・対人的・情緒的な関係がもてない （例：会話のやりとり、興味・感情の共有ができない） ・非言語的コミュニケーションがうまく図れない （例： ③ が合わない、ジェスチャーの理解・使用ができない） ・人間関係を形成することがうまくできない （例：仲間をつくることができない、相手に関心をもつことができない） 2. 限定された ④ な行動 ・常同的・反復的な身体の運動や会話 （例：単調な常同運動、反響言語） ・習慣へのかたくなな ⑤ 、儀礼的行動や様式 （例：柔軟に考えられない、決まったやり方にこだわる）

注意欠陥多動性障害 注意欠如多動症 （　⑥　）	1．不注意 ・ ⑦　　　　　力がない　など 2．多動性 ・じっとしていられない　など・多弁 3．衝動性 ・ ⑧　　　　　を待てない　など
学習障害 （　⑨　）	読み、書き、⑩　　　　のどれか、またはいくつかに障害がある

【語群】

アスペルガー　　スペクトラム　　ADHD　　LD　　言葉　　コミュニケーション　　計画
こだわり　　集中　　関心　　計算　　視線　　順番　　反復的

自閉スペクトラム症とは何ですか？

自閉症とアスペルガー症候群に関係する障害をまとめたものです。どちらも自閉の中核症状が原因で、年齢や重症度などによってさまざまな現れ方をしているという考えに基づいています。

過去問チャレンジ！　（第35回－問題54）

カコモン

学習障害の特徴に関する次の記述のうち、**最も適切なもの**を1つ選びなさい。

1　読む・書く・計算するなどの習得に困難がある。
2　注意力が欠如している。
3　じっとしているのが難しい。
4　脳の機能に障害はない。
5　親のしつけ方や愛情不足によるものである。

解答（　　　）

10 難病 (なんびょう)

ポイント

- 難病とは、原因不明で確かな治療方法がないため徐々に進行し、重い身体の障害や後遺症のある疾患の総称である。
- 2013（平成25）年以降、障害者総合支援法に基づく、障害福祉サービスの給付対象となっている。
- 難病の多くは進行性であり、その症状の進行に伴い生活全般に大きな支障を来すようになる。

クミアワセ　運動神経系の難病

【疾患名】

① 筋萎縮性側索硬化症（ALS）

② パーキンソン病

③ 多系統萎縮症

④ 多発性硬化症

【特徴】

A　運動失調、眼球運動障害、自律神経障害、排尿障害、起立性低血圧など

B　発熱、頭痛、悪心、嘔吐、疼痛などの前期症状がある。視力障害、歩行障害、異常感覚など

C　全身の筋萎縮が進行し、言語障害、嚥下障害、呼吸困難が生じる。歩行障害により寝たきりとなる。知的機能と感覚機能の障害はない

D　寡動、筋固縮、振戦（ふるえ）、姿勢反射障害、突進歩行など

カキコミ

内臓・皮膚・血液系の難病

疾患名	特徴
①	口腔粘膜の潰瘍、目のぶどう膜炎による視力低下、外因性潰瘍など
全身性エリテマトーデス	顔面の ② 、発熱、関節炎、腎臓機能障害など。女性に多い
③	腹痛、下痢、発熱、全身倦怠感、栄養不良、関節炎など
悪性関節リウマチ	血管炎、心筋炎、多発性神経炎、皮下結節など関節外の症状がある。関節の腫脹、④ 、こわばり、⑤ など

【語群】

糖尿病性網膜症　　ベーチェット病　　クローン病　　蝶形紅斑　　仮面様顔貌　　高血圧
変形　　痛み

難病の種類によって現れる障害や症状が異なります。

難病の種類	現れる障害や症状
運動神経系の難病	・呼吸筋の障害による呼吸困難 ・嚥下筋の機能障害による飲み込みの困難 ・言語機能障害（話すことができなくなる）と意思疎通が不自由になることによる、心理的な課題 ・肢体不自由による移動の不自由
内臓・皮膚・血液系の難病	・主な症状は、内臓の臓器の炎症による痛みや機能障害 ・外見から症状が見えにくく他人に理解されにくいことによる心理的な悩み

185

11 障害の受容過程

- 障害受容に影響をおよぼす要因には、発生年齢、性格、障害の原因と程度、社会的環境、時間的経過などがあり、これらの要因は相互に関連している。
- 障害の受容過程は、適応に向かって一段階ずつ前進するものではなく、一進一退しつつ移行する。

カキコミ　障害受容の過程

① 　　期	受傷してすぐの段階。まだ障害が残るかわからないこともあり、比較的平穏な心理状態である

⇅

② 　　期	治療などは一段落して、自分の身体状況などに目がいくようになる段階。障害を意識しはじめるが自分に障害が残ることについて認めていない

⇅

③ 　　期	障害を告知されて ④ 　　　　　 を示す段階。他者や自分を責める。
	⑤ 　　　　　 などの症状を示し、自殺を考えることもある

⇅

⑥ 　　　　　　への努力期	外向的な攻撃では問題は解決しないことをさとり、他に頼らず ⑦ 　　　　　 で努力しなければならないことをさとる

⇅

⑧ 　　期	現状を受け止め、障害を自分の一部として受容する。残された機能の活用や ⑨ 　　　　　 の転換が図られる

【語群】　※同じ語句を複数回使用する場合もあります

否認　混乱　解決　ショック　受容　抑うつ　価値　責任　自分

医療的ケア
（いりょうてき）

★ ねらい ★

・医療的ケアとは何かを理解する！

・介護福祉職が「喀痰吸引」や「経管栄養」の医行為の一部を業
（仕事）として行うことができるようになった背景を理解する！

・医療的ケアを安全に実施するための基礎知識を身につける！

・喀痰吸引および経管栄養の実施手順とその留意点を理解して覚える！

だいじ！！

・介護福祉士等が行う医行為については、医師の指示・指導・監督
のもと、<u>喀痰吸引</u>と<u>経管栄養</u>を行うことが認められている。

・喀痰吸引や経管栄養を行う前後には、十分な説明や声かけを行い、
利用者の理解を得る必要がある。

・気管カニューレ内部の吸引では、無菌的な操作が必要となる。

・経管栄養の栄養剤の注入時は、上半身を30〜45度起こして、逆流
を防止する。　　　　食品タイプと医療品タイプがある

・胃ろう（腸ろう）栄養チューブは、1日に2〜3回、回転させ、
癒着や圧迫を防止する必要があるが、介護福祉職が実施すること
はできない。

・応急手当の目的は、「救命」「悪化防止」「苦痛の軽減」である。

・心肺蘇生は、胸骨圧迫（30回）と人工呼吸（2回）の組み合わせ
を継続して行う。　　　　胸骨の下半分で、1分間あたり
　　　　　　　　　　　　　約100回のテンポで行う

1 医療的ケアと実施できる条件

医療的ケアと医行為

- ① 　　　　 は、「② 　　　　 の医学的判断および技術をもってするのでなければ人体に危害を及ぼし、または危害を及ぼすおそれのある行為」である。

- 医行為は、医師法第 ③ 　　　　 条により医師が行うことが明示され、看護師などの有資格者は、医師の ④ 　　　　 のもと一定範囲で行うことが認められている。

- 1990年代には、入院が必要でなくなっても、家庭や地域などで医療を受けながらの生活が難しい人の ⑤ 　　　　 の解消が進められた。一方、福祉施設や在宅では、

  ⑥ 　　　　 行為と知りつつ介護福祉職が医療的ケアを行わざるを得なくなっていた。

- 2002（平成14）年の日本ALS(⑦ 　　　　)協会の要望をきっかけとして、

  「⑧ 　　　　 に対する ⑨ 　　　　 以外の者による痰の吸引」、

  2004（平成16）年には「⑩ 　　　　 の児童生徒などに対する痰の吸引、経管栄養および導尿」などがやむを得ない処置として容認された。

- さまざまなケアの現場での医療的ケアへのニーズが高まり、2011（平成23）年に「介護サービスの基盤強化のための ⑪ 　　　　 等の一部を改正する法律」が公布された。

- ⑫ 　　　　 年より、一定の研修を受けた介護福祉職は ⑬ 　　　　 の指示のもと「診療の補助」として ⑭ 　　　　 と ⑮ 　　　　 を行うことが認められた。

- 喀痰吸引や経管栄養は最終的な手段であり、介護福祉職は吸引等を実施しないでも済む

  ⑯ 　　　　 の実践が重要である。

● 医療的ケアの実施には利用者の ⑰ □ に応えるためにも、⑱ □ を守る必要がある。

⬇

1. 医療を受ける者の ⑲ □ に共感し、⑳ □ を自覚する

2. 介護福祉職が担える医療行為の ㉑ □ について具体的に学ぶ

3. 医療に関する知識および技術の習得に努め、良質かつ適切に行う

4. ㉒ □ の尊重と個人の ㉓ □ を保持する

5. 行う際は、適切な ㉔ □ を行い、利用者の ㉕ □ を得る

6. ㉖ □ とそれを回避する知識と技術をもつ

7. 医療行為を行うチームの一員として、関係職種と ㉗ □ する　など

■医行為を行うための研修

㉘ □	介護福祉士養成教育のなかで行う	
㉙ □	介護福祉職が対象	
	㉚ □	50時間の講義と演習（喀痰吸引など5種類の技術を各 ㉜ □ 回以上、救急蘇生法1回以上実施）
	㉛ □	実際の利用者に医療的ケアを規定回数以上提供する

【語群】 ※同じ語句を複数回使用する場合もあります

5　17　2015　医行為　医療的ケア　喀痰吸引　経管栄養　喀痰吸引等研修
基本研修　実地研修　生活支援　医療の倫理　尊厳　指示・指導・監督　違法
筋萎縮性側索硬化症　医師　家族　在宅ALS患者　盲・ろう・養護学校　説明　信頼
理解　連携　責任　社会的入院　生命　トラブルやリスク　不安や苦痛　範囲
介護保険法

189

介護福祉職が担える医行為の範囲

【 医行為 】

【 イラスト 】

①口腔内の喀痰吸引（咽頭の手前
　までを限度とすること）

• 　　•

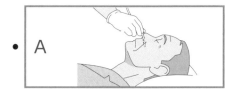 A

②鼻腔内の喀痰吸引

• 　　•

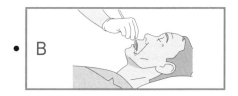 B

③気管カニューレ内部の喀痰吸引

• 　　•

 C

④胃ろうまたは腸ろうによる経管
　栄養

• 　　•

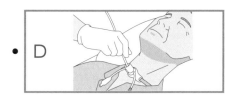 D

⑤経鼻経管栄養

• 　　•

 E

 カコモン

過去問チャレンジ！　（第34回－問題109）

　社会福祉士及び介護福祉士法で規定されている介護福祉士が実施できる経管栄養の行為として
正しいものを１つ選びなさい。

1　栄養剤の種類の変更

2　栄養剤の注入速度の決定

3　経鼻経管栄養チューブの胃内への留置

4　栄養剤の注入

5　胃ろうカテーテルの定期交換

解答（　　　）

2 バイタルサイン

ポイント

- 健康状態を把握するためには、意欲、顔貌、顔色、食欲、皮膚の色や状態、言動など、全身に観察すべき多くの項目がある。
- 人が生きていくうえで最低限必要な生体情報をバイタルサインという。
- バイタルサインは、体温、脈拍、呼吸、血圧である(意識を含めるときもある)。

カキコミ　バイタルサイン

バイタルサインと標準値 (成人)	測定方法と異常値
呼吸 1分間に12〜18回	・肺において酸素を取り入れ、二酸化炭素を排出するはたらき (①)であり、② という ・本人の意思で ③ ため、観察していることが意識されないように留意する
	・運動、入浴、食事、排泄、緊張などで増加 ・換気が不十分になると、④ や ⑤ が 紫色になる ⑥ になる
血圧 収縮期血圧 ⑦ mmHg未満 かつ拡張期血圧 ⑧ mmHg未満 (⑨ 血圧)	・心臓が全身に血液を送り出すときに ⑩ 壁を押す圧力のこと ・マンシェットを上腕に巻き付け、指が2〜3本入る程度の余裕をもたせ、血圧計で測定
	・収縮期血圧 ⑪ mmHg以上、または拡張期血圧 ⑫ mmHg以上を、⑬ という ・血圧が低いときは多量の出血によるショック状態、マンシェットの巻き方が不適切であるなどを疑う

脈拍 1分間あたり ⑭ 回	・⑮ の収縮によって押し出された血液が、⑯ の弾性によって拍動する回数のこと
	・体表近くの血管にそって第 ⑰ 指を揃えて触れ、測定。 ⑱ や ⑲ を使うことが多い
	・運動、入浴、食事、排泄、⑳ 時などに増加。 ㉑ 回／分以上を ㉒ という
	・㉓ 回／分未満を ㉔ 、脈が多い・抜けるなどリズムの乱れを ㉕ という
体温 ㉖ ℃※ ※個人差があるため、利用者個人の平常値を把握する	・㉗ ・㉘ ・㉙ などで測定可能。㉚ （脇の下）で測定するのが一般的 ・運動や入浴後を避け、腋窩の ㉛ を拭いてから、決められた時間に測定する
	・値が高いときは ㉜ の環境にいるとき、ウイルスや細菌などの ㉝ を疑う ・値が低いときは体温計が ㉞ に触れていない、㉟ 側での測定、低体温症や感染症などが疑われる

【語群】

2～4　36～37　60　60～80　80　90　100　120　140　外耳　肌

口腔内　心臓　直腸　腋窩　唇　爪　上腕　高温多湿　汗　ガス交換

外呼吸　感染　橈骨動脈　上腕動脈　患　動脈　緊張　頻脈　徐脈

不整脈　変えられる　チアノーゼ　至適　高血圧　血管壁

③ 緊急時の対応

カキコミ

救急蘇生法の手順

意識なし

助けを呼ぶ
119番通報・AED依頼

↓

| ① | を確認する | → | ② |

あり 回復体位で救急隊を待つ

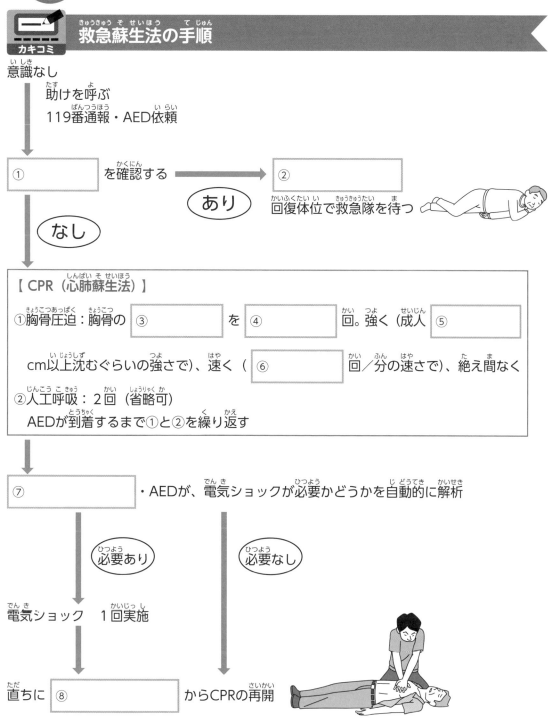

なし

↓

【CPR（心肺蘇生法）】

① 胸骨圧迫：胸骨の ③ を ④ 回。強く（成人 ⑤

cm以上沈むぐらいの強さで）、速く（ ⑥ 回／分の速さで）、絶え間なく

② 人工呼吸：2回（省略可）

AEDが到着するまで①と②を繰り返す

↓

| ⑦ | ・AEDが、電気ショックが必要かどうかを自動的に解析

必要あり   **必要なし**

電気ショック　1回実施

直ちに ⑧ からCPRの再開

※救急隊に引き継ぐまで、あるいは呼吸や目的のあるしぐさが認められるまでCPRを続ける

4 応急手当

事故別の応急手当

事故	手当の方法
外傷	・血液等に触れないよう ① 等を使用し、② を予防する ・出血がある時、傷口に清潔なガーゼ等を当て、包帯等で固定し、③ を行う
骨折	・ ④ 性骨折（傷が皮膚表面に達している骨折）… ⑤ をし、傷の手当を行う ・ ⑥ 性骨折（傷が皮膚表面まで達していない骨折）…患部の上下の関節を覆うことができる長さの副子を使用し、患部を ⑦ する
誤嚥・窒息	・咳が出る時…強く ⑧ が出るように促す ・咳が出ない時…頭を低くするため前屈姿勢をとらせ、肩甲骨の間を続けて強くたたく（背部叩打法）または、異物が口腔内に見える場合は指にハンカチ等を巻いてかき出す(指拭法)
熱傷	・Ⅰ～Ⅱ度の熱傷のとき…直接 ⑨ がかからないようにし、⑩ がなくなるまで冷水で十分に冷やす。範囲が広いときは、⑪ ながら医療機関に行く ・着衣の状態でやけどしたとき…着衣は ⑫ 、そのまま冷水で冷やす ・水疱ができたときは、⑬

【 語群 】

感染症　開放　非開放　直接圧迫止血法　治療　止血　固定　咳　水圧　痛み

冷やし　温め　つぶす　つぶさない　脱がして　脱がさず　使い捨て手袋・ビニール袋

ひづけ ／ できたシール

5 高齢者の安全管理
こうれいしゃ　あんぜんかんり

クミアワセ　感染症と感染経路
かんせんしょう　かんせんけいろ

【感染症】
かんせんしょう

①インフルエンザ ・

②メチシリン耐性黄色
たいせいおうしょく
ブドウ球菌(MRSA)
きゅうきん ・

③疥癬 ・
かいせん

④ウイルス性肝炎 ・
せいかんえん

【感染経路】
かんせんけいろ

・ A 日和見感染
ひよりみかんせん

・ B 寝具などから感染
しんぐ　　　　　かんせん

・ C 飛沫感染・接触感染
ひまつかんせん　せっしょくかんせん

・ D 血液感染
けつえきかんせん

カキコミ　感染症の基本
かんせんしょう　きほん

- ① [　　　　　　] は、戦前から1950（昭和25）年頃まで、死因のトップを占めていたが、
せんぜん　　　　　　しょうわ　　　ねんごろ　　　しいん

薬品の普及開発などによって急速に患者数が減少した。しかし、1997（平成9）年から再
やくひん　ふきゅうかいはつ　　　　　きゅうそく　かんじゃすう　げんしょう　　　　　　　　　　へいせい　　ねん　　ふたた

び患者数が上昇した。このような感染症を ② [　　　　　　] という。
かんじゃすう　じょうしょう　　　　　　　かんせんしょう

- これまで知られていなかった感染症を、③ [　　　　　　] という。
し　　　　　　　　　かんせんしょう

- インフルエンザの症状は、④ [　　　　　] や頭痛などである。
しょうじょう　　　　　　　　　　　　　　ずつう

- 疥癬とは、⑤ [　　　　　　] による皮膚寄生虫感染症である。
かいせん　　　　　　　　　　　　　　　ひふきせいちゅうかんせんしょう

- ウイルス性肝炎のうち、C型肝炎は ⑥ [　　　　　] になりやすい。
せいかんえん　　　　　がたかんえん

- ウイルス性肝炎のうち、B型肝炎は ⑦ [　　　　　] が多い。
せいかんえん　　　　　がたかんえん　　　　　　　　　　おお

【語群】
ごぐん

悪性新生物　肺炎　結核　肝がん　高熱　新興感染症　再興感染症　母子感染
あくせいしんせいぶつ　はいえん　けっかく　かん　　こうねつ　しんこうかんせんしょう　さいこうかんせんしょう　ぼしかんせん

ヒゼンダニ

感染対策

① ノロウイルス感染者の嘔吐物が付着した衣類などは、塩素系漂白剤で消毒する。（　）
② 嘔吐物・便の処理をする際には、マスクを着用する。（　）
③ 感染対策として、介護行為ごとに手洗いを行う。（　）
④ 手洗いは石けんと流水で行う。（　）
⑤ 雑巾やモップは、使わないときも湿らせておく。（　）
⑥ 感染対策として、利用者の毎日の健康観察を行う。（　）
⑦ 発熱がある介護福祉職はマスクをして業務を行う。（　）
⑧ トイレなどのドアノブは消毒液を含ませた布で消毒を行う。（　）
⑨ フェイスシールドは、装着者の飛沫拡散を防ぐ効果は低く、主に目を飛沫感染や
接触感染から守るためのものである。（　）

手洗いのポイント

手洗いで、汚れが残りやすい部分に斜線を入れましょう。

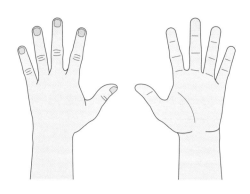

感染の可能性のあるものに触れるときには、使い捨て手袋を使用し、手袋を外したあとに手洗いを行います。

OK

 過去問チャレンジ！（第36回－問題72）

次の記述のうち、介護における感染症対策として、**最も適切なもの**を1つ選びなさい。
1　手洗いは、液体石鹸よりも固形石鹸を使用する。
2　配膳時にくしゃみが出たときは、口元をおさえた手でそのまま行う。
3　嘔吐物の処理は、素手で行う。
4　排泄の介護は、利用者ごとに手袋を交換する。
5　うがい用のコップは、共用にする。

解答（　　）

6 喀痰吸引
かくたんきゅういん

医療的ケア
いりょうてきケア

気道と食道の構造
きどう しょくどう こうぞう

各部位の名称を記入しましょう。
かくぶい めいしょう きにゅう

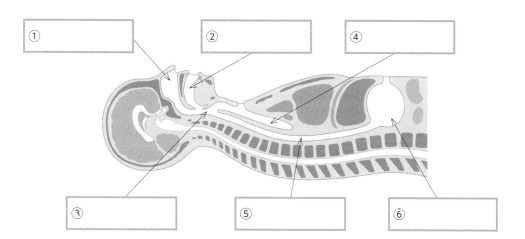

① ② ④

③ ⑤ ⑥

吸引の実施手順
きゅういん じっし てじゅん

実施準備	1	指示の確認
	2	手洗い
	3	物品・器材の確認・点検と配置
ケア実施前の準備	1	利用者への説明
	2	環境と利用者の姿勢を整える
	3	吸引前の観察　←異物や出血がないか
	4	①の着用または②の保持
吸引実施	1	吸引チューブを取り出す
	2	吸引チューブと連結管を接続する
	3	吸引チューブ外側を③等で拭く
	4	④の電源を入れる
	5	水を吸引して、吸引圧を確認する
	6	吸引チューブの先端の水をよく切る
	7	利用者に声をかけて吸引チューブを静かに挿入する　決められた深さで！
	8	分泌物等の貯留物を吸引する
	9	吸引チューブを静かに抜く

■物品・器材の名称
ぶっぴん きざい めいしょう

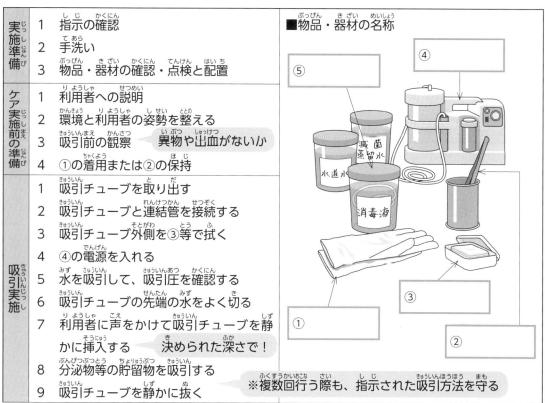

④ ⑤ ③ ① ②

滅菌蒸留水　水道水　消毒液

※複数回行う際も、指示された吸引方法を守る
ふくすうかいおこな さい しじ きゅういんほうほう まも

実施後の片付け	1	吸引チューブの外側を③等で拭く
	2	洗浄水を吸引して、吸引チューブ内側の汚れを落とす
	3	④の電源を切る
	4	吸引チューブを連結管からはずし、⑤に戻す
	5	①をはずす（使い捨ての手袋を使用する場合）、または②を戻す
吸引の終了	1	実施後の声かけ・姿勢を整える
	2	実施後の観察 ← 顔色や呼吸、出血等
	3	手洗い
報告等	1	実施後の報告
	2	ヒヤリハット・アクシデントの報告 ← 手順のミスや対象者のいつもと違った状態について正確に報告
	3	片付け・物品管理　4　記録

◆吸引チューブを挿入する位置

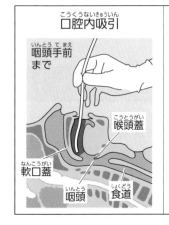

口腔内吸引
咽頭手前まで
喉頭蓋
軟口蓋
咽頭
食道

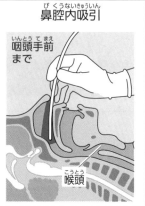

鼻腔内吸引
咽頭手前まで
喉頭

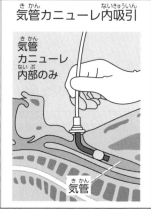

気管カニューレ内吸引
気管カニューレ内部のみ
気管

過去問チャレンジ！（第36回−問題61）

次のうち、痰の吸引の準備に関する記述として、**最も適切なもの**を1つ選びなさい。

1　吸引器は、陰圧になることを確認する。
2　吸引びんは、滅菌したものを用意する。
3　吸引チューブのサイズは、痰の量に応じたものにする。
4　洗浄水は、決められた消毒薬を入れておく。
5　清浄綿は、次亜塩素酸ナトリウムに浸しておく。

解答（　　）

想定されるトラブルと対応事例

【トラブル】

①吸引器が正しく作動しない

②呼吸状態が悪くなる・顔色が悪い

③嘔吐する

④少量の出血がある

⑤大量の出血がある・吸引物が血性である

⑥痰がかたく、吸引が困難

⑦痰の色がいつもと違う

⑧吸引ができない（チューブを噛む、口をあけない）

【対応】

A 吸引を直ちに中止し、気道を確保し、看護職に連絡する（気管カニューレ装着者は、人工呼吸器との接続を確認）

B 吸引を直ちに中止し、看護職に連絡する

C 吸引を中止し、看護職に連絡する。日頃から室内の乾燥を防ぎ、水分摂取を促す

D 電源が入っているか、吸引瓶の蓋・中身の量、チューブの接続・吸引圧などの確認

E 吸引を直ちに中止し、誤嚥を防ぐため顔を横に向け、看護職に連絡する。吸引時間や圧力、チューブを咽頭近くまで挿入していないか確認する

F ゆっくりと吸引チューブを抜き、全身状態を観察し、看護職に報告する。吸引前に、本人に何のためにどのようなことをするのかの説明を行い、理解を十分に得る努力をする

G 感染症の疑いがあるため、体温測定など全身状態を観察し、看護職に報告する

H 吸引を直ちに中止し、看護職に連絡する。吸引圧が指示通りであるか確認する

医療的ケア

199

7 経管栄養
けいかんえいよう

ズカイ ■▲● **胃ろう栄養チューブの4つの分類**

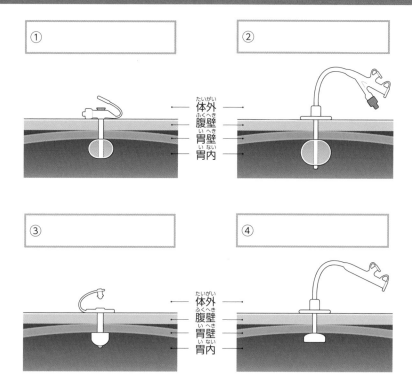

① 　　　　　　　　　　②

③ 　　　　　　　　　　④

体外　たいがい
腹壁　ふくへき
胃壁　いへき
胃内　いない

◆胃ろう栄養チューブの種類と特徴

体外	ボタン型	・自己抜去が少ない ・栄養剤が通る距離が短く、胃ろう栄養チューブ内の汚染が少ない ・ボタンの開閉がしづらい場合がある
	チューブ型	・露出したチューブがあり、自己抜去しやすい ・胃ろう栄養チューブ内の汚染が起きやすい ・栄養点滴チューブに接続しやすい
体内	バルーン	・交換時にはバルーン内の蒸留水をシリンジで抜く必要がある ・バルーンの破裂がある
	バンパー	・抜けにくく、交換までの期間が長い ・交換時に痛みや圧迫感を感じる

経管栄養の実施手順

実施準備	1	指示の確認
	2	手洗い
	3	必要物品の準備
栄養剤の確認・準備	1	栄養剤の種類や量、温度などを確認する
	2	①に③を取り付け、②を閉じる
	3	①を点滴スタンドにつるす
	4	⑤に用意した栄養剤を①に入れる
	5	点滴筒に半分ほど栄養剤を満たす
	6	②を少し開きながら、③の先端まで栄養剤を行きわたらせ②を閉じる
	7	栄養剤を利用者のもとに運ぶ
ケア実施	1	利用者に説明する
	2	栄養剤と利用者を確認する
	3	環境と利用者の姿勢を整える
	4	③と利用者の胃ろう（腸ろう）栄養チューブを接続する
経管栄養の実施	1	利用者に声をかけて、②をゆっくりゆるめて注入を開始する
	2	注入直後の様子を観察する
	3	注入中は定期的に観察する
注入の終了	1	栄養剤の注入が終わったことを利用者に伝える
	2	②を閉め、③を胃ろう（腸ろう）栄養チューブからはずす
	3	胃ろう（腸ろう）栄養チューブから④を使って白湯をゆっくり注入する
	4	注入口のストッパーとボタンのふたを閉める
	5	胃ろう（腸ろう）栄養チューブをしっかり固定する
	6	注入後の観察
	7	注入後の姿勢保持
報告等	1	実施後の報告
	2	ヒヤリハット・アクシデントの報告
	3	片付け
	4	記録

手順のミスや対象者のいつもと違った状態について正確に報告

■経管栄養で用いる器具・器材

①

点滴筒

③

②

④

⑤

胃ろうで想定されるトラブルとその原因

【 トラブル（消化器症状）】

①下痢 •

②便秘 •

③嘔気・嘔吐 •

④胸やけ •

⑤呼吸困難・誤嚥 •

⑥ダンピング症候群 •

⑦ろう孔からの出血・チューブ内の色がいつもと異なる •

⑧注入液が注入されない・入りにくい •

⑨しゃっくり •

⑩げっぷ・おくび •

⑪胃ろう部のスキントラブル •

【 原因群 】

• A 体位が仰臥位になっている。栄養剤の温度が低い・高い、注入速度が速い、注入量が多い

• B 栄養剤の注入速度が速い、濃度が濃い、温度が低い。経管栄養実施時に物品や介護福祉職等からの感染があった

• C 水分・運動・食物繊維が不足している

• D 胃内にたまったガスや食物が身体の動きとともに逆流している（誤嚥の可能性があり注意する）

• E 栄養剤の逆流などによる誤嚥性肺炎が起こっている。経鼻経管栄養が食道ではなく気道に入っている

• F 栄養剤が急激に胃から腸に移動し、循環する血液量が減って、心拍数の増加、嘔気、嘔吐、冷や汗、不快感などが生じている

• G チューブの折れ、曲がり、抜けがある

• H 不良肉芽、胃内からの出血がある

• I 横隔膜が麻痺している

• J 食物が胃から食道へ逆流した（流動性の高い経管栄養剤は逆流しやすいので注意する）

• K チューブの固定の不備などで皮膚に当たって、びらんや潰瘍が生じている。ろう孔からの栄養剤や消化液の漏れや感染、不良肉芽がある

介護の基本

★ ねらい ★

・「尊厳の保持」「自立支援」という考え方を理解する！
・介護を必要とする人を、「生活」という観点からとらえる！
・介護における安全管理やチームケアについて理解する！

だいじ!!

・介護福祉士の定義は、「登録」「心身の状況に応じた介護」「介護に
　関する指導」がキーワード！
・介護福祉士の義務
　①誠実義務
　②信用失墜行為の禁止
　③秘密保持義務
　④連携
　⑤資質向上の責務
　⑥名称の使用制限

社会福祉士及び介護福祉士法は、
ほぼ毎回試験に出る！

倫理綱領と
併せて覚えておく
※罰則規定も覚える！

ICFの図が描けるように
なるとよい

・ICFは【生活支援技術】や【障害の理解】でも出る！
・ノロウイルスは夏よりも冬に流行る。集団感染しやすい。塩素系
　の消毒液が有効！
・利用者の嘔吐物などを処理する際は、介護福祉職自身も感染しな
　いようにマスクや使い捨ての手袋などを使う！

1 少子高齢化の実態、人口構成

ポイント

- 2023（令和5）年9月1日現在確定値の日本の総人口は1億2,434万8千人である。
- 日本は人口減少社会に突入している。
- 65歳以上の高齢者人口が総人口に占める割合を高齢化率という。

○× マルバツ❶ 少子高齢化の基本

① 65歳以上の高齢者人口が総人口に占める割合を高齢化率という。 （　　）

② ひとりの女性が生涯に出産する子どもの数を合計特殊出生率という。 （　　）

③ 日本は、1970（昭和45）年に高齢化社会となり、1994（平成6）年に高齢社会となり、2007（平成19）年に超高齢社会となった。 （　　）

④ 日本は、2010（平成22）年頃から少子社会に突入している。 （　　）

⑤ 少子化の要因は、ライフスタイルの変化による生活コストの増大や、平均初婚年齢の上昇などがある。

（　　）

> 2015（平成27）年以降は核家族の中で、「ひとり親と未婚の子」の世帯が増加しています。

カコモン 過去問チャレンジ！（第33回−問題5）

家族の変容に関する2015年（平成27年）以降の動向として、**最も適切なもの**を1つ選びなさい。

1　1世帯当たりの人数は、全国平均で3.5人を超えている。

2　核家族の中で、「ひとり親と未婚の子」の世帯が増加している。

3　50歳時の未婚割合は、男性よりも女性のほうが高い。

4　65歳以上の人がいる世帯では、単独世帯が最も多い。

5　結婚して20年以上の夫婦の離婚は、減少している。

（注）「50歳時の未婚割合」とは、45〜49歳の未婚率と50〜54歳の未婚率の平均であり、「生涯未婚率」とも呼ばれる。

解答（　　）

高齢化率と人口構成

■高齢化率

名称	高齢化率	日本がなった年
高齢化社会	① ％	② 年
高齢社会	③ ％	④ 年
超高齢社会	⑤ ％	⑥ 年

② → ④ : 24年
④ → ⑥ : 13年

介護の基本

■日本の人口構成

区分	年齢		人口
年少人口	0〜 ⑦ 歳		1,420万3千人
生産年齢人口	⑧ 〜	⑨ 歳	7,392万1千人
高齢者人口	⑩ 歳以上		3,622万5千人

※資料：総務省「人口推計」（2023年9月1日現在）

【語群】 ※同じ語句を複数回使用する場合もあります

| 7 | 14 | 15 | 21 | 64 | 65 | 1970 | 1994 | 2007 |

人口推計（総務省、2023年9月1日現在確定値）

①総人口は前年同月に比べ増加している。　　　　　　　　　　　　　　（　　）
②65歳以上人口は、前年同月に比べ増加している。　　　　　　　　　　（　　）
③65歳以上人口は、年少人口の2倍を超えている。　　　　　　　　　　（　　）

日本の総人口は減少しているのに、高齢者人口は年少人口の２倍を超えているのですね。

だから高齢者福祉が必要で、介護福祉士のニーズが高まっているのです。

2 高齢者の生活の実際

ポイント 👆

- 日本の高齢者の人口や世帯の状況については、「国民生活基礎調査」で確認する。
- 高齢者の所得は、公的年金・恩給によるものが最も多い。
- 1986（昭和61）年を初年とし、3年ごとに大規模な調査を実施し、中間の各年には小規模な調査を実施している。

✏ カキコミ 高齢者の生活（2022年国民生活基礎調査の概況）

● 高齢者の所得は、 ① ────── が最も多く、次いで ② ──────、

仕送り・企業年金・個人年金・その他の所得、財産所得と続いている。

● 高齢者世帯は ③ ────── 万世帯である。

● 高齢者世帯は、 ④ ────── 世帯と ⑤ ────── 世帯で9割以上を占める。

● 65歳以上の人口は約 ⑥ ────── 人となっている。

■ 高齢者世帯の所得の種類別の状況

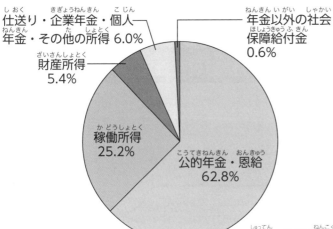

仕送り・企業年金・個人年金・その他の所得 6.0%

財産所得 5.4%

年金以外の社会保障給付金 0.6%

稼働所得 25.2%

公的年金・恩給 62.8%

企業年金・個人年金の所得よりも稼働所得の方が多く占めている点を押さえておきましょう。

出典：2022年国民生活基礎調査の概況

【語群】

| 5,000 | 単独 | 夫婦のみ | その他の | 稼働所得 | 公的年金・恩給 | 4,030万 |

2,000万　500万　1,693

3 社会福祉士及び介護福祉士法

カキコミ❶ 介護福祉士の定義・義務

■介護福祉士の定義

| ① | を受け、介護福祉士の名称を用いて、専門的 ② | および

| ③ | をもって、身体上または精神上の障害があることにより日常生活を営む

のに支障がある者につき | ④ | に応じた介護（喀痰吸引等を含む）を

行い、並びにその者およびその介護者に対して介護に関する | ⑤ | を行うこ

とを業とする者をいう。

■介護福祉士の義務規定と罰則

義務規定	罰則
⑥ 義務	なし
⑦ の禁止	登録の取り消しまたは期間を定めての介護福祉士の ⑧ 使用制限
⑨ 義務	・ ⑩ 年以下の懲役または ⑪ 円 以下の罰金 ・期間を定めての介護福祉士の ⑫ 使用制限
⑬	なし
⑭ の責務	なし
⑮ の使用制限	⑯ 円以下の罰金
未登録での喀痰吸引業務の禁止	⑰ 円以下の罰金

介護の基本

介護福祉士の行える医療的ケア❶

● 2011（平成23）年の改正により、一定の ① ［　　　　　　　］ を受けた介護福祉職等が

② ［　　　　　　　］ の指示のもとに医療的ケアが行えるようになった。

● 医療的ケアの内容は、③ ［　　　　　　　］ 内、④ ［　　　　　　　］ 内、気管カニューレ内部の

痰の吸引と、⑤ ［　　　　　　　］、⑥ ［　　　　　　　］ の経管栄養、経鼻経管栄養で

ある。

> 介護福祉士制度は、どうしてつくられたのですか？

> 国民が安心して老後を送るためには、介護福祉職の職務の内容を高めること、資格化することが必要であると考えられたからです。

介護福祉士の行える医療的ケア❷

① 開放性骨折をした場合は、骨折部位を心臓より高くする。（　　）
② 水銀血圧計を使用した血圧測定は、原則として医行為にならない。（　　）
③ 消毒とは、すべての微生物を死滅させることである。（　　）
④ 経管栄養を実施した後は、30分から１時間程度は上半身を起こした姿勢を保つ。（　　）

過去問チャレンジ！ （第36回−問題65）

介護福祉士に関する次の記述のうち、**適切なもの**を１つ選びなさい。

1 傷病者に対する療養上の世話又は診療の補助を業とする。
2 喀痰吸引を行うときは市町村の窓口に申請する。
3 業務独占の資格である。
4 資格を更新するために５年ごとに研修を受講する。
5 信用を傷つけるような行為は禁止されている。

解答（　　）

4 介護福祉士の倫理綱領

ポイント

- 日本介護福祉士会倫理綱領は、1995（平成7）年11月17日に宣言された。
- 倫理綱領には、専門的知識・技術および倫理的自覚をもって最善のサービスを提供するための内容が書かれている。

介護の基本

クミアワセ 介護福祉士の倫理

【項目】

①利用者本位、自立支援

②専門的サービスの提供

③プライバシーの保護

④総合的サービスの提供と積極的な連携、協力

⑤利用者のニーズの代弁

⑥地域福祉の推進

⑦後継者の育成

【概要】

A 業務上知り得た個人の情報を守る

B 福祉、医療、保健との積極的な連携を図る

C すべての人々の基本的人権を擁護する

D 利用者の真のニーズを受け止め、代弁する

E 介護福祉士の教育水準の向上に力を注ぐ

F 常に専門的知識・技術を研鑽する

G 積極的な態度で住民と接する

5 ICF（国際生活機能分類）

ポイント

- ICFは、International Classification of Functioning, Disability and Healthの頭文字を取っている。
- ICFは、2001年にWHO総会でICIDH（国際障害分類）の改定版として採択された。
- ICFは生活機能（心身機能・身体構造、活動、参加）と背景因子（環境因子と個人因子）、健康状態が相互に影響しあう相互作用を重視した。
- ICFは、医学モデルと社会モデルの統合モデルである。

 ICF

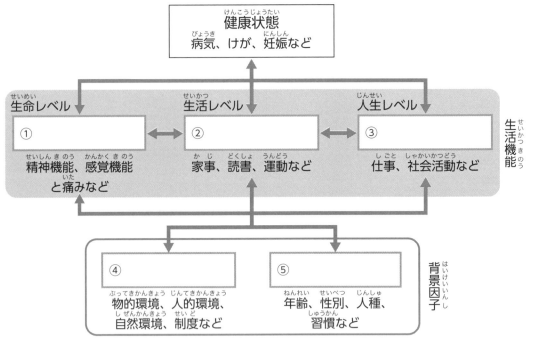

```
            健康状態
        病気、けが、妊娠など

  生命レベル      生活レベル      人生レベル          生活機能
  ┌────────┐    ┌────────┐    ┌────────┐
  │  ①    │←→│  ②    │←→│  ③    │
  └────────┘    └────────┘    └────────┘
  精神機能、感覚機能  家事、読書、運動など  仕事、社会活動など
  と痛みなど

        ┌────────┐        ┌────────┐          背景因子
        │  ④    │        │  ⑤    │
        └────────┘        └────────┘
        物的環境、人的環境、    年齢、性別、人種、
        自然環境、制度など      習慣など
```

【語群】

機能障害　　能力障害　　心身機能・身体構造　　活動　　参加　　社会的不利　　個人因子
環境因子

ICFの事例

次の事例を読み、下線部分の情報のアルファベットを下の表の各項目に記入してみましょう。

〔事例〕

Ａさん（a 82歳・b 男性、要介護1、認知症なし）は、1年前に自宅にて脳梗塞で倒れた。c 脳梗塞の後遺症により、d 左上下肢に麻痺があるため、現在はe 介護老人保健施設に入所してf 在宅への復帰を目指し、歩行訓練に意欲的に取り組んでいる。g 短距離はＴ字型杖を使用して、h 長距離は車いすを自走している。i 排泄は、日中はトイレにて自立しているが、夜間はベッドサイドにポータブルトイレを設置し、自力で使用している。

j 自宅には妻がひとりで暮らしているが、k 妻は腰痛がありＡさんの介護が十分にできる状態ではない。l 徒歩10分程度の場所に長女が住んでおり、Ａさんとの面会や妻の様子を見に行くなどの協力をしている。

Ａさんはm 子どもの頃から鑑賞魚を飼育することが好きで、現在も自宅の池で鯉を飼育しており、鯉がきちんと餌を食べているかなどを心配している。

①健康状態	
②心身機能・身体構造	
③活動	
④参加	
⑤環境因子	
⑥個人因子	

カコモン

過去問チャレンジ！（第33回−問題19）

ICF（International Classification of Functioning, Disability and Health：国際生活機能分類）における環境因子を表す記述として、**最も適切なもの**を１つ選びなさい。

1 アルツハイマー型認知症（dementia of the Alzheimer's type）である。

2 糖尿病（diabetes mellitus）があるため服薬をしている。　　3 医者嫌いである。

4 町内会の会長を務めていた。　　5 娘が近隣に住み、毎日訪問している。

解答（　　　）

6 リハビリテーション

- リハビリテーションとは、再び適した状態にすることである。
- リハビリテーションには、医学的、教育的、職業的、社会的という領域がある。
- リハビリテーションには、急性期、回復期、維持期という段階がある。

カキコミ リハビリテーションの領域・段階

■リハビリテーションの領域

①	リハビリテーション	身体機能、心理的能力などを伸ばす
②	リハビリテーション	学習や生活上の困難の改善または克服を目指す
③	リハビリテーション	障害者の雇用の獲得や職場への復帰を目指す
④	リハビリテーション	社会生活力を高める（自分でできることを増やす）ことを目指す

介護福祉においては、⑤ ＿＿＿＿＿＿ リハビリテーションの意義を深く理解することが大切である。

■リハビリテーションの段階

⑥ リハビリテーション	→	⑦ リハビリテーション	→	⑧ リハビリテーション

7 服薬の介護

薬の種類と留意点

内服薬（一包化されたもの）	・コップ1杯の水か ① と一緒に飲む ・薬の作用に影響するため、② や牛乳などとは飲まない ・③ 、服薬量を守り、飲み忘れや飲み残しに注意する。 ・薬の形を変えずに飲む。飲みにくい場合は、医師や薬剤師に相談する
軟膏	・④ などの専門的な経過観察が必要でない場合に塗る ・少しずつ、力をいれずに ⑤ 伸ばして塗る
点眼薬	・⑥ に触れないように点眼する ・使用量を守る
座薬・浣腸	・どちらも挿入するときは ⑦ になってもらい、口でゆっくり息をするように説明して行う ・座薬の先端に ⑧ などを塗り、滑りやすくする ・座薬は指の第2関節くらいまで深く挿入する ・座薬は ⑨ で保管する ・浣腸液は、39℃から40℃に温めて使用する ・浣腸液は注入後3分から5分我慢してからトイレ等で排便を促す

※服薬後は、効果と副作用が出ているかどうか観察しましょう。

【 語群 】

緑茶　　ぬるま湯　　ワセリン　　服薬時間　　褥瘡　　厚く　　薄く　　まつ毛　　側臥位
腹臥位　　冷蔵庫　　常温

薬の服用時間

食前薬 <small>しょくぜんやく</small>	・ ① 30分〜1時間に飲む
食間薬 <small>しょっかんやく</small>	・ ② 2〜3時間（食事と食事の間）に飲む
食後薬 <small>しょくごやく</small>	・ ③ 30分以内に飲む
④ 薬	・症状が出たときだけ飲む

※飲み忘れた場合は、すぐに飲み、次に飲む薬の時間を空けて調整する。2回分まとめて飲んではいけない

◆介護福祉職が薬の介護を行うことができる条件

1	対象者の容態が安定し、入院・入所して治療する必要がない
2	副作用や量の調整など、医師・看護師による連続した経過観察が必要ではない
3	薬の使用方法について専門的な配慮が必要ではない（誤嚥の危険性や肛門からの出血の危険性が高い場合はできない）
4	1〜3の条件を満たし、家族や本人が専門職でない人が介助することを知っていて、医療職の指導を受けて行う場合

OK

過去問チャレンジ！（第36回−問題73）

介護福祉士が行う服薬の介護に関する次の記述のうち、**最も適切なもの**を1つ選びなさい。
1 服薬時間は、食後に統一する。
2 服用できずに残った薬は、介護福祉士の判断で処分する。
3 多種類の薬を処方された場合は、介護福祉士が一包化する。
4 内服薬の用量は、利用者のその日の体調で決める。
5 副作用の知識をもって、服薬の介護を行う。

解答（　　　）

8 労働者に関わる法律の基本

カキコミ　労働者に関わる法律の基本

①労働基準法のポイントについて考えてみましょう。

賃金の支払いの原則	① 払い、通貨払い、全額払い、毎月払い、一定期日払い		
労働時間の原則	1日 ② 時間、週 ③ 時間まで		
時間外・休日労働	④ の締結		
時間外労働割増賃金	・1日8時間を超えた場合：通常賃金の ⑤ 増以上		
	・深夜労働（22〜5時）：通常賃金の ⑥ 増以上		
	・休日労働：通常賃金の ⑦ 増以上		
	・時間外かつ深夜労働：通常賃金の ⑧ 増以上		

※2018年の労働基準法改正で時間外労働の上限が定められ、原則として月45時間、年360時間を超える労使協定は結べなくなった。1か月60時間を超える時間外労働の割増率は5割以上となる。

②労働安全衛生法について考えてみましょう。

●従業員が50人以上の事業所には、⑨ および ⑩ を配置しなければならない。

●従業員が50人以上の事業所は、⑪ の設置が義務づけられている。

●産業医の職務は、労働者の健康管理や ⑫ など多岐にわたる。

【語群】　※同じ語句を複数回使用する場合もあります

8　9　30　40　45　2.5割　3.5割　5割　労使協定　直接　衛生教育
衛生委員会　衛生管理者　産業医

9 個人情報保護法

ポイント

- 個人情報とは、「特定の個人を識別することができるもの」と規定されている。
- 個人情報データベースとは、パソコンを用いて検索できる個人情報の集合体などをいう。
- 本人の同意がない場合の個人情報の提供は禁じられているが、生命、身体、財産の保護に必要がある場合で、本人の同意を得ることが困難な場合は例外として認められている。

ブンルイ　個人情報とは

【情報】

氏名　性別　生年月日　顔写真　住所　携帯電話の番号　メールアドレス
映像による情報　個人の身体に関する情報　個人の肩書きに関する情報

個人情報	個人情報ではない
①	②

カコモン　過去問チャレンジ！ （第36回－問題66）

施設利用者の個人情報の保護に関する次の記述のうち、**最も適切なもの**を1つ選びなさい。

1 職員がすべての個人情報を自由に閲覧できるように、パスワードを共有する。
2 個人情報を記載した書類は、そのまま新聞紙と一緒に捨てる。
3 個人情報保護に関する研修会を定期的に開催し、意識の向上を図る。
4 職員への守秘義務の提示は、採用時ではなく退職時に書面で行う。
5 利用者の音声情報は、同意を得ずに使用できる。

解答（　　）

コミュニケーション技術

★ ねらい ★

・介護におけるコミュニケーションの意義と目的について理解する！
・介護を必要とする人とその家族、多職種協働におけるコミュニケーション能力を身につける！

誤嚥する危険性があるので要注意。

・事実をはっきりさせたい場合→閉じられた質問 ┐ 状況に応じて
・相手の思いを引き出したい場合→開かれた質問 ┘ 使い分ける！
・嚥下障害のある人の場合、食べ物を飲み込んだかどうかを確認してから話しかけることが大事！
・うつ状態の人への励ましは不適切！
・統合失調症の人が幻覚や妄想を訴えた場合、否定も肯定もしない！
・記録は誰が読んでもわかるように、わかりやすい言葉で丁寧に書く。
・記録は鍵のかかる場所に保管する！
・ケアカンファレンスでは、参加者全員が対等な立場で議論する！

個人情報を守る!!

1 利用者・家族との関係づくり

ポイント

- 利用者と家族の個性や生き方を尊重した対応が求められる。
- 家族間の関係性を理解することが大切である。
- 利用者と家族の意向が違う場合、どちらかを優先させるのではなく、できる限り両者の意向を調整することが大切である。

カキコミ　良好な関係の形成

- 介護福祉職には、利用者と家族の ① [　　　] や生き方を尊重した対応が求められる。

- 家族と良好な関係を形成するためには、これまでの家族の努力を認め、

  ② [　　　] な言葉やねぎらいの言葉をかけることが大切である。

- 家族に対して助言や ③ [　　　] を行う場合は、家族のやり方を

  ④ [　　　] したり訂正したりするのではなく、家族の考えや方法を尊重してよ

  りよい方法を見出していくよう心がける。

- 利用者の意向が家族によって無視され、利用者の ⑤ [　　　] が侵害されている

  場合、利用者の ⑥ [　　　] を擁護する。

- 利用者と家族の意向を調整する場合、それぞれの ⑦ [　　　] を尊重しながら調

  整をすることが大切であり、双方の考え方を確認して、⑧ [　　　] できるよう

  に努める。

【語群】　※同じ語句を複数回使用する場合もあります

個性　肯定的　否定　指導的　受容　権利　相互理解　価値観　指導　連携

2 利用者の納得と同意を得る技法

ポイント

- 利用者の納得と同意を得るためには、利用者が語ることに耳を澄まし、その思いを十分に聴くことから始める。
- 利用者の納得と同意を得るための技法として、「明確化」「焦点化」「要約」「総合的な直面化」の技法がある。

クミアワセ 納得と同意を得る技法

【技法】 ・ 【説明文】

①明確化 ・

・ A 利用者の行動とその影響について指摘し、利用者が自分の行動と向き合えるようにする技法

②焦点化 ・

・ B 会話の内容、言おうとしていることの意味、感情や思いなどを総合的にまとめ、利用者に伝える技法

③要約 ・

・ C 利用者の話す内容が具体的でなく、まとまりがつかない場合に、「確かなことかどうか」を言語化して利用者に戻す技法

④総合的な直面化 ・

・ D 利用者の話す内容を受け止め、まとめたことを利用者に戻す（フィードバック）技法

コミュニケーション技術

219

3 質問の種類
しつもん しゅるい

ポイント

- 質問には、利用者が話すきっかけをつくる、介護の情報を得る、話の内容や感情を明確にするなどのはたらきがある。
- 閉じられた質問を何度も用いると、利用者の意向を制限してしまい、利用者の世界を狭めてしまう。
- 「なぜ？」「どうして？」という質問は、利用者を防衛的にしてしまい、質問者の意向に沿う答えを探させてしまうことになる。

クミアワセ 質問の種類
しつもん しゅるい

【 質問の種類 】

①遠まわしの批判となる質問

②重複する質問

③矢継ぎ早の質問

④開かれた質問
（オープン・クエスチョン）

⑤評価的な質問

⑥閉じられた質問
（クローズド・クエスチョン）

【 説明 】

A 「はい」または「いいえ」で答えられる質問、および簡単に２～３の単語で短く答えられるもの

B 相手に自由を認め、相手が自分自身の選択や決定により答えることを促すもの

C 選択肢が２つに限られる質問、および２つの異なった質問を同時に尋ねるもの

D 介護者の価値判断に基づいてされるもの

E 利用者のことを思っているように聞こえても、結果として遠まわしに利用者を批判してしまっている質問

F 質問の仕方に焦点をおいたもので、たくさんの質問を短時間に行うもの

カキコミ

質問の種類と具体例

次の質問の具体例や質問の特徴に関する文章を読んで、質問の種類を答えましょう。

①この問題をどのように思いますか？ （　　　　　　　　　　　） 質問

②朝食は召し上がりましたか？ （　　　　　　　　　　　） 質問

③何歳ですか？ （　　　　　　　　　　　） 質問

④ご家族が来られるのは明日の午前ですか？　午後ですか？ （　　　　　　　　　　　） 質問

⑤皆さん楽しそうにお話しして過ごされているのに、Aさんはお部屋でひとりで過ごされていてさびしくありませんか？

（　　　　　　　　　　　） 質問

⑥お孫さんは何人いらっしゃいますか？ （　　　　　　　　　　　） 質問

⑦久しぶりにお風呂に入られたので気持ちよかったのではないですか？

（　　　　　　　　　　　） 質問

⑧レクリエーションは何をしましたか？　楽しかったですか？　次もやりたいですか？　ほかにやりたいことはありますか？　それは何ですか？

（　　　　　　　　　　　） 質問

⑨話の内容を確認したり、答えを特定したりするときに効果的。 （　　　　　　　　　　　） 質問

⑩利用者の本当の気持ちがわかりやすい。 （　　　　　　　　　　　） 質問

⑪簡単な世間話ができ、お互いの緊張をほぐす。会話の導入部に使うと効果的。

（　　　　　　　　　　　） 質問

4 相談・助言・指導の技法

バイステックの7原則

原則	説明
① □□□□の原則	一人ひとりの利用者が独自性をもった個人であると認識し、その個別性を尊重した援助を行うこと
② □□□□の原則	利用者が自由に感情表現できるよう意図的にはたらきかけること
③ □□□□の原則	介護福祉職自身の感情を吟味しつつ、利用者の感情表出に対し、適切に対応すること
④ □□□□の原則	利用者の態度や行動をあるがままに受け入れること
⑤ □□□□の原則	介護福祉職の価値基準から利用者を一方的に非難したり裁いてはならないということ
⑥ □□□□の原則	利用者自身が自分で決める権利とニーズをもっていることを認識し、利用者が自己決定すること
⑦ □□□□の原則	利用者より知り得た情報を、本人の承諾なしに他人に漏らさないこと

【語群】
受容　共感　傾聴　自己決定　個別化　秘密保持　統制された情緒的関与
意図的な感情表出　非審判的態度

過去問チャレンジ！ （第27回－問題33）

　バイステック（Biestek, F.）の7原則を介護場面に適用したときの記述として、**適切なもの**を1つ選びなさい。
1　「個別化」とは、利用者に具体的な指示を出すことである。
2　「意図的な感情表出」とは、介護福祉職の感情表出を大切にすることである。
3　「統制された情緒的関与」とは、利用者の感情をコントロールしてかかわることである。
4　「受容」とは、利用者の同意を得ることである。
5　「非審判的態度」とは、介護福祉職の価値観で評価せずに利用者にかかわることである。

解答（　　）

5 利用者の状態に応じたコミュニケーション

・運動性失語症のある人とのコミュニケーションでは、絵カードなどの視覚的な手段が有効である。

・認知症の人とのコミュニケーションでは、その人らしさを大切にするとともに、認知症の特性をふまえた関わり方や配慮が求められる。

・うつ状態の人とのコミュニケーションでは、安易に励まさない。

・統合失調症の人とのコミュニケーションでは、その人なりの生活の様子や考え方を知り、意思を尊重しながら関係を築いていく。

適切なコミュニケーション手段

●視覚障害のある人が用いるコミュニケーション手段として [① 読話 ・ 拡大読書器] がある。

●高齢になってからの中途失聴者とのコミュニケーション手段としては、

[② 筆談 ・ 手話] が適している。

●加齢性難聴のある人と会話する際は、[③ 高い声 ・ 低い声] を意識することが望ましい。

●構音障害のある人が不明瞭な発語をした際は、

[④ すぐに筆談する ・ 聞き返す] ことが望ましい。

●運動性失語症のある人と会話をする際は、[⑤ 50音表 ・ 絵カード] を用いる。

●運動性失語症のある人とのコミュニケーションでは、

[⑥ 閉じられた質問 ・ 開かれた質問] が有効である。

●感覚性失語症のある人とのコミュニケーションでは、

[⑦ 50音表 ・ ジェスチャー] が有効である。

コミュニケーションの留意点

● 認知症の利用者に話しかける際、その人に近寄って正面から ①［　　　　　　　　］を見て

話しかける。

● 認知症の利用者に情報を伝えるときは、②［　　　　　　　　］な言葉、短い文章を使って、

ひとつずつ簡潔に伝える。

● 認知症の利用者を説得するのではなく、③［　　　　　　　　］してもらえるようにはたら

きかける。

● 認知症の利用者には、言葉で伝えるだけでなく、重要なことは ④［　　　　　　　　］

伝える。

● 現在の月日や、場所など、⑤［　　　　　　　　］について確認するための手立てを認知症

の利用者の身近なところに示す。

● 認知症の利用者が過去を ⑥［　　　　　　　　］することは、気持ちを安定させ、生活の活

性化を図るのに有効である。

● うつ状態にある人とのコミュニケーションでは、安易な ⑦［　　　　　　　　］や気分転換

の強制は不適切である。

● うつ状態にある人とのコミュニケーションでは、⑧［　　　　　　　　］的・共感的に対応

する。

● うつ状態にある人とのコミュニケーションでは、性急な変化を求めず、

⑨［　　　　　　　　］的に関わる。

● 統合失調症の利用者が幻覚・妄想を訴えた場合、⑩［　　　　　　　　］も

⑪［　　　　　　　　］もしないことが大切である。

【 語群 】

目　　簡単　　回想　　受容　　納得　　現実　　支持　　肯定　　否定　　励まし　　書いて

幻覚や妄想の内容は事実ではないと否定すると、利用者に不安や不信感をもたせてしまいます。逆に肯定的に関わると、幻覚や妄想の内容について確信を強めさせる可能性があります。中立的な態度をとるようにしましょう。

過去問チャレンジ！ （第36回－問題74）

Cさん（85歳, 女性, 要介護3）は、介護老人保健施設に入所しており、軽度の難聴がある。数日前から、職員は感染症対策として日常的にマスクを着用して勤務することになった。ある日、D介護福祉職がCさんの居室を訪問すると、「孫が絵を描いて送ってくれたの」と笑いながら絵を見せてくれた。D介護福祉職はCさんの言動に共感的理解を示すために、意図的に非言語コミュニケーションを用いて対応した。

このときのD介護福祉職のCさんへの対応として、**最も適切なもの**を1つ選びなさい。

1 「よかったですね」と紙に書いて渡した。
2 目元を意識した笑顔を作り、大きくうなずいた。
3 「お孫さんの絵が届いて、うれしかったですね」と耳元で話した。
4 「私もうれしいです」と、ゆっくり話した。
5 「えがとてもじょうずです」と五十音表を用いて伝えた。

解答（　　）

過去問チャレンジ！ （第36回－問題78）

Gさん（70歳, 女性, 要介護1）は、有料老人ホームに入居していて、網膜色素変性症(retinitis pigmentosa)による夜盲がある。ある日の夕方、Gさんがうす暗い廊下を歩いているのをH介護福祉職が発見し、「Hです。大丈夫ですか」と声をかけた。Gさんは、「びっくりした。見えにくくて、わからなかった…」と暗い表情で返事をした。

このときのGさんに対するH介護福祉職の受容的な対応として、**最も適切なもの**を1つ選びなさい。

1 「驚かせてしまいましたね。一緒に歩きましょうか」
2 「明るいところを歩きましょう。電気をつけたほうがいいですよ」
3 「見えにくくなってきたのですね。一緒に点字の練習を始めましょう」
4 「白杖があるかを確認しておきます。白杖を使うようにしましょう」
5 「暗い顔をしないでください。頑張りましょう」

解答（　　）

6 チーム内のコミュニケーション

ポイント

- 介護記録を共有することで、チームで統一した介護が提供できる。
- 記録は簡潔にまとめ、5W1H（いつ（when）、どこで（where）、誰が（who）、なぜ（why）、何を（what）、どのように（how））の要素を備えていることが求められる。
- 記録は、利用者に適切な支援を行っていることの証拠（エビデンス）であり、万一、苦情や訴訟が起こった場合の証拠となり得る。
- ケアカンファレンスは、参加メンバーが知識や技術、経験をもち寄り、よりよいケアを検討する場である。

記録の文体

【記録の文体】　　　　　　　　　　　　　　　【適した場面や特徴】

①説明体 •

• A　客観的事実や起こったことをそのまま記録するときに用いる文体

②要約体 •

• B　不必要に記録が長くなるのを避けるために、要点を整理してまとめるときに用いる文体

③逐語体 •

• C　起こった出来事を介護福祉職が解釈して説明を加えるときに用いる文体

④叙述体 •

• D　経過記録の原型で、利用者と介護福祉職のやりとりを加工せず、そのまま記録したもの

記録の留意点

● 事故報告書は、介護保険事業者による介護事故の再発防止と速やかな対応を目的とした記録であり、　①　　　　　　　　　　　年間の保存義務がある。

● 介護業務を行っているときに、事故になるような危険のあった出来事（「ヒヤリ」としたり「ハッ」とした出来事）を報告する書面を　②　　　　　　　　　　　報告書という。

● 記録を訂正する際に、修正ペンの使用は認められて　③　　　　　　　　　　　。

● 書き間違えたときは、　④　　　　　　　　　　　で消して訂正印を押す。

● 記録の　⑤　　　　　　　　　　　化には、情報処理の自動化、情報共有の効率化、情報検索・抽出の迅速化、情報セキュリティの向上、マルチメディアの活用などのメリットがある。

● 　⑥　　　　　　　　　　　化のリスクとして、システムの誤作動、故意または過失による大量の　⑦　　　　　　　　　　　などがあるため、情報管理の意識とセキュリティ上の対策が重要となる。

● 利用者の事例などを学会や研修会で発表したり、情報誌・学術誌等で報告する場合は、本人が特定されないよう　⑧　　　　　　　　　　　化を行う。

● 　⑨　　　　　　　　　　　を含む書類は鍵のかかる場所に保管する。

● 利用者とその　⑩　　　　　　　　　　　は、記録を閲覧することができる。

【 語群 】 ※同じ語句を複数回使用する場合もあります

2　　4　　IT（ICT）　　匿名　　いる　　いない　　個人情報　　情報漏洩　　ヒヤリハット
二重線　　家族　　親族

◆記録のポイント
・誰が読んでも内容が正しく伝わる。
・読む人がその場面を具体的にイメージできる（再現性）。
・5W1Hの要素を備えている。

誰が読んでも正しく伝わらないといけないのね。

OK

①ケアカンファレンスは、関係者が集まり利用者やサービスに関する情報を共有する場であるとともに、問題を解決する場である。　　　　　　　　　　　　　（　　　）

②資料は、原則として当日に配付する。　　　　　　　　　　　　　　　　（　　　）

③参加者全員が対等な立場であるということを前提に議論する。　　　　　（　　　）

④少数の意見のなかには優れた意見はないと考える。　　　　　　　　　　（　　　）

⑤各職種の専門性を理解して参加する。　　　　　　　　　　　　　　　　（　　　）

⑥ケアカンファレンスの場を職員の交流の機会にすることができる。　　（　　　）

利用者や家族から苦情を受けたときは、上司にありのままの事実を報告し、一緒に解決策を検討するようにしましょう。

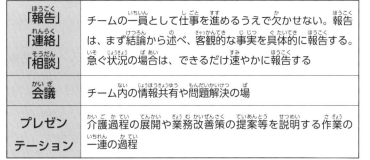

◆チーム内のコミュニケーションを円滑にする方法

「報告」「連絡」「相談」	チームの一員として仕事を進めるうえで欠かせない。報告は、まず結論から述べ、客観的な事実を具体的に報告する。急ぐ状況の場合は、できるだけ速やかに報告する
会議	チーム内の情報共有や問題解決の場
プレゼンテーション	介護過程の展開や業務改善策の提案等を説明する作業の一連の過程

プレゼンテーションの留意点は
・聞き手に語りかけるように話す
・ポイントを絞って話す
・決められた時間を厳守する
ですね。

カコモン　過去問チャレンジ！（第34回－問題34）

利用者の自宅で行うケアカンファレンス(care conference) に関する次の記述のうち、**最も適切なもの**を1つ選びなさい。

1　検討する内容は、インフォーマルなサポートに限定する。

2　介護福祉職の行った介護に対する批判を中心に進める。

3　利用者本人の参加を促し、利用者の意向をケア方針に反映させる。

4　意見が分かれたときは、多数決で決定する。

5　対立を避けるために、他の専門職の意見には反論しない。

解答（　　　）

生活支援技術
（せいかつしえんぎじゅつ）

★ ねらい ★

・利用者の尊厳を保持し、その人の自立・自律を尊重する！

・適切な介護技術を用いて利用者を安全に援助できる技術や知識を習得する！

・「できないところ」を援助するのではなく、「利用者の状況」に合わせた介護を行い、潜在能力を引き出す！

・最低限覚えること

階段の場合は、降りるときに健側となる側に設置する。

居室	・引き戸がベスト！　引き戸にできない場合は外開きに ・手すりは大転子部の高さにして、健側に設置する ・フットライトをつける←夜間の転倒防止！
身だしなみ	・衣類は、脱ぐときは健側から、着るときは患側から！ 脱健着患！ ・義歯（入れ歯）は水かぬるま湯で洗う！
歩行	・三動作歩行は、①杖→②患→③健の順に出す ・二動作歩行は、①杖&患→②健の順に出す
入浴・清拭	・お湯の温度確認は介護福祉職が行う ・浴槽に入るときは、健側から ・目は目頭から目尻に向かって拭く
排泄	・羞恥心に配慮し、排泄しやすい環境を整える ・女性の陰部清拭は、前から後ろへ向かって拭く

1 居住環境の整備
きょじゅうかんきょう　せいび

安全に配慮した居住環境
あんぜん　はいりょ　きょじゅうかんきょう
カキコミ

場所 ばしょ	留意点 りゅういてん
照明 しょうめい	・ ① ルクス以上の明るさにする い じょう　あか ・夜間の転倒を防ぐため、 ② などの照明をつける や かん　てんとう　ふせ　　　　　　　　　　　　　しょうめい
床 ゆか	段差をなくす だん さ
廊下 ろう か	・自走用標準型車いすで移動する場合、直進で ③ cm以上、 じ そうようひょうじゅんがたくるま　　　い どう　ば あい　ちょくしん　　　　　　　　い じょう コーナーで ④ cm以上の幅が必要になる い じょう　はば　ひつよう ・手すりをつける場合、 ⑤ の高さ（70〜80cm程度）にする て　　　　　　ば あい　　　　　　　　　　　　たか　　　　　　　　　　　　ていど
扉 とびら	⑥ がよい
浴室 よくしつ	・すべらない材質の床にする ざいしつ　ゆか ・浴槽の縁は膝下の高さ（ ⑦ cm程度）にする よくそう　ふち　ひざした　たか　　　　　　　　　　　ていど ・エアコンをつけ、浴室と ⑧ の温度差をなくす よくしつ　　　　　　　　おん ど さ
トイレの手すり て	・L字型手すりは、便器から20〜30cm前方の ⑨ 側に設置する じ がたて　　　べん き　　　　　　　　　ぜんぽう　　　　　　　　　　　そく　せっ ち ・横手すりは、なるべく ⑩ にし、便器の両脇に設置する よこ て　　　　　　　　　　　　　　　　べん き　りょうわき　せっ ち
階段の手すり かいだん　て	・高さは、 ⑪ の高さにする たか　　　　　　　　　　　　　たか ・降りるときに、 ⑫ 側に手すりがくるように設置する お　　　　　　　　　　　　　　そく　て　　　　　　　　　　せっ ち

| 【語群】 | ※同じ語句を複数回使用する場合もあります | | | | | | | |

【語群】 ※同じ語句を複数回使用する場合もあります

40 　 80 　 85 　 100 　 200 　 フットライト（足元灯）　 肘 　 大転子部 　 引き戸
開き戸 　 居間 　 脱衣所 　 健 　 患 　 可動式 　 固定式

カーペットなどによる2〜3cmの段差も高齢者には転倒の原因になるので、注意しましょう。施設などに入所する際は使い慣れた家具を置くと、利用者の引越しのダメージを軽くできます。

居住空間のチェックポイント

2つの絵の違うところを9つ見つけましょう。

【良い例】

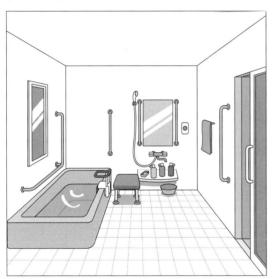

【悪い例】

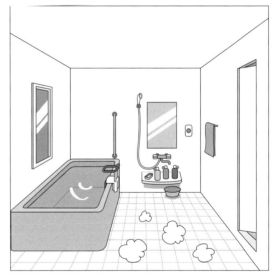

生活支援技術

○× マルバツ 災害に対する備え

①家具の転倒を防ぐため、建物本体に固定する。 　　　　　　　　　　　　（　　　）

②重い物は、上方へ収納する。 　　　　　　　　　　　　　　　　　　　（　　　）

③戸外への避難経路は、一方向に確保する。 　　　　　　　　　　　　　　（　　　）

④窓や食器棚のガラス扉には、ガラス飛散防止フィルムを貼る。 　　　　　（　　　）

⑤自力で避難することが困難な利用者のいる社会福祉施設等では、

　スプリンクラー設置が義務付けられている。 　　　　　　　　　　　　（　　　）

2 衣類の着脱の介護

ポイント

- ・利用者が衣類を選択し（自己決定）、着脱の際は、露出を防ぐ（プライバシーの保護）。
- ・脱ぐときは健側から、着るときは患側から行うことで、患側への負担を減らす。できるところは自分で行う（自立支援）。介護福祉職は患側に立ち、転倒を防ぐ。

着脱の介護

座位での着脱（右片麻痺）の際の手順を考えてみましょう。

手順	手順の内容
1. 説明と同意	・利用者に体調を確認し、介護の ①_____ を行って ②_____ を得る
2. 衣類を選択する	・利用者の ③_____ を尊重し、その人らしい衣類を選択してもらう。（衣類の選択は、外界の ④_____ の変化や、 ⑤_____ の目的に応じること、その人の身体の状態に応じて、楽に着脱できること、洗濯・アイロンなどの ⑥_____ がしやすいことなどに配慮する）
3. 環境を整える	・ ⑦_____ を調整する（22℃±2℃） ・カーテンを閉めるなど、 ⑧_____ を守る配慮をする
4. 上着を脱ぐ	・介護福祉職は、 ⑨ [患 ・ 健] 側に立つ

正しいほうを
○で囲みましょう

手順	手順の内容
4. 上着を脱ぐ	・利用者は、[⑩ 患 ・ 健]側([⑪ 左 ・ 右]側)のそで を脱ぎ、次に[⑫ 患 ・ 健]側([⑬ 左 ・ 右]側) のそでを脱ぐ ※最初のそでを脱ぐとき、きつい場合は患側の肩口を広げると脱ぎやすい。
5. 新しい上着を着る	・[⑭ 患 ・ 健]側([⑮ 左 ・ 右]側)のそでを通し、 次に[⑯ 患 ・ 健]側([⑰ 左 ・ 右]側)のそでを通す ・衣類の[⑱　　　　　　　]をとり、着心地を確認する
6. ズボンの着脱を行う	・臀部の着脱は、立ち上がって行い、下肢の着脱は座って行う ・患側の下肢を健側の大腿にのせると自分で着脱しやすい ・衣類のしわをとり、着心地を確認する

【語群】

| 好み | 同意 | 活動 | 衣類の管理 | 室温 | プライバシー | しわ | 説明 | 気温 |

生活支援技術

高次脳機能障害の着衣失行がある場合は、手足の動きに問題はないが、着替え方がわからなくなっているため、介護福祉職が着替えの動作を行って、真似てもらう支援方法があります。
寝た姿勢で着替える場合は、まず患側の肩口を広げてから健側のそでを脱ぎ、健側を下にした側臥位にして、患側のそでを脱ぎます。
着るときは、利用者の脊柱と衣類の背中側の中心を合わせましょう。

カコモン
過去問チャレンジ！ （第36回−問題87）

左片麻痺の利用者が、端座位でズボンを着脱するときの介護に関する次の記述のうち、**最も適切なものを**1つ選びなさい。

1 最初に、左側の腰を少し上げて脱ぐように促す。
2 右膝を高く上げて、脱ぐように促す。
3 左足を右の大腿の上にのせて、ズボンを通すように促す。
4 立ち上がる前に、ズボンを膝下まで上げるように促す。
5 介護福祉職は右側に立って、ズボンを上げるように促す。　　　　解答（　　）

3 歩行の介護

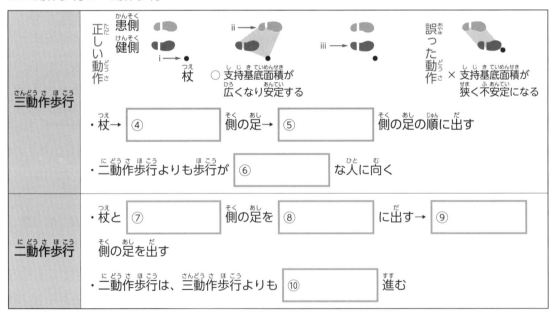

ひづけ ／　　できたシール

ポイント

- 介護福祉職は、利用者の転倒を防ぐために、患側の後方に立つ。
- 三動作歩行は、①杖→②患側→③健側の順に足を出す。
- 二動作歩行は、①杖・患側→②健側の順に足を出す。
- 階段の上りは、①杖→②健側→③患側の順に足を出す（階段の上りだけ、足を出す順序が逆）。
- 階段の下りは、①杖→②患側→③健側の順に足を出す。

カキコミ❶ 歩行介助の姿勢

- 杖の長さは、腕を軽く曲げたとき、持ち手が利用者の ① ◯ の位置にくる 長さに調節する。

- 介護福祉職は利用者の転倒しやすい ② ◯ 側の ③ ◯ に立つ。

■三動作歩行と二動作歩行

三動作歩行	正しい動作　患側　健側　i 杖　ii→　◯ 支持基底面積が広くなり安定する　iii→　誤った動作 ✕ 支持基底面積が狭く不安定になる
	・杖→ ④ ◯ 側の足→ ⑤ ◯ 側の足の順に出す
	・二動作歩行よりも歩行が ⑥ ◯ な人に向く
二動作歩行	・杖と ⑦ ◯ 側の足を ⑧ ◯ に出す→ ⑨ ◯ 側の足を出す
	・二動作歩行は、三動作歩行よりも ⑩ ◯ 進む

【語群】 ※同じ語句を複数回使用する場合もあります

患　健　前方　後方　遅く　速く　不安定　大転子部　同時

※支持基底面積は自分の体を支える面積のこと

片麻痺のある利用者の歩行介助

片麻痺のある利用者の歩行介助をするとき、介護福祉職の位置で正しいものを選びましょう。

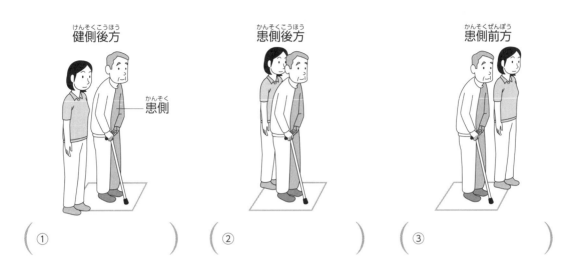

健側後方

患側後方

患側前方

患側

(①)　　　　(②)　　　　(③)

階段や段差の歩行介助

上り	・介護福祉職は利用者の患側の ① の ② に立つ
	・杖→ ③ 側の足→ ④ 側の足の順に出す
	※階段の上りだけ、足を出す順序が逆になる
下り	・介護福祉職は利用者の患側の ⑤ の ⑥ に立つ
	・杖→ ⑦ 側の足→ ⑧ 側の足の順に出す
段差越え	・介護福祉職は利用者の患側の ⑨ に立つ
	・杖→ ⑩ 側の足→ ⑪ 側の足の順に出す

【語群】　※同じ語句を複数回使用する場合もあります
前方　　後方　　患　　健　　一段下　　同じ段

生活支援技術

4 歩行のための福祉用具

杖の特徴と適性

【名称】 【イラスト】 【適性】

①T字杖 ・ ・ A 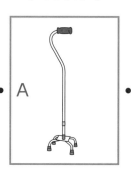 ・ ・ あ 握力が弱い人に適している

②ロフストランド
・クラッチ ・ ・ B 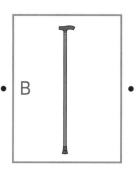 ・ ・ い 歩行のバランスが悪い人に適している

③多点杖 ・ ・ C 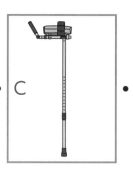 ・ ・ う 少しの支持があれば歩行できる人に適している

④前腕支持型杖
（プラットホーム
クラッチ） ・ ・ D 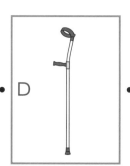 ・ ・ え 手首や肘に障害があり、自由に伸ばせないリウマチ、関節炎などの人に適している

【名　称】　　　　　　　　【イラスト】　　　　　　　【適　性】

①前腕支持式
歩行器　　　・

・　A　・

あ　足腰の弱い高齢者に適している。リハビリテーションには適さない

②固定式歩行器　・

・　B　・

い　手の力が弱い人に適している

③シルバーカー　・

・　C　・

う　両手の力があり、歩行のバランスが悪い人に適している

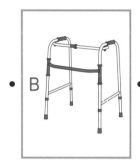

生活支援技術

 カコモン　過去問チャレンジ！（第31回－問題43）

　手首に変形や痛みがみられる関節リウマチ（rheumatoid arthritis）の利用者が、歩行時に使用する杖として、**最も適切なもの**を１つ選びなさい。

1　前腕固定型杖（ロフストランドクラッチ（Lofstrand crutch））
2　前腕支持型杖（プラットホームクラッチ（Platform crutch））
3　松葉杖
4　多点杖
5　歩行器型杖

解答（　　　）

237

5 視覚障害者の移動の介護
（しかくしょうがいしゃ の いどう の かいご）

ポイント

- 介護福祉職はわきを締め、利用者の半歩前に立ち、利用者は介護福祉職の肘の上をつかむ。
- 階段の前では、介護福祉職は一度停止し、利用者が白杖や足先で階段の位置を確認してから昇降する。
- 駅のホームでは、介護福祉職は点字ブロックよりも内側の位置に利用者を誘導する。

○× マルバツ　視覚障害者の歩行介助

視覚障害者の歩行介助をするときの方法で正しいものを選びましょう。

①（　　　　　）　②（　　　　　）　③（　　　　　）

視覚障害のある人に対しては、話しかけたり、手で触れたりするコミュニケーションを心がけましょう。盲導犬を連れている場合は、犬に話しかけたりせずに見守ることが大切です。

人には話しかけ、盲導犬は見守る、ですね。

カキコミ

視覚障害者の安全な移動

階段の歩行	・階段の前では、介護福祉職は一度 ① [____] する
	・利用者が白杖や足先で ② [____] の位置を確認してから昇降する
	・自然なリズムでゆっくり上り（下り）、最後の段の数段 ③ [____] で、階段の終わりの位置を説明する
ドアの開閉	④ [____] がドアの開閉をする。利用者の半歩前に立つ介護福祉職がドアを開けて、利用者がドアを閉める方法もある
いすに座る	利用者にいすの ⑤ [____] と ⑥ [____] の位置を確認してもらう
駅のホーム	介護福祉職は点字ブロックよりも ⑦ [____] の位置に利用者を誘導する

【 語群 】
手前　　内側　　停止　　階段　　背もたれ　　座面　　介護福祉職

生活支援技術

 カコモン

過去問チャレンジ！（第34回－問題43）

　視覚障害のある利用者の外出に同行するときの支援に関する次の記述のうち、**最も適切なもの**を1つ選びなさい。
1　トイレを使用するときは、トイレ内の情報を提供する。
2　階段を上るときは、利用者の手首を握って誘導する。
3　狭い場所を歩くときは、利用者の後ろに立って誘導する。
4　タクシーに乗るときは、支援者が先に乗って誘導する。
5　駅ではエレベーターよりエスカレーターの使用を勧める。

解答（　　　）

6 車いすの介護

ポイント

- 車いすは定期的にグリップ（ゆるみはないか）、タイヤの空気圧（十分か）、ブレーキ（利きはよいか）、接続部（がたつきはないか）などを点検する。とくに外出の前は必ず行う。
- 車いすに移乗するときは、利用者の健側に車いすを止める。車いすから移乗するときは、移乗する先が利用者の健側になるように車いすを止める。
- 段差越えでは、介護福祉職がティッピングレバーを踏み、キャスタを上げる。
- 坂道を下るときは後ろ向きに進む。

カキコミ❶ 車いすの各部の名称

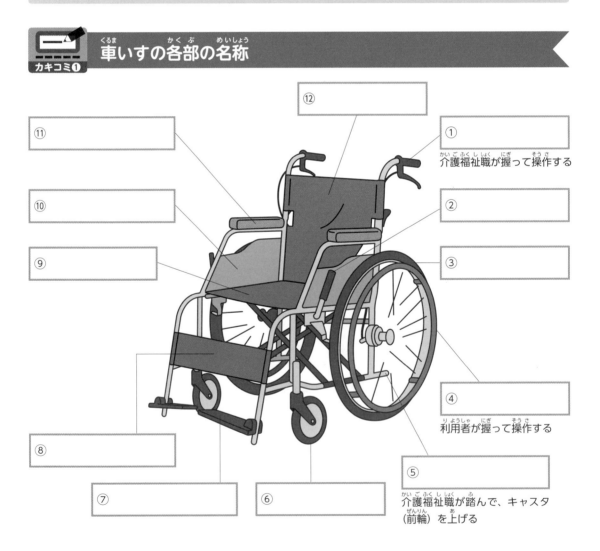

① 介護福祉職が握って操作する

④ 利用者が握って操作する

⑤ 介護福祉職が踏んで、キャスタ（前輪）を上げる

車いすの介護と留意点

ベッドから車いすへの移乗	・車いすを利用者の ① ［　　　　　］ 側に置き、利用者は、健側の手で ② ［　　　　　　　　　］ をつかむ ・介護福祉職は利用者の ③ ［　　　］ 側に立ち、患側の膝を保護する ・利用者は ④ ［　　　　　　］ して立ち上がり、回転して車いすに座る
平地の移動	・道路の ⑤ ［　　　　　　　］ 側、白線の ⑥ ［　　　　　　　］ 側を進む ・介護福祉職は、歩く速度より ⑦ ［　　　　　　　］ 押す
段差越え	・介護福祉職は、⑧ ［　　　　　　　　　　　］ を踏み、⑨ ［　　　　　　］ を上げて段差を越える ・次にボディメカニクスを使って駆動輪（後輪）を上げ、段差を越える
坂道	・坂道の上りでは、⑩ ［　　　　　　　］ 向きに進む ・坂道の下りでは、⑪ ［　　　　　　　］ 向きに進む
砂利道（不整地）	・⑫ ［　　　　　　　］ を上げて進む
ドア	・ドアを ⑬ ［　　　　　　　］ で押さえ、両手で車いすを押せるようにする

【 語群 】 ※同じ語句を複数回使用する場合もあります

健　患　右　左　内　前　後ろ　前傾　ゆっくり　速く　キャスタ

アームサポート　　フットサポート　　ティッピングレバー　　ブレーキ　　ドアストッパー

生活支援技術

立ち上がるときに患側の膝を保護するのは、患側の膝が折れて転倒するのを防ぐため、利用者を前傾にするのは、利用者の足にしっかりと重心を乗せるためです。また、利用者の膝よりも足の爪先が前に出ていると足に力が入らず、立ち上がれません。深く座っていると足を後ろに引けないため、浅く座ってから立ち上がります。

7 ボディメカニクス

カキコミ ボディメカニクスの基本原理

A　支持
基底
面積
重心　↓

A ボディメカニクスとは神経系、骨格系、関節系、筋系などの相互関係によって起きる姿勢や動作のこと。重心を ① □ して支持基底面積を広くすると安定する。

B　トルクの原理

B 力まかせの介助は、介護福祉職のからだを痛めるので利用者の ② □ を小さくまとめる。

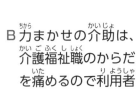

C

C ③ □ より
も手前に

④ □ こと
で少しの力ですむ。

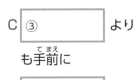

D

腰をおとす

D 腰をおとすことで
⑤ □ 筋群
を使うことができる。

E

支点

E ⑥ □ を
支点に、てこの原理を応用して持ち上げる。

F　てこの原理

支点

重心移動

F ⑦ □ 移動
で利用者を動かす。

G

G 重心を
⑧ □ から
だを密着させる。

H

H 車いすに乗る際に気をつけなければいけないことは
⑨ □ とか
らだを、動かす方向に向けることである。

【語群】
からだ　押す　引く　腰　肘　重心　近づけて　遠ざけて　足先　大きな
高く　低く

※支持基底面積は自分の体を支える面積のこと

8 体位変換の介護

体位の種類とその留意点

A 側臥位

B 長座位

C 仰臥位

D 起座位

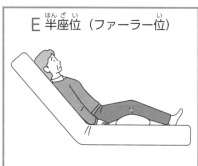

E 半座位（ファーラー位）

F 端座位

A　患側を ① _____ にしない。仰臥位からイラストの姿勢になるときは、健側下肢を
　患側下肢の下に入れて、回転する。

B　仰臥位からこのイラストのように起き上がるときは、 ② _____ にひじをついて、
　半円を描くように頭部を動かす。

C　最も ③ _____ が大きく安定し、筋緊張も少ない。

D　ベッドに座り、テーブルとクッションなどを使って ④ _____ へ寄りかかる。せき
　が続くときなど、呼吸が苦しいときに、楽になる。

E　ベッドを ⑤ _____ 度に背上げする。ベッドの曲がる所に臀部がくるようにし、
　足元側へのずれを防ぐため、膝下にクッションなどを入れる。

F　ベッドの端に腰掛ける。 ⑥ _____ を肩幅に開き、足底をしっかりつける。

生活支援技術

9 褥瘡予防の介護

カキコミ ## 褥瘡予防の方法

褥瘡予防の方法	具体的対応
① ____ に なる時間を確保する	褥瘡のできにくい ② ____ の部位で座る ※背骨と大腿部の角度が90度になるように座る
③ ____ を 行う	適切な時間で ④ ____ を行い、長時間の同一体位に よる圧迫を取り除く（約2時間に1回）
予防用具を活用する	利用者の状態に合わせ、 ⑤ ____ 、褥瘡予防マット等 を活用し、体圧を分散させる ※円座は循環障害を起こす原因になることがあるため避ける
身体を清潔にする	・入浴や ⑥ ____ の介護を行う（血液循環をよくし、 皮膚の健康と清潔を保つ） ・おむつ内や、衣類・寝具を清潔に保つ
⑦ ____ や ずれを防ぐ	・シーツや衣類のしわ、移乗や便器使用時の ⑧ ____ を防ぐ ・ベッドの背上げや座位による、ずり落ちた姿勢でのずれ（皮膚の ひきつれ）を防ぐ
栄養状態を良好にする	食事量が少なく褥瘡のリスクが高い場合、医師や栄養士等と連携し、 栄養補助食品を使用するなどの工夫をする

【語群】 ※同じ語句を複数回使用する場合もあります

座位 側臥位 仙骨 坐骨結節 エアマット スライディングシート 体位変換
清拭 摩擦

ズカイ

褥瘡の好発部位

褥瘡のできやすい部位（好発部位）の名称を書き込みましょう。

①仰臥位

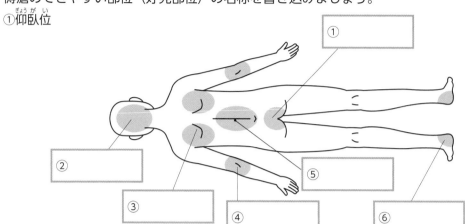

①
②
③
④
⑤
⑥

②側臥位

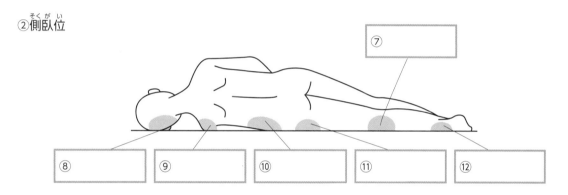

⑦
⑧
⑨
⑩
⑪
⑫

③座位

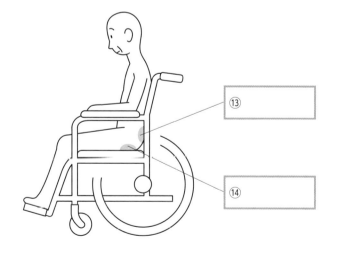

⑬
⑭

生活支援技術

【語群】

後頭部	踵骨部	肘関節部	脊柱部	仙骨部	肩甲骨部	尾骨部	坐骨部
耳介部	肩関節部	胸腹部	大転子部	膝関節外側部	足関節外果部		

10 食事の介護

ポイント

- 食事の姿勢を整え、食事前に手と口を清潔にする。
- 誤嚥を防ぐため、頭部はやや前屈にする。
- 使いやすい食器や自助具などを選択する。
- 介護福祉職は利用者の健側に座る。麻痺側の口腔内に食べ物を溜めやすいため、観察する。
- 水分と食べ物を交互に口に運び、一口ずつ嚥下を確認する。

カキコミ 食事の姿勢

①座位での食事姿勢（座位保持ができる場合）について答えましょう。

- ① [　　　　] をしっかりと床につけ、② [　　　　] を整える（車いすの場合も足を床に下ろす）。
- ③ [　　　　] を軽く曲げたとき、自然に前腕が置ける高さにテーブルを調整する（麻痺側の前腕はテーブルに置く）。
- 手を清潔にし、食事や自助具を配膳する。

②臥位での食事姿勢（座位保持困難、嚥下機能低下、片麻痺）について答えましょう。

- ベッドをギャッチアップする（背の部分は ④ [　　　　] 度程度）。

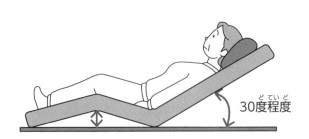

30度程度

- ギャッチアップできない場合は、⑤ [　　　　] 側にクッション等を入れて、⑥ [　　　　] 側に少し傾ける。

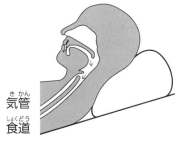

気管
食道

頸部をやや前屈すると角度がつき、
気管に食物が入り込みにくい

- ⑦ [　　　]下にクッション等を入れ、姿勢を安定させる。

- 頸部をやや [　⑧　] させる。

- エプロンなどで衣類の汚れを防ぐ。
- 手を清潔にし、食事や自助具を配膳する。

③視覚障害者の食事の介護について答えましょう。

- 手を清潔にする。
- 食事を配膳し、時計の文字盤に見立てて説明する
  ([　⑨　] という)。
- 熱いものは注意を促し、手の甲で場所を確認してもらう。

【語群】
健　患　肘　膝　足底　姿勢　前屈　30　60　クロックポジション

半側空間無視のある人は、麻痺のある側に食事があることに気が付かないことがあります。そのため、介助で健側の側に食器の位置を入れかえると、気付いて自分で食べられることがあります。

カコモン

過去問チャレンジ！（第35回−問題88）

テーブルで食事の介護を行うときの留意点に関する次の記述のうち、**最も適切なもの**を1つ選びなさい。

1　車いすで食事をするときは、足をフットサポートから下ろして床につける。
2　片麻痺があるときは、患側の上肢を膝の上にのせる。
3　スプーンを使うときは、下顎を上げた姿勢にして食べ物を口に入れる。
4　利用者に声をかけるときは、食べ物を口に入れてから行う。
5　食事をしているときは、大きな音でテレビをつけておく。

解答（　　　）

生活支援技術

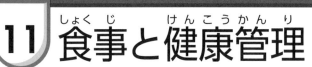

11 食事と健康管理

 疾病ごとの食事の注意点

疾病	食事の注意点
高血圧	1： エネルギーの摂りすぎに注意する 2： 塩分の摂りすぎに注意する 3： カリウムの多い ① を多く摂る（ナトリウムを排出する）
糖尿病	1： ② の摂りすぎに注意する （肥満を防ぐ） 2： ③ の摂りすぎに注意し、薄味に慣れる 3： 栄養バランスのとれた食事にする　4： アルコールを控える
動脈硬化	1： エネルギーの摂りすぎに注意する 2： ④ 、 ⑤ の摂りすぎに注意する 3： 肉・魚・大豆製品（タンパク質）のバランスをよく摂る 4： ⑥ の多い食品を摂る
骨粗鬆症	1： ⑦ 、動物性たんぱく質、⑧ を多く摂る 2： リンが多い加工食品などは避ける （カルシウムの吸収を阻害） ※運動や日光に当たることも大切！
腎臓病	1： ⑨ で、十分なエネルギーを摂る 2： ⑩ 、塩分、カリウム、リンの制限がある 3： 1日の水分量は、尿量や透析による除水量に応じて決められる
肝臓病	1： ⑪ を控える 2： 塩分、脂質の摂りすぎに注意する 3： 栄養バランスのとれた食事にする

【語群】　エネルギー　動物性脂肪　ビタミンE　塩分・糖分　ビタミンC・D・K
野菜や果物　たんぱく質　糖質と脂質　塩分　カルシウム　アルコール

食中毒予防の原則（つけない・増やさない・やっつける）

- 鮮度、［ ① 消費期限 ・ 賞味期限 ］を確認する。

- 肉、魚は早く、冷凍・冷蔵保存する。冷蔵庫内は［ ② 7割・9割 ］程度の量にする。

- こまめに［ ③ 石鹸と流水で手洗い・手指アルコール消毒 ］をし、清潔な容器、器機、食器を使用する。

- 使用した包丁・まな板はすぐ洗い、［ ④ 微温湯・熱湯 ］をかける。

- 中心温度を［ ⑤ 50℃・75℃ ］で1分間以上、十分に加熱する。

- 調理中、調理後の食材は、常温で放置しない。

食中毒の原因菌と予防（対応）

① 腸管出血性大腸菌（O157・O111） ノロウイルス	A 牛、豚、鶏などの腸にいる細菌 牛、豚、鶏の肉や卵にいる細菌	あ 加熱や乾燥に強い。傷をふさぎ、手洗いをよくし、食品を汚染しない
② カンピロバクター サルモネラ菌	B 人や土壌などにいる細菌	い 十分加熱する。手洗いをよくし、食品に汚染を広げない
③ 黄色ブドウ球菌	C 汚染した手の傷などにいる細菌	う 十分加熱する。人からの二次感染対策では排泄後の手洗い。嘔吐・排泄物は、次亜塩素酸ナトリウムで消毒する
	D 魚介類の内臓にいる寄生虫	え 加熱に強く、酸素の無い所で増殖する。煮込み料理など常温で放置しない（調理後冷蔵庫へ）
④ ウェルシュ菌	E 牛、豚の腸にいる細菌 牡蠣などの2枚貝にいる	お 白く2〜3cmで、目視で確認できる。十分加熱、または冷凍処理
⑤ アニサキス		

249

12 誤嚥・窒息・脱水の予防

クミアワセ 誤嚥に注意が必要な食べ物

【食べ物】	【特徴】	【理由】
① お茶 ジュース	A パサパサしたもの	あ 速く流れ込むため気管に入りやすく危険
② パン ドーナッツ	B バラバラになり、口の中でまとまりにくいもの	い 飲み込みやすいまとまりの食塊にならず、気管に入りやすく危険
③ たこ いか	C サラサラした液体	う 水分が少なく、飲み込みにくい
④ ピーナッツ クッキー	D 粘度が強いもの	え 大きいまま誤嚥すると、窒息の危険性が高い
⑤ のり わかめ	E かみ切りにくいもの	お 酸味の刺激により、むせやすい
⑥ ラーメン そば	F 酸味が強いもの	か すすって食べると、気管に入りやすい
⑦ もち だんご	G 長いもの	き 口の中に張り付いて、飲み込みにくい
⑧ 酢の物	H 口の中に張り付くもの	く 誤嚥してしまうと吐き出しにくく、窒息の危険性が高い

窒息・脱水の予防

窒息時の対応	・窒息時にみられる症状：急に黙る。動かない。ぐったりする。苦しい表情。 のどに手をやる ① 　　　　　　　。意識がない ・対応：咳を促し、吐き出させる→咳が出ないとき、② 　　　　　　　、 ③ 　　　　　　　をする→意識がないときは救急車
1日に必要な水分量の目安	・目安として、1日約 ④ 　　　　　 〜 ⑤ 　　　　　 mlの水分摂取 が必要 （食事に含まれる水分以外に必要）
脱水の観察	・⑥ 　　　　　　　や舌、皮膚が乾燥している ・⑦ 　　　　　　　が少ない ・表情が ⑧ 　　　　　　　している ・⑨ 　　　　　　　している
脱水の予防	・こまめに少量の水分を勧める ・むせる場合は、⑩ 　　　　　　　や ⑪ 　　　　　　　などを活用する ・室内環境（室温、湿度）などを適当に保つ ・脱水症状がみられる場合、⑫ 　　　　　　　を摂る

生活支援技術

【語群】

発熱　　背部叩打法　　尿量　　唇　　チョークサイン　　ぼんやり　　とろみ剤　　ゼリー

500　　1,000　　1,500　　経口補水液　　指拭法

脱水ではバイタルサインの値も変化します。例えば体温の上昇、血圧の低下、脈拍数の増加などがあります。嘔吐、下痢、熱中症などでは、水分だけでなく電解質も不足しやすくなります。その場合は、経口補水液や塩分の多い食品で補うなどの対応が必要です。

13 口腔ケア

ポイント

- 器質的口腔ケアの目的は、口腔清掃等で口腔疾患や誤嚥性肺炎を予防することである。
- 機能的口腔ケアは、食前に嚥下体操を行い唾液の分泌を促すなどのケアで、口腔機能の維持、疾病の治療、リハビリテーションを目的としている。
- 義歯は水かぬるま湯で洗い、熱湯は使用しない。

カキコミ 口腔ケアの目的と方法

● 食前の口腔ケアや嚥下体操は、[①]の分泌を促すほか、口腔機能の

　[②]の効果がある。

● 食後の口腔ケアは、口腔内の細菌数を減らし、[③]を予防する。

● [④]（鼻腔・胃ろう等）の人は、[⑤]の分泌が減り、口腔内が汚れやすくなるため口腔ケアを行う。

ケアの方法	説明
含嗽（うがい）法	・水、ぬるま湯、洗口剤、緑茶、レモン水などを使い、口をすすぐ方法 ・含嗽ができる人は、ブラッシングの[⑥]に行う ・[⑦]に注意が必要
ブラッシング法	・歯ブラシは、ブラシの部分が[⑧]ものを選ぶ ・[⑨]歯ブラシは、歯肉を傷つける危険がある ・歯ブラシを[⑩]のように軽く握り、[⑪] 動かして[⑫]を除去する

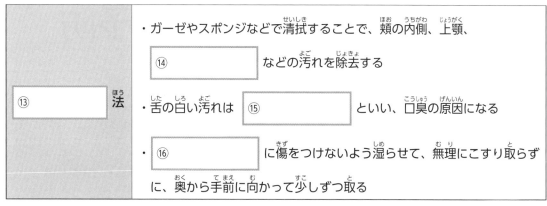

⑬ □□□□法	・ガーゼやスポンジなどで清拭することで、頬の内側、上顎、 　⑭ □□□□□ などの汚れを除去する ・舌の白い汚れは ⑮ □□□□□ といい、口臭の原因になる ・⑯ □□□□□ に傷をつけないよう湿らせて、無理にこすり取らず 　に、奥から手前に向かって少しずつ取る

【語群】 ※同じ語句を複数回使用する場合もあります

歯垢　唾液　誤嚥　経管栄養　口腔清拭　誤嚥性肺炎　リハビリテーション　舌

味蕾　舌苔　小刻みに　小さい　硬い　鉛筆　前

 **義歯の着脱と清掃**

● [① 上 ・ 下] 顎義歯からはずし、[② 上 ・ 下] 顎義歯からつける。

● 部分床義歯の場合は、[③ クラスプ ・ 歯の部分] に爪をかけて外す。

● 毎食後 [④ 水かぬるま湯 ・ 熱湯] で義歯用ブラシを使って洗う。

● 夜間ははずし、容器に入れて [⑤ 水につける ・ 乾燥させる]。

● 週に1回以上、[⑥ 歯磨き剤 ・ 義歯洗浄剤] を使って洗う。

カコモン　過去問チャレンジ！（第35回－問題84）

総義歯の取扱いに関する次の記述のうち、**最も適切なもの**を1つ選びなさい。

1　上顎から先に外す。
2　毎食後に洗う。
3　スポンジブラシで洗う。
4　熱湯につけてから洗う。
5　乾燥させて保管する。

解答（　　　）

14 入浴の効果と事故の予防

ポイント

- 入浴の効果には、温熱効果（身体を温める）、静水圧効果（身体が水圧を受ける）、浮力効果（身体が浮かぶ）がある。
- 入浴場面では、転倒や溺水などの事故、脳卒中、心臓発作などの急変が起こりやすい。

カキコミ❶ 入浴の効果

- 入浴には、清潔保持や ① 予防の効果がある。

- 入浴には、身体が温まる ② や、身体が水圧を受ける

  ③ 、身体が湯に浮く ④ がある。

- 身体をマッサージして洗うことで、⑤ の促進、傷や

  ⑥ の治癒を早める、便秘の解消などの効果がある。

- 入浴により手足の関節が動きやすくなるなど、⑦ 効果が期待で

  きる。

- 精神面では、ストレス解消やリラクゼーション、⑧ 効果、食欲増進

  などがある。
- 社会面では、人間関係の維持や改善などがある。

【語群】
血行　褥瘡　感染　安眠　リハビリテーション　浮力効果　温熱効果　静水圧効果

入浴時の事故と予防

事故の内容	予防の方法
脳卒中、心臓発作	・疾患のある人は、湯温を38℃から ① ℃程度に、 　湯量を心臓より ② する （高温浴、肩までつかる入浴は心臓に負担がかかる） ・脱衣所と浴室の ③ をなくす（ ④ を予防する）
のぼせ、立ちくらみ	・長湯をしない（入浴時間は ⑤ 分程度までにする） ・浴槽から急に立ち上がらない
血液濃度の変化、脱水	・入浴には発汗や利尿作用があるため、入浴前後は ⑥ を摂る
やけど	・シャワーや浴槽の湯温は、まず ⑦ が前腕の内側などの温度を感じやすい部位で確認し、次に ⑧ が確認する
転倒、転落	・風呂場の床についた ⑨ をよく流し、滑らないようにする ・脱衣所の床は水分をよく拭く ・利用者の ⑩ に合わせた手順で行う

【 語群 】

段差　温度差　認知度　利用者　介護福祉職　水分　石けんの泡　5　41

42　45　ヒートショック　低く　高く

ヒートショックは、急激な温度変化によって、血圧上昇、呼吸増加などの体調変化が起こり、全身状態が急変することです。入浴手順は、まず心臓から遠い足先（麻痺がなければより心臓から遠い右足）からお湯をかけ、その後、手先から心臓に向かって洗います。滑らないように床の泡を流してから浴槽につかり、お湯から上がるときは立ちくらみに注意しましょう。入浴後は水分補給も大切です。

15 清潔保持の介護

入浴の介護

・脱衣所と浴室は、室温を ① ℃前後にする

・シャワーの温度は、まず ② が確認し、次に ③

が確認する

・心臓から ④ 足元から湯をかける

・片麻痺の利用者の場合、洗えるところは自分で洗ってもらい、介護福祉職は、

利用者が洗いにくい ⑤ 側などを介助する

・片麻痺の利用者の場合、浴槽に入るときは、 ⑥ 側から入る

全身清拭

・熱めの湯を洗面器に入れ、湯に浸したタオルをしぼる

・ ⑦ 、 ⑧ の順にタオルの温度を確認する

（タオルが熱すぎるときは、広げて少し冷ます）

・ ⑨ から ⑩ に向けて拭く

・石けんをつけて拭く場合は、蒸しタオルで石けんを拭き取る

・蒸しタオルで拭いた後、 ⑪ タオルで水分を拭き取る

手浴・足浴

・座位と臥位で行う方法がある

・ベッドで行う場合は、15度程度に ⑫ し、足元にクッションを入れる

・周囲を濡らさないように、防水シートを敷く

・ ⑬ ℃程度の湯を用意し、 ⑭ 、 ⑮ の順に湯温を確認する

ベッド上の洗髪	・頭部の下に防水シートを敷く・体を斜めにし、頭部をベッドの端に近づける。 ・ケリーパッドなどの ⑯ [ ] を設置する ・頭部全体に湯をかけ、シャンプーをつけて ⑰ [ ] で頭皮をマッサージするように洗う ・シャンプーをタオルで拭き取ってからすすぐと楽にすすぐことができる ・好みでリンスをつけて洗い流す ・湯を使った洗髪が困難な場合は、ドライシャンプーで頭皮を清拭する方法がある

【語群】 ※同じ語句を複数回使用する場合もあります

介護福祉職	利用者	洗髪器	末梢	中枢	指の腹	指の爪	乾いた	遠い
ギャッチアップ	40	24	健	患				

○✕ マルバツ 目、耳、爪の手入れ

①目やには、ガーゼで蒸らし目尻から目頭に向けて拭く（感染予防のため）。 （　　　）
②耳垢塞栓は、介護福祉職が除去することことができる。 （　　　）
③綿棒で、鼓膜を傷つけないように、外耳の１cm程度の深さまで優しくこする。 （　　　）
④白癬など爪に異常がある場合は、慎重に切る。 （　　　）
⑤高齢者は、爪と皮膚がくっついているため、深爪しないよう爪と皮膚の境を見極めて切る。

（　　　）
⑥爪は、一気に大きく切る。 （　　　）
⑦爪は角を斜めに切る。 （　　　）
⑧入浴後は、爪がやわらかくなり、切りやすい。 （　　　）

■顔の清拭

■爪の切り方

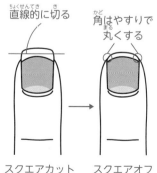

直線的に切る　角はやすりで丸くする

スクエアカット　スクエアオフ

●電気シェーバーを ① └────────┘ しない。介護福祉職は手袋をつける

（ ② └────────┘ の予防）。

●電気シェーバーを肌に対して軽く ③ └────────┘ 度に当てる（肌を傷めない）。

●皮膚を ④ └────────┘ してひげを立たせ、毛の流れに ⑤ └────────┘ 剃る（外刃の内側にひげを入りやすくする）。

●電気シェーバーをゆっくり動かして剃る。

●1日1回行い、伸びすぎたときは、 ⑥ └────────┘ でカットしてから剃る。

●仕上げに ⑦ └────────┘ やクリームをつける（肌あれの防止）。

●電気シェーバーは、外刃をはずして ⑧ └────────┘ し、拭いて乾燥させる。丸洗いできないものは外刃をはずし、ブラシでひげを落とす。

【語群】
90　　丸洗い　　共用　　感染症　　伸ば　　逆らって　　ローション　　はさみ

カコモン **過去問チャレンジ！** （第36回－問題92）

　次の記述のうち、椅座位で足浴を行う介護方法として、**最も適切なもの**を１つ選びなさい。

1　ズボンを脱いだ状態で行う。
2　湯温の確認は、介護福祉職より先に利用者にしてもらう。
3　足底は、足浴用容器の底面に付いていることを確認する。
4　足に付いた石鹸の泡は、洗い流さずに拭き取る。
5　足浴用容器から足を上げた後は、自然乾燥させる。

解答（　　　）

16 排泄の介護

クミアワセ　排泄用具

【 排泄用具 】　　　　　　　　　　　　　　　【 対象者 】

① トイレ

● 　● A 座位保持が難しく、尿意・便意がないか、排泄を我慢することができない人

② ポータブルトイレ

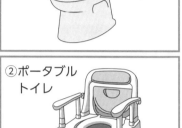

● 　● B 安定した座位が保て、健側の手で手すり等につかまり、立位を保持することができる人

③ 尿器・便器

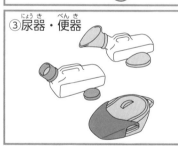

● 　● C トイレまでは移動できない、または立位保持が難しいが、座位保持が可能な人。尿意・便意があり、排泄を我慢することができる人（夜間だけ使用する場合もある）

④ テープ式おむつ

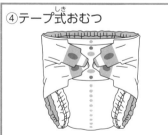

● 　● D 夜間に寝たまま排泄する人で、介護者の睡眠時間の確保の必要性が高い人

⑤ 自動排泄処理機

● 　● E 座位保持が難しいが、尿意・便意があり、排泄を我慢することができる人（夜間のみ使用する場合もある）

生活支援技術

259

17 排泄介護の留意点

ポイント

- 利用者の羞恥心に配慮し、落ち着いて排泄できる環境を整える。
- 利用者の状態に合わせて、排泄方法を選択。排泄リズムを把握し、介助する。
- 女性の陰部は、前から後ろに向けて拭く。
- 排泄物や皮膚を観察し、健康状態を知る。

カキコミ① 排泄介護

- ① _____ に配慮し、カーテンを閉める、② _____ や音を除去するなど、落ち着いて排泄できる環境を整える。

- 座位保持が可能な場合、③ _____ や ④ _____ を使用し、腹圧や重力を利用した自然に近い排泄方法を選択する。

- ⑤ _____ を知り、排泄のタイミングに合わせて介助する。

- 女性の陰部は、⑥ _____ から ⑦ _____ に清拭し、尿路への細菌感染を防ぐ。

- 排泄物の ⑧ _____ 、色や性状、臭い、排泄した ⑨ _____ 、痛みの有無など を観察し、健康状態を知る。また、皮膚の観察を行う。
- 介護福祉職は使い捨て手袋をはめ、ストーマ（腹部につくられた排泄口）の 排泄物を ⑩ _____ ※ 。

- ⑪ _____ （ストーマの袋）の留め具はついているか、漏れはないか、

- ⑫ _____ （皮膚に貼る土台）ははずれていないかを確認する。

【語群】

尿器　トイレ　ポータブルトイレ　排泄リズム　量　臭い　時間　羞恥心
前　後ろ　捨てる　パウチ　フランジ

※ストーマが安定していて医療職の専門的な管理を必要としない場合

便秘・下痢への対応

便秘への対応	下痢への対応
・ ① ＿＿＿＿ があるときに、トイレでゆっくり排泄できる環境を整える ・ ② ＿＿＿ や ③ ＿＿＿ を含む食事にする ・ ④ ＿＿＿ 摂取量を保持する ・活動量を増やす ・ ⑤ ＿＿＿ の走行にそって「の」の字にマッサージを行う（大腸の蠕動運動を進める）	・腹部を ⑥ ＿＿＿ 、腸蠕動の鎮静を図る ・脱水予防のために、刺激の少ない ⑦ ＿＿＿ や、常温のスポーツ飲料を少量ずつ摂取する ・食事は、下痢が落ち着いてから、胃腸への負担が少ない ⑧ ＿＿＿ から徐々に始める ・感染予防に留意する。標準予防策（ ⑨ ＿＿＿ ）を行う ・排便後は、 ⑩ ＿＿＿ で洗浄し、皮膚を乾かし清潔にする

【語群】

便意　水分　白湯　食物繊維　乳酸菌　大腸　温め　微温湯　洗浄

スタンダード・プリコーション　　かゆ

過去問チャレンジ！ （第36回－問題95）

　夜間、自宅のトイレでの排泄が間に合わずに失敗してしまう高齢者への介護福祉職の助言として、**最も適切なもの**を１つ選びなさい。

1　水分摂取量を減らすように勧める。
2　終日、リハビリパンツを使用するように勧める。
3　睡眠薬を服用するように勧める。
4　泌尿器科を受診するように勧める。
5　夜間は、ポータブルトイレを使用するように勧める。

解答（　　　）

18 洗濯の支援

センタク 洗剤の特徴

塩素系漂白剤	① 白物のみ	・ 色柄物	・ 黄変色のしみ	の漂白に使用
酸素系漂白剤	② 白物のみ	・ 色柄物	・ 黄変色のしみ	の漂白に使用
還元漂白剤	③ 白物のみ	・ 色柄物	・ 黄変色のしみ	の漂白に使用

クミアワセ しみの種類としみ抜き

【 しみの種類 】

①しょうゆ、ソースなど（水溶性）・

②ドレッシング・ミートソース（水油混合）・

③口紅、チョコレートなど（油溶性）・

④墨汁 ・

⑤泥はね ・

【 しみ抜きの方法 】

・ A 水をつけた歯ブラシなどで、タオルに叩いてタオルに移す（周辺から内側へ）

・ B ベンジンで叩いてから、洗剤で洗濯する

・ C 乾燥させてから、ブラッシングする

・ D 台所用洗剤を水に溶かして、叩いてタオルに移す

・ E 歯磨き粉をつけてもみあらう。ご飯粒をすり込む

カキコミ

洗濯マーク（新JISマーク）

40℃まで。 洗濯機で洗濯できる 〔40〕	30℃まで。 洗濯機で弱い洗濯ができる 〔30〕	40℃まで。 ① _____ 可能	② _____ 禁止
③ _____ （パークロロエチレン及び石油系溶剤で可能） Ⓟ	④ _____ 可能 △	⑤ _____ 不可 ⋈	アイロン・最高温度 ⑥ _____℃ （•••）
アイロン・最高温度 ⑦ _____℃ （••）	アイロン・最高温度 ⑧ _____℃ ・スチームは危険 （•）	タンブル乾燥可能 ⊙⊙	タンブル乾燥可能・低温乾燥 ⊙
つり干しがよい ▯	日陰のぬれつり干しがよい ▱	日陰の ⑨ _____が よい ▱	⑩ _____ Ⓦ

※2016年12月1日から衣類等の洗濯表示が変更になった
参考：消費者庁ホームページ（https://www.caa.go.jp/policies/policy/representation/household_
goods/laundry_symbols.html）

【語群】 ※同じ語句を複数回使用する場合もあります

手洗い　水洗い　ドライクリーニング　ウエットクリーニング　塩素系及び酸素系漂白

200　150　110　低温　高温　平干し　家庭での洗濯

生活支援技術

19 休息・睡眠の介護

ポイント

・人の脳の視交叉上核には体内時計があり、毎朝光を浴びることでリセットされ、一定のリズムを刻む。
・この約24時間周期の体内時計を概日リズム（サーカディアンリズム）という。
・睡眠には、メラトニンというホルモンが関係している。
・睡眠には、浅い眠りのレム睡眠と深い眠りのノンレム睡眠がある。2種類の眠りは90〜120分周期で繰り返し起こる。
・質の良い睡眠には、長さよりも深さのほうが重要である。

カキコミ① 睡眠のメカニズム

●人の脳（視交叉上核）には、 ①〔　　　　　　〕があり、②〔　　　　　　〕と覚醒を促す

ホルモンである ③〔　　　　　　〕に関わっている。

●④〔　　　　　　〕は、朝と昼に生成され、夜に分泌される。

⑤〔　　　　　〕睡眠	⑦〔　　　　　〕睡眠
浅い眠り（大脳は活動している）。 ⑥〔　　　　　　〕運動がみられ、夢を見ていることが多い	深い眠り（大脳が休息している）。幼児期は⑧〔　　　　　　〕が多く出る

90〜120分周期で繰り返される

【語群】　※同じ語句を複数回使用する場合もあります

成長ホルモン　　メラトニン　　レム　　ノンレム　　睡眠　　蠕動　　急速眼球　　体内時計

安眠のための介護の基本

環境を整える	・室温：20℃程度。夏は ① ［____］ ℃、冬は16℃以上に調整する ・湿度： ② ［____］ ％を目安に調整する ・夜間の転倒防止のため、 ③ ［____］ を活用する ・睡眠中の音に配慮する（生活音は安心感をもたらすが、いびきや騒音は不眠につながる）
適切な寝具の選択	・ベッドは ④ ［____］ が難しい人、布団はベッドからの ⑤ ［____］ の危険がある人や床を這って移動する人に適している ・首の高さに合った ⑥ ［____］ を使用する（15度ぐらいのものが頸部の緊張をとりよい） ・寝具を ⑦ ［____］ させ、清潔にする
日中の活動	・朝に光を浴びる（メラトニンの生成のため） ・適度な ⑧ ［____］ ができるよう支援する（適度な疲労により、安眠につながる）
苦痛を取り除く	・悩みに耳を傾ける ・夜は ⑨ ［____］ の入った飲み物は避ける ・入眠前に、 ⑩ ［____］ や湯たんぽで足を温める。湯たんぽを使用する時は ⑪ ［____］ 、カバーをつける ・皮膚の ⑫ ［____］ がある場合は、スキンケアをする

【 語群 】

カルシウム　　カフェイン　　ベッド柵　　フットライト（足元灯）　　立ち上がり　　枕　　転落

運動　　乾燥　　足浴　　かゆみ　　25　　50　　60　　80　　足から離し

生活支援技術

265

睡眠障害の症状と原因

【 睡眠障害 】	【 症状 】	【 原因 】
①入眠障害	A 熟睡感がなく、疲労感が残る	あ 概日リズムの崩れ（昼夜逆転傾向）や、ストレス、熱い風呂など
②中途覚醒	B なかなか寝付けない	い 早い時間の就寝、うつ病、高齢者の自然な睡眠リズムなど
③熟眠障害	C 朝早く目が覚めてその後眠れない	う いびきや睡眠時無呼吸症候群、中途覚醒によるものなど
④早朝覚醒	D 途中で何度も目が覚める	え トイレに何度も起きる、就寝時間が早い、いびき、睡眠時無呼吸症候群、高齢者の自然な睡眠リズムなど

睡眠薬の選択

睡眠障害に応じた睡眠薬を選択しましょう。

【 睡眠障害 】		
入眠障害　中途覚醒　熟眠障害　早朝覚醒		
睡眠持続薬の中間作用型または長時間作用型（作用時間：10時間以上）	睡眠持続薬の短時間作用型（作用時間：4〜10時間）	睡眠導入薬（すぐに作用し、効果は短い）
①	②	③

20 障害者に関するマーク

クミアワセ 障害者マーク等と名称

【 マーク 】　　　　　　　　　　　　　　【 名称と意味 】

① ・　　　・ A 障害者のための国際シンボルマーク

② ・　　　・ B 身体障害者標識

③ ・　　　・ C 聴覚障害者標識

④ ・　　　・ D 盲人のための国際シンボルマーク

⑤ ・　　　・ E 耳マーク（聞こえが不自由なことを表すマーク）

⑥ ・　　　・ F ほじょ犬マーク（身体障害者ほじょ犬：盲導犬・介助犬・聴導犬）

⑦ ・　　　・ G オストメイトマーク（人工肛門・人工膀胱の人の設備がある）

⑧ ・　　　・ H ハート・プラスマーク（内部障害のある人を表す）

⑨ ・　　　・ I ヘルプマーク。義足や人工関節を使用している、内部障害や難病、妊娠初期の人などのマーク

生活支援技術

21 福祉用具・住宅改修

ブンルイ 介護保険制度を利用できる福祉用具の貸与・購入

介護保険制度を利用できる福祉用具のなかで貸与できるものと購入するものに分け、番号で書きましょう。

【 福祉用具 】

① 車いす　② 車いす付属品　③ 特殊寝台　④ 特殊寝台付属品　⑤ 入浴補助用具　⑥ 床ずれ防止用具
⑦ 体位変換器　⑧ 腰掛便座　⑨ 自動排泄処理装置　⑩ 自動排泄処理装置の交換可能部品
⑪ 手すり　⑫ スロープ　⑬ 歩行器　⑭ 歩行補助杖　⑮ 認知症老人徘徊感知機器
⑯ 移動用リフト　⑰ 移動用リフトのつりぐ部分　⑱ 簡易浴槽　⑲ 排泄予測支援機器

福祉用具貸与の対象	福祉用具の購入の対象（直接肌に触れるもの・使用すると形が変化するもの）

カキコミ 介護保険制度で行える住宅改修

● | ① | の取り付け

● | ② | の解消

● すべり防止のための | ③ | 、または通路面の材料の変更

● | ④ | 等への扉の取り換え

● | ⑤ | 等への便器の取り換え

● 各工事に付帯して必要になるもの

【 語群 】
引き戸　床　手すり　洋式便器　段差

ブンルイ 障害者総合支援法で給付される福祉用具

障害者総合支援法で給付される福祉用具のうち、補装具費の給付※のものと日常生活用具給付等事業のものを分け、番号で書きましょう。

※補装具とは、身体の欠損や麻痺等の機能障害を補うための福祉用具のこと

①義肢　②装具　③座位保持装置　④車いす・電動車いす　⑤特殊寝台　⑥移動用リフト
⑦体位変換器　⑧歩行器　⑨歩行補助杖（多点杖）　⑩特殊尿器　⑪入浴補助用具　⑫便器
⑬聴覚障害者用屋内信号装置　⑭ネブライザー（喘息用吸入器）　⑮電気式たん吸引器
⑯義眼・眼鏡　⑰視覚障害者安全杖　⑱補聴器　⑲拡大読書器　⑳人工喉頭
㉑ストーマ（人工肛門）装具　㉒収尿器　㉓重度障害者用意思伝達装置

補装具費の給付の対象	日常生活用具給付等事業

高齢者や障害者の生活を妨げる障壁（バリア）を取り除くことを「バリアフリー」といいます。「バリア」には、物理的、社会的、制度的、心理的などがあります。そして障害者だけでなく、すべての人が利用しやすいようにデザインした住宅や環境を「ユニバーサルデザイン」といいます。

 カコモン **過去問チャレンジ！** （第36回－問題82）

　心身機能が低下した高齢者の住環境の改善に関する次の記述のうち、**最も適切なもの**を**1つ**選びなさい。

1　玄関から道路までは、コンクリートから砂利敷きにする。
2　扉の取っ手は、レバーハンドルから丸いドアノブにする。
3　階段の足が乗る板と板の先端部分は、反対色から同系色にする。
4　車いすを使用する居室の床は、畳から板製床材（フローリング）にする。
5　浴槽は、和洋折衷式から洋式にする。

解答（　　　）

生活支援技術

269

カキコミ③ 移乗に関連した福祉用具

① 〔　　　　　　　　　　　　　　　〕

② 〔　　　　　　　　　　　　　　　〕

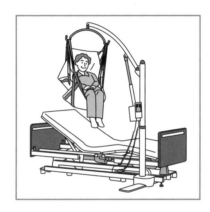

③ 〔　　　　　　　　　　　　　　　〕

【語群】

スライディングボード　　スライディングシート　　移動用リフト（固定式）

 カコモン 過去問チャレンジ！（第34回-問題41）

　スライディングボードを用いた、ベッドから車いすへの移乗の介護に関する次の記述のうち、**最も適切なもの**を１つ選びなさい。

1　アームサポートが固定された車いすを準備する。

2　ベッドから車いすへの移乗時には、ベッドを車いすの座面より少し高くする。

3　ベッドと車いすの間を大きくあけ、スライディングボードを設置する。

4　スライディングボード上では、臀部を素早く移動させる。

5　車いすに座位を安定させ、からだを傾けずにスライディングボードを抜く。

解答（　　　）

介護過程
（かいご　かてい）

★ ねらい ★

他の科目で学んだ知識を統合して、目の前の利用者に適切な支援を
提供する！

だいじ!!

・介護過程は、利用者が望む生活を実現するための、専門的知識を
活用した客観的で科学的な思考過程である！
・介護過程を実践することにより、客観的で科学的な根拠（エビデ
ンス）に基づいた介護の実践が可能となる！
・介護過程の展開の流れ　　　　　　　　　評価をしたから終わり、ではない！

アセスメント→計画の立案→実施→評価→アセスメント→計画の
立案…の繰り返し！
しっかりアセスメントできていないと、
利用者の望む生活とは違ったものになる！

・情報収集に必要なもの…観察力、判断力、推察力、倫理観

先入観、偏見はNG！

自分が先入観や偏見をもっていることを自覚（自己覚知）する！

シールを貼ろう

1 介護過程の全体像

ポイント

- 介護過程は、利用者のよりよい生活を実現するための、客観的で科学的な思考過程である。
- 介護過程の展開は、根拠に基づいた介護の実践が可能となり、利用者の自立支援、QOL（Quality of life）の向上につながる。
- 介護過程の目的は、利用者の自己実現を支援することであり、「個別ケアの実践」「多職種協働・連携による適切な支援の提供」という2つの目標を含んでいる。
- 介護過程は「アセスメント」「計画の立案」「実施」「評価」の4つのプロセスからなる。

カキコミ① 介護過程の概要

● 介護過程は、利用者のよりよい生活の実現という介護の目的を達成するための、客観的で

　① ［　　　　　　　］ な ② ［　　　　　　　］ のことである。

● 介護過程を展開することにより、③ ［　　　　　　　］ に基づいた介護の実践や、

　チームで ④ ［　　　　　　　］ されたケアの実践につながり、利用者の

　⑤ ［　　　　　　　］ の向上につながる。

● 介護過程の目的は、⑥ ［　　　　　　　］ の実践により、自己実現を目指していくこと、

　多職種の ⑦ ［　　　　　　　］ による適切な支援の提供である。

● 介護過程は、順に「⑧ ［　　　　　　　］」「⑨ ［　　　　　　　］」

　「⑩ ［　　　　　　　］」「⑪ ［　　　　　　　］」の4つのプロセスを繰り返し展開する。

【 アセスメント 】

・ ① [　　　　　]

・ 情報の分析

・ ② [　　　　　] の明確化

【 ③ [　　　　　] 】

・ ④ [　　　　　] の設定

・ 支援内容と方法の設定

【 評価 】

・ ⑥ [　　　　　] への達成度

・ 支援内容と方法の適切性
・ 今後の課題

【 ⑤ [　　　　　] 】

・ 計画に基づく実施

介護過程

「介護過程」と「ケアマネジメント」の違いを整理しておくといいですね。

介護過程は、ケアマネジメントの一工程ということですね。

2 介護過程の展開

介護過程の進め方

段階		内容
アセスメント	情報収集と分析	・アセスメントシートを活用し、個別性のある利用者の生活の ① を把握するように努める ・情報収集には、介護福祉職の五感を使った ② 、利用者との ③ 、計測器を使った測定、 ④ などの方法がある ・活動は、できる活動（能力）と、している活動（実行状況）を分けて把握する。また、将来の能力（ ⑤ ）についても検討する ・利用者の ⑥ （利用者のこれまでの経験や価値観、利用者の周囲の環境など）や、利用者の思い（利用者の ⑦ ）についても、利用者の生活の状況と関連づけて分析する ・将来のしている活動（ ⑧ ）について、検討する
	課題の明確化	・課題とは、利用者の望む生活を実現するために、 ⑨ しなければならないことを指す ・複数の課題があるときは ⑩ をつける ・基本的に ⑪ 「生活の安定」「人生の豊かさ」の順に優先する ・マズローの欲求階層説を目安に優先順位を考えることができる

計画の立案	目標	・ ⑫ 　　　目標(数週間〜数か月くらい)と ⑬ 目標（6か月〜1年くらい）を設定する
		・ ⑭ 　　　が主語になり、どのような状態になっているかを 書く。期限を設定して ⑮ 　　　な内容にする
		・観察または測定ができる内容で、目標に対する ⑯ 　　　が わかるようにする
	支援内容	・ ⑰ 　　　（いつ、どこで、誰が、何を、なぜ、どのように） を記述する
		・目標、支援内容、支援方法に ⑱ 　　　をもたせ、わかりや すい表現にする
実施		・計画に基づき、チームで統一された方法で実施する ・日々変化する利用者の ⑲ 　　　に注意して実施する ・実施の状況と利用者の反応を記録する
評価		・ ⑳ 　　　に対する達成度を評価し、達成した場合には ㉑ 　　　に向けた支援に移行する ・評価は科学的、 ㉒ 　　　に行う ・目標が達成できていない場合には、その理由を検討し、計画の修正の 必要性を示し、今後の ㉓ 　　　を明らかにする

【 語群 】

課題　全体像　コミュニケーション　潜在能力　記録　観察　状態　主観

優先順位　一貫性　解決　実現可能　短期　長期　利用者　介護福祉職

する活動　達成度　客観的　主観的　短期目標　長期目標　5W1H　背景

生命の安全

介護過程と情報収集

次の事例を読み、下線部分の情報を「客観的情報」と「主観的情報」「介護福祉職の判断（アセスメント）」に分類し、下の表に書き込みましょう。

〔事例〕

Aさん（76歳、女性、要介護3）は、通所介護を週2回利用している。自宅では長女が介護をしている。長女は、平日の昼間は仕事をしている。（例）

Aさんは、自宅では、ベッドから車いすへの移乗はベッドのサイドレールにつかまり、ひとりで行っている。通所介護では、ベッド用手すりを使用して、介護福祉職が見守りを行いながら移乗している。

Aさんは、最近、移乗するときにふらつくようになってきた。ある日、通所介護に参加したAさんは、B職員に、「昨日、自宅で転倒しそうになってこわかったわ」と話した。また長女については、「（移乗のたびに）何度も手伝ってもらうわけにはいかないし、転倒しそうになったことは黙っていてね」と話した。B職員は、このままでは、Aさんが自宅で転倒してしまうかもしれないと感じ、介護計画を修正する必要があると考えている。

客観的情報	主観的情報（利用者の思い）
① （例）通所介護を週2回利用している。	②

介護福祉職の判断 （アセスメント）	③

長期目標は、利用者の望む半年～1年後の生活像で、遠くのゴールを意味します。社会への関わりや役割など、参加を意識した生活の目標になることが多くなります。

短期目標は、数週間～3か月程度の生活像で、近くのゴールを意味します。現在の能力や意欲などから、将来のできる活動（する活動）等を設定します。短期目標の到達を積み重ねて、長期目標に向かうことができるよう、具体的で実現可能な目標を設定します。

過去問チャレンジ！（第36回－問題112）

次の事例を読んで問題に答えなさい。

[事例]

Bさん（50歳、男性、障害支援区分3）は、49歳のときに脳梗塞（cerebral infarction）を発症し、左片麻痺で高次脳機能障害（higher brain dysfunction）と診断された。以前は大工で、手先が器用だったと言っている。

現在は就労継続支援B型事業所に通っている。短期目標を、「右手を使い、作業を自分ひとりで行える（3か月）」と設定し、製品を箱に入れる単純作業を任されていた。ほかの利用者との人間関係も良好で、左片麻痺に合わせた作業台で、毎日の作業目標を達成していた。生活支援員には、「将来は手先を使う仕事に就きたい」と希望を話していた。

将来に向けて、生活支援員が新たに製品の組立て作業を提案すると、Bさんも喜んで受け入れた。初日に、「ひとりで頑張る」と始めたが、途中で何度も手が止まり、完成品に不備が見られた。生活支援員が声をかけると、「こんなの、できない」と大声を出した。

【問題　1】

Bさんに対するカンファレンス（conference）が開催され、短期目標を達成するための具体的な支援について見直すことになった。

次の記述のうち、見直した支援内容として、**最も適切なもの**を1つ選びなさい。

1　完成品の不備を出すことへの反省を促す。
2　左側に部品を置いて作業するように促す。
3　完成までの手順を理解しやすいように示す。
4　生活支援員が横に座り続けて作業内容を指示する。
5　製品を箱に入れる単純作業も同時に行うように調整する。

解答（　　　）

介護過程

277

ひづけ ／ できたシール

3 ケアマネジメントと介護過程

カキコミ

ケアマネジメントと介護過程の関連性

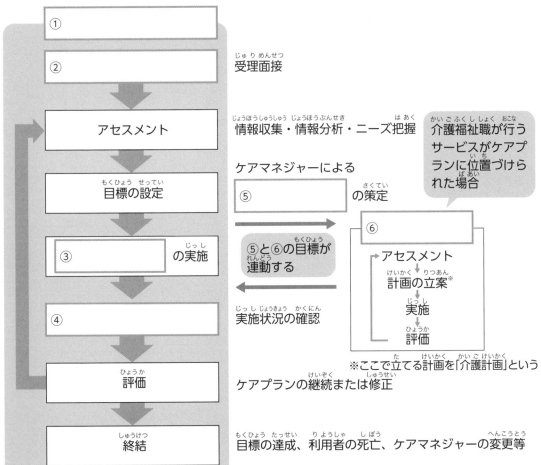

①

② 受理面接

アセスメント 情報収集・情報分析・ニーズ把握

ケアマネジャーによる

目標の設定 ⑤ の策定

⑤と⑥の目標が連動する

③ の実施

⑥
アセスメント
計画の立案※
実施
評価

④ 実施状況の確認

※ここで立てる計画を「介護計画」という

評価 ケアプランの継続または修正

終結 目標の達成、利用者の死亡、ケアマネジャーの変更等

介護福祉職が行うサービスがケアプランに位置づけられた場合

介護サービス計画（ケアプラン）の目標と、介護福祉職が作成する「介護計画」の目標とが、うまく連動していることが大切です。

個別援助計画には、介護福祉職が介護過程を展開し作成する「介護計画」や、看護師が看護過程を展開して作成する「看護計画」などがあります。

◆介護サービス計画（ケアプラン）と個別援助計画

介護サービス計画 （ケアプラン）		個別援助計画 （介護計画など）
介護支援専門員 （ケアマネジャー）	作成者	介護福祉職や看護師などの専門職
利用者の生活全体を総合的に支援するために必要な社会資源（サービス）を位置づけて作成した計画	内容	ケアプランに位置づけられたサービスまたは専門職ごとに作成した支援の計画

介護過程を展開した結果などから、研究テーマを設定し、介護の根拠や支援方法などを研究する方法を事例研究と言います。

Aさん、Bさん等、匿名化して、個人情報を保護し、対象者の人権に配慮しましょう。

介護過程

過去問チャレンジ！（第36回－問題113）

事例研究を行うときに、遵守すべき倫理的配慮として、**適切なもの**を1つ選びなさい。

1 研究内容を説明して、事例対象者の同意を得る。
2 個人が特定できるように、氏名を記載する。
3 得られたデータは、研究終了後すぐに破棄する。
4 論文の一部であれば、引用元を明示せずに利用できる。
5 研究成果を得るために、事実を拡大解釈する。

解答（　　）

4 チームアプローチ

カキコミ① チームアプローチの意義

● ケアマネジメントのプロセスでは、 ① □ が実践される。

● チームのメンバーは、 ② □ と ③ □ を中心に多職種で

構成され、支援ごとにメンバーは ④ □ される。

● 利用者の生活を ⑤ □ で支援することにより、複数の

⑥ □ な視点でアセスメントすることができる。

● チームメンバーで ⑦ □ を共有することで、効率的で効果的な支援を行う

ことが可能になる。

● チームアプローチにおける介護福祉職の役割は、利用者と関わる時間が長い職種として、

利用者の ⑧ □ にいち早く気づき、チームメンバーと

⑨ □ を図りながら、チームアプローチを実践することである。

【 語群 】

利用者　家族　多職種　チームアプローチ　連携　情報　変更　変化　専門的

カキコミ② 多職種との連携

Aさん（73歳、男性）は、肺炎のために入院していましたが、退院後に自宅に戻るため、介護老人保健施設に入所することになりました。Aさんは食事に時間がかかるようになり、下肢筋力の低下がみられます。

Aさんを支援するチームアプローチを表した次の表について、空欄にあてはまる言葉を書き込みましょう。

利用者・家族 （りようしゃ・かぞく） ・生活の主体者、チームの中心 （せいかつ しゅたいしゃ、チームの ちゅうしん）	① ・栄養状態の把握、食事内容・形態の検討 （えいようじょうたい は あく、しょくじ ないよう・けいたい けんとう）
② ・健康管理、診療の補助など （けんこうかん り、しんりょう ほじょ）	医師（いし） ・診察、訓練の指示など （しんさつ くんれん しじ）
③　　　　　　　　（ケアマネジャー） ・利用契約、介護サービス計画の原案作成など （りようけいやく、かいご けいかく げんあんさくせい）	介護福祉職（かいごふくししょく） ・日常生活の支援など （にちじょうせいかつ しえん）
相談援助職（そうだんえんじょしょく） ・利用者や家族への相談援助など （りようしゃ かぞく そうだんえんじょ）	④　　　　　　　　　　（PT） ・基本的動作（歩行など日常生活動作）の訓練など （き ほんてきどうさ ほこう にちじょうせいかつどう さ くんれん）
⑤　　　　　　　　　　（OT） ・応用動作（食事動作や整容動作など）の訓練 （おうようどう さ しょくじどうさ せいようどうさ くんれん）	⑥　　　　　　　　　　（ST） ・嚥下訓練、言語訓練、補聴器の調整など （えんげくんれん げんごくんれん ほちょうき ちょうせい）

【語群】（ごぐん）

介護支援専門員（かいごしえんせんもんいん）　　看護師（かんごし）　　言語聴覚士（げんごちょうかくし）　　理学療法士（りがくりょうほうし）　　作業療法士（さぎょうりょうほうし）　　栄養士（えいようし）

介護過程（かいごかてい）

過去問チャレンジ！（かこもん）（第36回-問題108）（だい かい もんだい）

　次の記述のうち、介護老人保健施設で多職種連携によるチームアプローチ（team approach）を実践するとき、介護福祉職が担う役割として、**最も適切なもの**を1つ選びなさい。
（つぎ きじゅつ、かいごろうじんほけんしせつ た しょくしゅれんけい じっせん、かいごふくししょく にな やくわり もっと てきせつ えら）

1　利用者の生活状況の変化に関する情報を提供する。
（りようしゃ せいかつじょうきょう へんか かん じょうほう ていきょう）
2　総合的な支援の方向性を決める。
（そうごうてき しえん ほうこうせい き）
3　サービス担当者会議を開催する。
（たんとうしゃかいぎ かいさい）
4　必要な検査を指示する。
（ひつよう けんさ しじ）
5　ほかの職種が担う貢献度を評価する。
（しょくしゅ にな こうけんど ひょうか）

解答（　　）（かいとう）

介護福祉士国家試験第23〜36回に出てきた病名・障害名の英語表記を和英対訳形式にまとめました。

あ		
悪性関節リウマチ	malignant rheumatoid arthritis	
アルコール性認知症	alcoholic dementia	
アルツハイマー型認知症	dementia of the Alzheimer's type	
胃潰瘍	gastric ulcer	
胃がん	gastric cancer	
インフルエンザ	influenza	
ウイルス性肝炎	viral hepatitis	
うつ病	depression	
運動性失語症	motor aphasia	
炎症性腸疾患	inflammatory bowel disease	
か 疥癬	scabies	
潰瘍性大腸炎	ulcerative colitis	
角化型疥癬	hyperkeratotic scabies	
学習障害	learning disorder	
仮性認知症	pseudo dementia	
加齢黄斑変性症	age-related macular degeneration	
加齢性難聴	presbycusis	
感覚性失語症	sensory aphasia	
肝硬変	liver cirrhosis	
関節疾患	joint disease	
関節リウマチ	rheumatoid arthritis	
感染性腸炎	infectious enteritis	
気管支喘息	bronchial asthma	
逆流性食道炎	reflux esophagitis	
急性心筋梗塞	acute myocardial infarction	
急性腸炎	acute enteritis	
狭心症	angina pectoris	
虚血性心疾患	ischemic heart disease	
筋萎縮性側索硬化症	amyotrophic lateral sclerosis：ALS	
筋ジストロフィー	muscular dystrophy	
くも膜下出血	subarachnoid hemorrhage	
クローン病	Crohn disease	

クロイツフェルト・ヤコブ病	Creutzfeldt-Jakob disease	
頸髄損傷	cervical cord injury	
軽度認知障害	mild cognitive impairment	
結核	tuberculosis	
血管性認知症	vascular dementia	
高血圧症	hypertension	
高次脳機能障害	higher brain dysfunction	
後縦靭帯骨化症	ossification of posterior longitudinal ligament	
甲状腺機能低下症	hypothyroidism	
更年期障害	climacteric disturbance	
広汎性発達障害	pervasive developmental disorder	
誤嚥性肺炎	aspiration pneumonia	
骨折	fracture	
骨粗鬆症	osteoporosis	
骨盤骨折	pelvic fracture	
混合型認知症	mixed type dementia	
さ 脂質異常症	dyslipidemia	
失語症	aphasia	
自閉症スペクトラム障害	autism spectrum disorder	
若年性アルツハイマー型認知症	dementia of the Alzheimer's type with early onset	
若年性認知症	dementia with early onset	
上腕骨近位端骨折	fracture of upper end of humerus	
心疾患	heart disease	
心的外傷後ストレス障害	posttraumatic stress disorder：PTSD	
深部静脈血栓症	deep vein thrombosis	
心不全	heart failure	
心房細動	atrial fibrillation	
睡眠時無呼吸症候群	sleep apnea syndrome	
生活習慣病	life-style related disease	

	正常圧水頭症	normal pressure hydrocephalus
	脊髄小脳変性症	spinocerebellar degeneration
	脊髄損傷	spinal cord injury
	脊柱管狭窄症	spinal canal stenosis
	脊椎圧迫骨折	compression fracture of spine
	前頭側頭型認知症	frontotemporal dementia
	せん妄	delirium
	前立腺がん	prostate cancer
	前立腺肥大症	prostatic hypertrophy
	双極性感情障害	bipolar affective disorder
た	帯状疱疹	herpes zoster
	大腿骨頸部骨折	femoral neck fracture
	大腸がん	colorectal cancer
	ダウン症候群	Down's syndrome
	多動性障害	hyperkinetic disorder
	多発性脳梗塞	multiple cerebral infarction
	チアノーゼ	cyanosis
	知的障害（精神遅滞）	mental retardation
	腸閉塞	intestinal obstruction
	デュシェンヌ型筋ジストロフィー症	Duchenne muscular dystrophy
	てんかん	epilepsy
	橈骨遠位端骨折	fracture of lower end of radius
	統合失調症	schizophrenia
	糖尿病	diabetes mellitus
	糖尿病性神経障害	diabetic neuropathy
	糖尿病性網膜症	diabetic retinopathy
	突発性難聴	sudden hearing loss
な	認知症	dementia
	尿路感染症	urinary tract infection
	熱中症	heat stroke
	脳血管疾患	cerebrovascular disease
	脳血管障害	cerebrovascular disorder
	脳梗塞	cerebral infarction
	脳出血	cerebral hemorrhage
	脳性麻痺	cerebral palsy

	脳卒中	stroke
は	パーキンソン病	Parkinson disease
	肺炎	pneumonia
	肺がん	lung cancer
	廃用症候群	disuse syndrome
	白癬	tinea
	白内障	cataract
	発達障害	developmental disorder
	パニック障害	panic disorder
	ハンセン病	Hansen's disease
	ヒト免疫不全ウイルス（HIV）病	human immunodeficiency virus 〔HIV〕 disease
	貧血	anemia
	不眠症	insomnia
	フレイル	frailty
	閉塞性動脈硬化症	arteriosclerosis obliterans
	変形性膝関節症	knee osteoarthritis
	膀胱炎	cystitis
ま	末梢神経損傷	peripheral nerve injury
	慢性肝炎	chronic hepatitis
	慢性硬膜下血腫	chronic subdural hematoma
	慢性腎不全	chronic renal failure
	慢性閉塞性肺疾患	chronic obstructive pulmonary disease
	メニエール病	Ménière disease
	網膜色素変性症	retinitis pigmentosa
や	腰髄損傷	lumbar spinal cord injury
	腰椎圧迫骨折	lumbar compression fracture
	抑うつ状態	depressive state
ら	流行性角結膜炎	epidemic keratoconjunctivitis
	良性発作性頭位めまい症	benign paroxysmal positional vertigo
	緑内障	glaucoma
	レビー小体型認知症	dementia with Lewy bodies
	老人性掻痒症	pruritus senilis
	老人性難聴	presbyacusis
	老年期うつ病	senile depression

著者紹介 (五十音順)

佐伯久美子 (さえき・くみこ)

読売理工医療福祉専門学校介護福祉学科講師

介護老人保健施設の介護職員を経て、介護福祉士養成施設の教員となる。著書に『らくらく暗記マスター 介護福祉士国家試験2024』中央法規 (共著)、『介護福祉士国家試験模擬問題集2024』中央法規 (共著)、『クエスチョン・バンク介護福祉士国家試験問題解説集2024』メディックメディア (共著)、『四訂 美容福祉概論』中央法規 (共著) などがある。介護福祉士、社会福祉士

高谷明子 (たかや・あきこ)

田園調布学園大学人間福祉学部社会福祉学科介護福祉専攻助教

介護福祉士養成校を卒業後、介護職員として老人保健施設、介護付き有料老人ホーム、海外のグループホームで勤務し、2022年より現職に至る。大学で教鞭をとる傍ら、介護職員初任者研修や各団体の介護研修を担当する。

竹田幸司 (たけだ・こうじ)

田園調布学園大学人間福祉学部社会福祉学科准教授

大学で教鞭をとる傍ら、各種団体の介護研修、介護福祉士受験対策講座を担当する。著書に『こだわりのポイントはココ！からだを正しく使った移動・移乗技術』中央法規 (単著)、『最新・介護福祉士養成講座6 生活支援技術Ⅰ』『最新・介護福祉士養成講座7 生活支援技術Ⅱ』中央法規 (共著)、『社会福祉学習双書2023 第15巻 介護概論』社会福祉法人全国社会福祉協議会 (共著) などがある。介護福祉士、社会福祉士

渡邊祐紀 (わたなべ・ゆうき)

東海大学教育開発研究センター専任講師

大学で教鞭をとる傍ら、認知症介護実践者研修の講師などを担当する。著書に『新・社会福祉士養成講座13 高齢者に対する支援と介護保険制度』中央法規 (共著) がある。看護師、保健師

参考文献

- 介護福祉士養成講座編集委員会編『最新・介護福祉士養成講座1〜15』中央法規
- 中央法規介護福祉士受験対策研究会編『らくらく暗記マスター 介護福祉士国家試験2024』中央法規、2023
- 中央法規介護福祉士受験対策研究会編『介護福祉士国家試験過去問解説集2024』中央法規、2023
- 中央法規介護福祉士受験対策研究会編『介護福祉士国家試験受験ワークブック2024上・下』中央法規、2023
- 社団法人呆け老人をかかえる家族の会編『痴呆の人の思い、家族の思い』中央法規、2004
- 林泰史／長田久雄編『最新 介護福祉全書9 発達と老化の理解』メヂカルフレンド社、2013
- 小板橋喜久代／松田たみ子編『最新 介護福祉全書12 こころとからだのしくみ』メヂカルフレンド社、2013
- 中村裕子編『最新 介護福祉全書10 認知症の理解と介護』メヂカルフレンド社、2010
- A.シェフラー他編著、三木明徳／井上貴央監訳『からだの構造と機能』西村出版、1998
- 医療情報科学研究所編『病気がみえる vol.7 脳・神経』メディックメディア、2011
- 水野嘉夫監『カラー版 徹底図解シリーズ カラー版 徹底図解 からだのしくみ』新星出版、2010
- 坂井建雄／橋本尚詞『ぜんぶわかる 人体解剖図』成美堂出版、2010
- 竹田津文俊編『病態生理 基礎のキソ 絵で見てわかる病気のしくみ』学研メディカル秀潤社、2008
- 川島敏生／栗山節郎監『ぜんぶわかる 筋肉・関節の動きとしくみ事典』成美堂出版、2015
- 国土交通省総合政策局安心生活政策課監『公共交通機関の旅客施設に関する移動等円滑化整備ガイドライン (バリアフリー整備ガイドライン—旅客施設編—)』公益財団法人交通エコロジー・モビリティ財団、2013
- 警察庁ホームページ (https://www.npa.go.jp/koutsuu/kikaku/kyousoku/reiki_honbun/18123000001.html)

■本書に関する訂正情報等について
本書に関する訂正情報等については、弊社ホームページにて随時お知らせいたします。
下記URLでご確認ください。
https://www.chuohoki.co.jp/foruser/care

■本書へのご質問について
本書の内容に関するご質問については、下記のURLから「お問い合わせフォーム」に
ご入力いただきますようお願いいたします。
https://www.chuohoki.co.jp/contact/

書いて覚える！ 介護福祉士国家試験合格ドリル2025

2024年5月1日　発行

編　集	中央法規介護福祉士受験対策研究会
発行者	荘村明彦
発行所	中央法規出版株式会社
	〒110-0016　東京都台東区台東3-29-1　中央法規ビル
	TEL　03-6387-3196
	https://www.chuohoki.co.jp/
印刷・製本	図書印刷株式会社
本文デザイン	白水あかね／株式会社明昌堂
本文イラスト	桜井葉子／関上絵美／土田圭介
装幀デザイン	二ノ宮匡（ニクスインク）
装幀キャラクター	坂木浩子

定価はカバーに表示してあります。
ISBN978-4-8243-0026-3

中央法規の受験対策書

ここからはじめる！介護福祉士国家試験スタートブック 2025

●2024 年 4 月刊行　●中央法規介護福祉士受験対策研究会＝編集
●定価　本体 1,600 円（税別）／ A5 判／ ISBN978-4-8243-0625-6
試験勉強の最初の 1 冊に最適！試験の基本情報や厳選された重要項目を、キャラクターたちが解説。

全部ふりがな付き

介護福祉士国家試験 過去問解説集 2025
第 34 回－第 36 回全問完全解説

●2024 年 5 月刊行　●中央法規介護福祉士受験対策研究会＝編集
●定価　本体 3,200 円（税別）／ B5 判／ ISBN978-4-8243-0029-4
過去 3 年分の国家試験全問題を収載！解答および解答を導く考え方、学習のポイントを丁寧に解説。

解説は全部ふりがな付き

書いて覚える！ 介護福祉士国家試験 合格ドリル 2025

●2024 年 5 月刊行　●中央法規介護福祉士受験対策研究会＝編集
●定価　本体 2,000 円（税別）／ B5 判／ ISBN978-4-8243-0026-3
過去問から導き出した重要項目を、穴埋め形式などで掲載する「書き込みタイプ」の受験対策書。

全部ふりがな付き

わかる！受かる！ 介護福祉士国家試験 合格テキスト 2025

●2024 年 5 月刊行　●中央法規介護福祉士受験対策研究会＝編集
●定価　本体 2,800 円（税別）／ A5 判／ ISBN978-4-8243-0027-0
合格のための基礎知識をわかりやすくまとめたテキスト。ムリなく、ムダなく合格までをサポート。

介護福祉士国家試験 模擬問題集 2025

●2024 年 6 月刊行予定　●中央法規介護福祉士受験対策研究会＝編集
●定価　本体 3,200 円（税別）／ B5 判／ ISBN978-4-8243-0039-3
最新の動向や過去の出題傾向を徹底分析して作問した模擬問題全 375 問を収載。わかりやすい解説付き。

全部ふりがな付き

介護福祉士国家試験 受験ワークブック 2025［上］［下］

●2024 年 6 月刊行予定　●中央法規介護福祉士受験対策研究会＝編集
●定価　本体各 3,100 円（税別）／ B5 判／　【上】ISBN978-4-8243-0032-4 ／【下】ISBN978-4-8243-0033-1
受験対策書の決定版！「傾向と対策」「重要項目」「一問一答」で合格に必要な知識を徹底解説。

全部ふりがな付き

らくらく暗記マスター 介護福祉士国家試験 2025

●2024 年 6 月刊行予定　●中央法規介護福祉士受験対策研究会＝編集
●定価　本体 1,600 円（税別）／新書判／ ISBN978-4-8243-0037-9
試験のよく出る項目を図表や暗記術を使ってらくらくマスター！ 直前対策にも最適、ハンディな一冊。

介護福祉士国家試験 2025 一問一答ポケットブック

●2024 年 7 月刊行予定　●中央法規介護福祉士受験対策研究会＝編集
●定価　本体 1,600 円（税別）／新書判／ ISBN978-4-8243-0046-1
「○×方式」のコンパクトな問題集。持ち歩きにも便利で、スキマ時間に効率的に学習できる一冊。

全部ふりがな付き

介護福祉士国家試験 よくでる問題 総まとめ 2025

●2024 年 7 月刊行予定　●中央法規介護福祉士受験対策研究会＝編集
●定価　本体 2,000 円（税別）／ A5 判／ ISBN978-4-8243-0047-8
特によく出題されるテーマに的を絞り、総整理。落としてはいけない問題を確実なものにする一冊。

見て覚える！ 介護福祉士国試ナビ 2025

●2024 年 8 月刊行予定　●いとう総研資格取得支援センター＝編集
●定価　本体 2,600 円（税別）／ AB 判／ ISBN978-4-8243-0042-3
出題範囲をスッキリ整理！イラストや図表で全体像を押さえ、記憶に残る効果的な学習法を指南。

かいとうへん
解答編

※この解答編は、本体から取りはずしてご使用になれます。

人間の尊厳と自立

1 権利保障

■ 権利保障の法律、条約

①−D、②−B、③−C、④−A

■ 国際障害者年　【解答例】

国際連合は1981年を国際障害者年とし、「完全参加と平等」をテーマに掲げた。その
なかで、障害者の権利保障や障害者に対する施策の改善を世界の国々に呼びかけた。
(78字)

2 人権に関する用語

■ 人間の権利に関わる用語

①−B、②−C、③−A、④−D

■ 福祉の理念に関わる用語

①×、②○、③○、④○、⑤○、⑥○

■ 過去問チャレンジ！（第35回−問題68）　解答　1

■ 障害者差別解消法

①障害者基本法、②障害者虐待防止法、③差別、④合理的配慮、⑤すべて、⑥順番、
⑦サービス、⑧発達、⑨心身

■ 「障害者差別解消法」に基づく対応

①×、②○、③×

3 身体拘束

■ 身体拘束禁止の対象となる行為

①徘徊、②柵（サイドレール）、③ミトン型、④Ｙ字型拘束帯、⑤介護衣（つなぎ服）、
⑥向精神薬

■ 身体拘束を実施する場合の3つの要件

①切迫性、②非代替性、③一時性、④2、⑤時間、⑥状況、⑦緊急やむを得ない理由

■ 過去問チャレンジ！（第29回−問題25）　解答　1

4 法律における自立

■ 自立に関する法律

①−C、②−G、③−A、④−B、⑤−D、⑥−E、⑦−F

■ 高齢者、母子・父子・寡婦に関する法律

①生きがい、②保障、③環境、④健康で文化的

② 社会保障制度の種類

■ 日本の社会保障制度のしくみ
①社会扶助、②医療保険、③介護保険　※②③は順不同、④生活保護、
⑤高齢者福祉、⑥社会手当

③ 年金保険

■ 年金の種類と加入者
①－A、B、C、②－A、C

■ 国民年金の被保険者
①自営業者、学生　②サラリーマン、公務員

③サラリーマンに扶養されている配偶者、公務員に扶養されている配偶者

■ 公的年金制度
①○、②×、③○、④○、⑤○、⑥○

■ 年金シミュレーション
①学生納付特例制度、②厚生、③国民、④第1号、⑤老齢厚生、⑥老齢基礎、
⑦障害、⑧遺族

④ 医療保険

■ 医療保険の保険者と加入者
①健康保険、②国民健康保険、③広域連合、④75

■ 日本の国民皆保険制度の特徴
①×、②○、③○、④○、⑤○、⑥○、⑦○、⑧○

⑤ 雇用保険と労働者災害補償保険

■ 雇用保険の種類
①失業等給付、②雇用継続給付、③育児休業給付、④雇用安定事業、⑤生活

■ 保険の適用
①労働者災害補償保険、②労働者災害補償保険、③労働者災害補償保険、④雇用保険

⑥ 育児・介護休業法

■ 主な育児・介護休業制度
①男女労働者、②小学校、③5、④3、⑤2、⑥93、⑦5

■ 育児・介護休業の適用
①○、②○、③×、④○

■ 育児・介護休業法とワーク・ライフ・バランス　【解答例】

育児・介護休業法の掲げる仕事と家庭の両立を実現するために、所定外労働の制限や短時間勤務制度によって社会全体で支援するしくみになっている。個人の時間をもち、健康で豊かな生活を実現できる。(92字)

■ 過去問チャレンジ！(第36回－問題11)　解答　2

7 介護保険制度の基本的理解

■ 介護保険の被保険者と保険者

①65、②40、③65、④特定疾病、⑤市町村、⑥住所地特例

■ 介護保険の利用

①要介護認定、②介護認定審査会、③介護給付、④予防給付

■ 過去問チャレンジ！(第36回－問題12)　解答　3

8 地域支援事業

■ 地域支援事業の目的

①要介護状態、②要支援状態　※①②は順不同、③社会参加、④地域

■ 新しい地域支援事業の全体像

①介護予防・日常生活支援総合事業、②包括的支援事業、③任意事業

■ 地域包括支援センター

①×、②○、③○、④○、⑤×

■ 過去問チャレンジ！(第32回－問題5)　解答　5

9 居宅サービス

■ 居宅サービスの種類

①訪問入浴介護、②訪問リハビリテーション、③通所リハビリテーション、④短期入所療養介護、⑤特定施設入居者生活介護、⑥福祉用具貸与

10 地域密着型サービス

■ 地域密着型サービスの種類

①－C、②－A、③－D、④－G、⑤－B、⑥－E、⑦－H、⑧－F、⑨－I

11 介護サービス提供の場

■ 介護施設の種類

①－B、②－C、③－A

■介護保険施設と老人福祉施設
①×、②○、③×、④×

■介護医療院
①要介護者、②長期、③医学、④医療、⑤介護保険、⑥Ⅰ、⑦Ⅱ

■老人福祉施設
①特別養護老人ホーム、養護老人ホーム、軽費老人ホーム　②老人短期入所施設、老人介護支援センター、老人デイサービスセンター、老人福祉センター

■ユニット型特別養護老人ホーム
①1、②2、③洗面設備、④便所　※③④は順不同、⑤社会、⑥10、⑦共同生活室、⑧継続

12 障害者総合支援法の基本的理解
■障害者・障害児の定義
①発達障害者、②難病患者、③発達障害児

■障害者総合支援法
①尊厳、②地域生活支援事業、③難病患者、④障害支援、⑤知的障害者

■障害福祉サービスの利用
①障害支援区分、②市町村審査会、③サービス等利用計画

■過去問チャレンジ！（第35回−問題13）　解答　1

13 障害福祉サービス
■障害福祉サービスの種類
①自立支援給付、②訓練等給付、③自立支援医療　※②③は順不同

■介護給付・訓練等給付・自立支援医療
①居宅介護、重度訪問介護、同行援護、行動援護、療養介護、生活介護、短期入所、重度障害者等包括支援、施設入所支援
②自立訓練（機能訓練・生活訓練）、自立生活援助、就労移行支援、就労継続支援（A型・B型）、就労定着支援、共同生活援助
③更生医療、育成医療、精神通院医療

■地域生活支援事業
①成年後見、②日常生活用具、③専門性

■自立支援給付
①視覚、②65歳未満、③雇用型、④非雇用型、⑤可能、⑥困難

こころとからだのしくみ

76ページ

11 自律神経

■ 交感神経と副交感神経のはたらき
①交感、②副交感、③交感、④副交感

■ 過去問チャレンジ！（第36回－問題20）　解答　1

77ページ

12 感染症

■ 血液の成分と役割
①酸素、②白血球、③止血、④血しょう

78ページ

■ 人間の免疫
①接触、②飛沫　※①②は順不同、③粘膜、④手洗い、⑤抗原、⑥リンパ球、⑦抗原
抗体反応、⑧宿主

79ページ

■ 免疫機能の変化と生じる病態
①－D、②－A、③－B、④－C

■ スタンダード・プリコーション（標準予防策）
①ケア、②手洗い、③流水、④石鹸　※③④は順不同、⑤ペーパータオル、⑥マスク、
⑦エプロン、⑧ガウン　※⑦⑧は順不同

80ページ

13 心臓のしくみ

■ 心臓のしくみ
①肺動脈、②肺静脈、③左心房、④僧帽弁、⑤左心室、⑥右心室、⑦三尖弁、⑧右心房

81ページ

14 目のしくみ

■ 目のしくみ
①角膜、②水晶体、③硝子体

■ 眼球の部位とはたらき
①角膜、②網膜、③水晶体、④硝子体

82ページ

15 耳のしくみ

■ 耳のしくみ
①外耳、②中耳、③内耳、④外耳道、⑤鼓膜、⑥耳小骨、⑦蝸牛、⑧聴覚野、⑨平衡

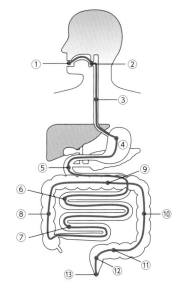

①機能性、②器質性、③70〜80、④脱水
■ 過去問チャレンジ！（第33回－問題105）　解答　5

19 尿の生成と排尿のしくみ

■ 泌尿器のしくみ
①腎臓、②尿路、③皮質、④髄質　※③④は順不同、⑤糸球体、⑥ボウマン嚢、
⑦尿細管

■ 尿の生成から排尿までの流れ
①ろ過、②1,500〜1,700、③原尿、④尿意、⑤骨盤底筋群、⑥1,000〜2,000

■ 尿量の異常
①無尿、②乏尿、③3,000

■ 失禁の種類
①急に強い尿意を感じて我慢できない、②急な強い尿意を我慢できずに漏れる、③腹
圧がかかる際に漏れる、④尿を出しにくい、⑤膀胱に尿が残ってあふれるように漏れ
る、⑥認知機能や運動機能に問題があって漏れる
■ 過去問チャレンジ！（第33回－問題104）　解答　2

20 呼吸のしくみとはたらき

■ 呼吸器のしくみ
①酸素、②二酸化炭素、③鼻腔、④咽頭、⑤気管支、⑥肺、⑦3、⑧2、⑨肺胞、
⑩血液、⑪赤血球

■ 呼吸の特徴
①吸気、②呼気、③腹式、④胸式、⑤肺気量、⑥肺活量、⑦一回換気量、⑧500

■ 高齢者に多い呼吸器系の疾患
①－C、②－D、③－A、④－B

21 皮膚のしくみとはたらき

■ 皮膚のしくみとはたらき
①表皮、②真皮、③皮下組織、④表皮、⑤汗腺、⑥皮脂腺　※⑤⑥は順不同、
⑦真皮、⑧汗、⑨28、⑩たんぱく質、⑪視床下部、⑫エクリン腺、⑬アポクリン腺、
⑭500、⑮600、⑯300、⑰不感蒸泄

22 死の受容過程と家族へのケア

■ キューブラー・ロスの死の受容過程
①否認、②怒り、③取り引き、④抑うつ、⑤受容

■ 死のとらえ方について

①心、②呼吸　※①②は順不同、③脳機能、④大脳、⑤脳幹　※④⑤は順不同、
⑥本人、⑦家族、⑧脳死判定、⑨脳死

■ 尊厳死について　【解答例】

尊厳死とは、がんや難病などの終末期に治る見込みがなく死期が迫った状態において、延命だけを目的とした治療は苦痛をもたらすことがあるため、人としての尊厳やQOLを保ちながら自然な死を迎えることである。（98字）

■ アドバンス・ケア・プランニング

①－B、②－C、③－A

■ 家族へのケア

①×、②○、③○、④×、⑤○、⑥○

■ 過去問チャレンジ！（第34回－問題108）　解答　3
■ 過去問チャレンジ！（第35回－問題29）　解答　2

23 終末期のこころとからだの変化

■ 終末期のからだの変化
①浮腫、②尿量、③褥瘡

■ 過去問チャレンジ！（第35回－問題30）　解答　5

■ バイタルサインの変化

①微弱、②不規則、③死前喘鳴、④下降、⑤心臓、⑥傾眠、⑦昏睡、⑧チアノーゼ、⑨暗青

発達と老化の理解

1 発達の基本的理解

■ 人間の発達の順序性と連続性
①頭、②足、③中枢、④末梢

■ 発達と老化に関する語句とその意味

①－B、②－C、③－A

■ 発達段階別にみた特徴的な疾病や障害

①ダウン症候群、②脳性麻痺、③乳幼児突然死症候群、④虐待、⑤知的障害、⑥感染症、⑦自閉症、⑧学習障害、⑨注意欠陥多動性障害、⑩摂食障害、⑪統合失調症、⑫気分障害、⑬自殺率、⑭糖尿病、⑮高血圧症、⑯脂質異常症、⑰動脈硬化、⑱更年期障害

⑥ 老化に伴うからだの変化

■ 老化（一次老化）に伴う変化の全般的な傾向
①体力、②生理的機能、③ホメオスタシス、④免疫、⑤ストレス、⑥無理、⑦順応

■ 病的な状態を引き起こす老化(二次老化)にいたる特徴的な状態
①筋量、②筋力、③転倒、④脆弱性、⑤健全、⑥移動機能

■ 老化に伴うからだの主な変化
①減少、②減少、③低下、④低下、⑤肥大、⑥上昇、⑦低下、⑧増加、⑨低下、
⑩低下、⑪減少

⑦ 高齢者と健康

■ 高齢者の疾患や症状の特徴
①非定型的、②複数、③慢性化、④やすい、⑤受ける

■ 過去問チャレンジ！（第35回－問題35）　解答　5

■ 高齢者に多い症状とその原因
①－D、②－C、③－E、④－G、⑤－B、⑥－A、⑦－J、⑧－I、⑨－F、⑩－K、
⑪－H

⑧ 骨粗鬆症と骨折

■ 高齢者に多くみられる骨折と骨粗鬆症
①脊椎圧迫、②上腕骨近位端、③大腿骨頸部、④橈骨遠位端、⑤カルシウム、⑥ビタ
ミンD、⑦骨密度

■ 転倒・骨折の対策
①－D、②－A、③－E、④－C、⑤－B

■ 過去問チャレンジ！（第36回－問題38）　解答　4

⑨ 廃用症候群と褥瘡

■ 廃用症候群の症状とその影響
①精神活動性、②皮膚、③心機能、④筋肉、⑤消化器、⑥関節、⑦血栓

■ 褥瘡とその症状
①血液循環、②壊死、③骨、④湿潤、⑤発赤、⑥真皮、⑦皮下脂肪、⑧筋肉、⑨骨
※⑧⑨は順不同

■ 過去問チャレンジ！（第35回－問題23）　解答　4

⑩ 循環器系の病気

■ 血液の循環

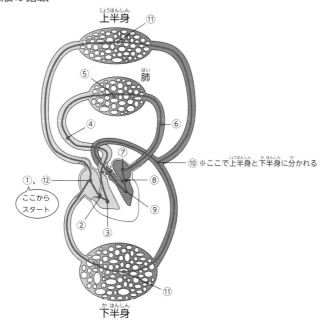

上半身 ⑪
肺
⑤ ④ ⑥
⑦
⑩ ※ここで上半身と下半身に分かれる
①、⑫ ⑧
ここから
スタート ⑨
② ③
⑪
下半身

■ 高齢者に多い循環器系の病気
①虚血、②壊死、③狭心症、④心筋梗塞

■ 過去問チャレンジ！（第32回－問題73）　解答　3

⑪ 脳・神経系の病気

■ 脳血管障害
①脳梗塞、②脳内出血、③心原性脳梗塞、④脳血栓、⑤くも膜下出血、⑥麻痺、⑦頭痛

■ パーキンソン病
①神経、②ドーパミン、③50、④姿勢反射障害、⑤姿勢反射障害

■ 過去問チャレンジ！（第30回－問題75）　解答　5

■ パーキンソン病の4大症状
①－D、②－A、③－C、④－B

⑫ 生活習慣病

■ 糖尿病になるまで
①血糖値、②インスリン、③膵臓、④糖尿病、⑤網膜症、⑥血管、⑦神経

■ 糖尿病のタイプと治療、合併症
①インスリン、②中高年、③食事、④運動　※③④は順不同、⑤低血糖、⑥血糖値、

⑦網膜、⑧腎症、⑨神経障害

■ 脂質異常症
①コレステロール、②中性脂肪　※①②は順不同、③動脈硬化、④コレステロール

■ 高血圧
①動脈、②収縮、③拡張、④140、⑤90、⑥血管壁、⑦心肥大、⑧出血

■ 高血圧の治療
①塩分、②便秘、③収縮

13 出生率、死因、要介護状態となった原因

■ 出生、死因、介護に関するグラフ
①2.0、②悪性新生物、③脳内出血、④脳梗塞、⑤脳血管疾患（脳卒中）

■ 少子高齢化

①×、②×、③×、④×、⑤○

■ 過去問チャレンジ！（第34回－問題71）　解答　5

■ 65歳以上の者のいる世帯数と構成割合（2022（令和4）年）

①○、②×、③×、④○、⑤×

認知症の理解

① 認知症ケアの歴史と理念

■ 認知症の人が福祉の対象として位置づけられるまで
①老人福祉法、②1973、③精神科病院、④恍惚の人、⑤介護者の都合、⑥痴呆性老人処遇技術研修、⑦外出、⑧人権、⑨集団管理、⑩中核症状、⑪関わる側、⑫視点、⑬生活上の要望、⑭継続性、⑮個別の関わり、⑯自己決定、⑰権利擁護、⑱ユニットケア、⑲2004、⑳1987、㉑介護の専門性、㉒倫理、㉓倫理綱領、㉔自立支援、㉕プライバシーの保護、㉖権利擁護、㉗当事者の代弁、㉘社会への働きかけ、㉙援助者としての知識・技術の獲得、㉚理念、㉛尊厳、㉜その有する能力に応じ自立した日常生活、㉝パーソン・センタード・ケア、㉞価値、㉟人間関係

② 認知症の基本的理解

■ 認知症とは
①知能、②不可逆的、③器質性、④中核症状、⑤誤った
■ 過去問チャレンジ！（第34回－問題85）　解答　1

■ 認知症の症状とその具体例
①記憶障害、②遂行（実行）機能障害、③失行、④失認、⑤失語、⑥抑うつ、

⑦幻聴・幻視（幻覚）

■ 認知症の定義と診断方法
①アルツハイマー病、②脳血管疾患、③後天的、④日常生活、⑤認知機能、⑥記憶障害、⑦意識障害、⑧遂行能力、⑨6

①病変、②萎縮、③画像、④CT、⑤MRI、⑥血流、⑦認知、⑧神経心理、⑨生活、⑩長期間、⑪精神疾患、⑫意識障害

■ 記憶の過程
①記銘、②保持、③再生（想起）

■ 記憶の分類
①感覚、②短期、③短期、④長期、⑤短期、⑥陳述、⑦手続き、⑧エピソード、⑨意味

①短期記憶、②エピソード記憶、③一部、④できる、⑤全部、⑥できない

■ うつ病、せん妄、軽度認知障害
①喪失体験、②脳、③糖尿病、④抑うつ、⑤意欲、⑥身体症状、⑦栄養失調、⑧脱水症状　※⑦⑧は順不同、⑨薬物、⑩知能、⑪意識、⑫一時的、⑬高活動性せん妄、⑭低活動性せん妄、⑮記憶障害、⑯予防的介入

■ 認知症を引き起こす病気
①血管性、②アルツハイマー型認知症、③レビー小体、④パーキンソン、⑤幻視、⑥日内変動、⑦前頭側頭型認知症、⑧初老期、⑨人格、⑩感情の荒廃、⑪中毒性、⑫感染性、⑬正常圧水頭症、⑭若年性認知症、⑮64

①萎縮、②女性、③壊死、④階段状、⑤男性

①○、②×、③×、④○、⑤○、⑥○

■ 過去問チャレンジ！（第36回－問題42）　解答　2

18

⑤ 高齢者の安全管理

■ 感染症と感染経路

①－C、②－A、③－B、④－D

■ 感染症の基本

①結核、②再興感染症、③新興感染症、④高熱、⑤ヒゼンダニ、⑥肝がん、⑦母子感染

■ 感染対策

①○、②○、③○、④○、⑤×、⑥○、⑦×、⑧○、⑨○

■ 手洗いのポイント

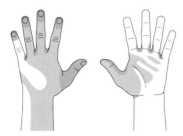

■ 過去問チャレンジ！（第36回－問題72） 解答　4

⑥ 喀痰吸引

■ 気道と食道の構造
①鼻腔、②口腔、③咽頭、④気管、⑤食道、⑥胃

■ 吸引の実施手順
①手袋、②セッシ、③清浄綿、④吸引器、⑤保管容器

■ 過去問チャレンジ！（第36回－問題61） 解答　1

■ 想定されるトラブルと対応事例

①－D、②－A、③－E、④－B、⑤－H、⑥－C、⑦－G、⑧－F

⑦ 経管栄養

■ 胃ろう栄養チューブの４つの分類
①ボタン型バルーン、②チューブ型バルーン、③ボタン型バンパー、④チューブ型バンパー

■ 経管栄養の実施手順

①イリゲーター、②クレンメ、③栄養点滴チューブ、④カテーテルチップシリンジ、⑤計量カップ

■ 胃ろうで想定されるトラブルとその原因

①－B、②－C、③－A、④－J、⑤－E、⑥－F、⑦－H、⑧－G、⑨－I、⑩－D、⑪－K

1 少子高齢化の実態、人口構成
しょう し こうれい か　じったい　じんこうこうせい

204ページ

■ 少子高齢化の基本
しょう し こうれい か　き ほん

①○、②○、③○、④×、⑤○

■ 過去問チャレンジ！（第33回－問題５）　解答　2
か こ もん　だい　かい　もんだい　かいとう

205ページ

■ 高齢化率と人口構成
こうれい か りつ　じんこうこうせい

①7、②1970、③14、④1994、⑤21、⑥2007、⑦14、⑧15、⑨64、⑩65

■ 人口推計（総務省、2023年９月1日現在確定値）
じんこうすいけい　そう む しょう　ねん　がつついたちげんざいかくてい ち

①×、②×、③○

2 高齢者の生活の実際
こうれいしゃ　せいかつ　じっさい

206ページ

■ 高齢者の生活（2022年国民生活基礎調査の概況）
こうれいしゃ　せいかつ　ねんこくみんせいかつ き そ ちょうさ　がいきょう

①公的年金・恩給、②稼働所得、③1,693、④単独、⑤夫婦のみ　※④⑤は順不同、
こうてきねんきん　おんきゅう　か どうしょとく　たんどく　ふう ふ　じゅん ふ どう

⑥4,030万
まん

3 社会福祉士及び介護福祉士法
しゃかいふく し し およ　かい ご ふく し し しほう

207ページ

■ 介護福祉士の定義・義務
かい ご ふく し し　ていぎ　ぎ む

①登録、②知識、③技術、④心身の状況、⑤指導、⑥誠実、⑦信用失墜行為、⑧名称、
とうろく　ち しき　ぎ じゅつ　しんしん じょうきょう　し どう　せいじつ　しんようしっついこう い　めいしょう

⑨秘密保持、⑩１、⑪30万、⑫名称、⑬連携、⑭資質向上、⑮名称、⑯30万、⑰30万
ひ みつ ほ じ　まん　めいしょう　れんけい　し しつこうじょう　めいしょう　まん　まん

208ページ

■ 介護福祉士の行える医療的ケア①
かい ご ふく し し　おこな　い りょうてき

①研修、②医師、③口腔、④鼻腔　※③④は順不同、⑤胃ろう、⑥腸ろう　※⑤⑥は
けんしゅう　い し　こうくう　び くう　じゅん ふ どう　い　ちょう

順不同
じゅん ふ どう

■ 介護福祉士の行える医療的ケア②
かい ご ふく し し　おこな　い りょうてき

①○、②×、③×、④○

■ 過去問チャレンジ！（第36回－問題65）　解答　5
か こ もん　だい　かい　もんだい　かいとう

4 介護福祉士の倫理綱領
かい ご ふく し し　りん り こうりょう

209ページ

■ 介護福祉士の倫理
かい ご ふく し し　りん り

①－C、②－F、③－A、④－B、⑤－D、⑥－G、⑦－E

5 ICF（国際生活機能分類）
こくさいせいかつ き のうぶんるい

210ページ

■ ICF

①心身機能・身体構造、②活動、③参加、④環境因子、⑤個人因子
しんしん き のう　しんたいこうぞう　かつどう　さん か　かんきょういん し　こ じんいん し

219ページ **2 利用者の納得と同意を得る技法**

■ 納得と同意を得る技法

①−C、②−D、③−B、④−A

220ページ **3 質問の種類**

■ 質問の種類

①−E、②−C、③−F、④−B、⑤−D、⑥−A

221ページ ■ 質問の種類と具体例

①開かれた、②閉じられた、③閉じられた、④重複する、⑤遠まわしの批判となる、⑥閉じられた、⑦評価的な、⑧矢継ぎ早の、⑨閉じられた、⑩開かれた、⑪閉じられた

222ページ **4 相談・助言・指導の技法**

■ バイステックの7原則

①個別化、②意図的な感情表出、③統制された情緒的関与、④受容、⑤非審判的態度、⑥自己決定、⑦秘密保持

■ 過去問チャレンジ！（第27回−問題33）　解答　5

223ページ **5 利用者の状態に応じたコミュニケーション**

■ 適切なコミュニケーション手段

①拡大読書器、②筆談、③低い声、④聞き返す、⑤絵カード、⑥閉じられた質問、⑦ジェスチャー

224ページ ■ コミュニケーションの留意点

①目、②簡単、③納得、④書いて、⑤現実、⑥回想、⑦励まし、⑧受容、⑨支持、⑩否定、⑪肯定　※⑩⑪は順不同

225ページ ■ 過去問チャレンジ！（第36回−問題74）　解答　2
■ 過去問チャレンジ！（第36回−問題78）　解答　1

226ページ **6 チーム内のコミュニケーション**

■ 記録の文体

①−C、②−B、③−D、④−A

227ページ ■ 記録の留意点

①2、②ヒヤリハット、③いない、④二重線、⑤IT（ICT）、⑥IT（ICT）、⑦情報漏洩、⑧匿名、⑨個人情報、⑩家族

26

228ページ ■ ケアカンファレンス

①○、②×、③○、④×、⑤○、⑥×

■ 過去問チャレンジ！（第34回－問題34）　解答　3

生活支援技術

230ページ ① 居住環境の整備

■ 安全に配慮した居住環境

①200、②フットライト（足元灯）、③80、④85、⑤大転子部、⑥引き戸、⑦40、⑧脱衣所、⑨健、⑩可動式、⑪大転子部、⑫健

231ページ ■ 居住空間のチェックポイント

①手すり②引き戸③段差④手すり
⑤シャワーチェア⑥石けんの泡⑦手すり
⑧湯量⑨浴槽

〈解説〉
・湯量は心臓の高さよりも浅くする。深い
　と静水圧により圧迫され、心臓に負担が
　かかる。
・浴槽の高さは膝の高さ（40cm程度）がま
　たぎやすい。高いとまたぎにくい。

■ 災害に対する備え

①○、②×、③×、④○、⑤○

232ページ ② 衣類の着脱の介護

■ 着脱の介護

①説明、②同意、③好み、④気温、⑤活動、⑥衣類の管理、⑦室温、⑧プライバシー、⑨患、⑩健、⑪左、⑫患、⑬右、⑭患、⑮右、⑯健、⑰左、⑱しわ

233ページ ■ 過去問チャレンジ！（第36回－問題87）　解答　3

234ページ ③ 歩行の介護

■ 歩行介助の姿勢

①大転子部、②患、③後方、④患、⑤健、⑥不安定、⑦患、⑧同時、⑨健、⑩速く

235ページ ■ 片麻痺のある利用者の歩行介助

①×、②○、③×

■ 階段や段差の歩行介助
①後方、②一段下、③健、④患、⑤前方、⑥一段下、⑦患、⑧健、⑨後方、⑩患、⑪健

4 歩行のための福祉用具

■ 杖の特徴と適性
①－B－⑤、②－D－あ、③－A－ⓘ、④－C－え

■ 歩行器の特徴と適性
①－C－ⓘ、②－B－⑤、③－A－あ

■ 過去問チャレンジ！（第31回－問題43）　解答　2

5 視覚障害者の移動の介護

■ 視覚障害者の歩行介助
①×、②×、③○

■ 視覚障害者の安全な移動
①停止、②階段、③手前、④介護福祉職、⑤背もたれ、⑥座面　※⑤⑥は順不同、⑦内側

■ 過去問チャレンジ！（第34回－問題43）　解答　1

6 車いすの介護

■ 車いすの各部の名称
①グリップ、②ブレーキ、③駆動輪（後輪）、④ハンドリム、⑤ティッピングレバー、⑥キャスタ（前輪）、⑦フットサポート（フットレスト）、⑧レッグサポート（レッグレスト）、⑨シート（座面）、⑩サイドガード（スカートガード）、⑪アームサポート（アームレスト）、⑫バックサポート（バックレスト）

■ 車いすの介護と留意点
①健、②アームサポート、③患、④前傾、⑤右、⑥内、⑦ゆっくり、⑧ティッピングレバー、⑨キャスタ、⑩前、⑪後ろ、⑫キャスタ、⑬ドアストッパー

7 ボディメカニクス

■ ボディメカニクスの基本原理
①低く、②からだ、③押す、④引く、⑤大きな、⑥肘、⑦重心、⑧近づけて、⑨足先

28

8 体位変換の介護

■ 体位の種類とその留意点
①下、②健側、③支持基底面積、④前、⑤45、⑥両足

9 褥瘡予防の介護

■ 褥瘡予防の方法
①座位、②坐骨結節、③体位変換、④体位変換、⑤エアマット、⑥清拭、⑦摩擦、⑧摩擦

■ 褥瘡の好発部位

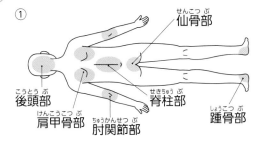
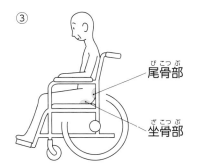
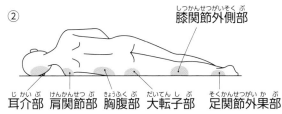

① 仙骨部　後頭部　肩甲骨部　肘関節部　脊柱部　踵骨部

③ 尾骨部　坐骨部

② 膝関節外側部　耳介部　肩関節部　胸腹部　大転子部　足関節外果部

10 食事の介護

■ 食事の姿勢
①足底、②姿勢、③肘、④30、⑤患、⑥健、⑦膝、⑧前屈、⑨クロックポジション

■ 過去問チャレンジ！（第35回－問題88）　解答　1

11 食事と健康管理

■ 疾病ごとの食事の注意点
①野菜や果物、②エネルギー、③塩分・糖分、④動物性脂肪、⑤塩分、⑥ビタミンE、⑦カルシウム、⑧ビタミンC・D・K、⑨糖質と脂質、⑩たんぱく質、⑪アルコール

■ 食中毒予防の原則（つけない・増やさない・やっつける）
①消費期限、②7割、③石鹸と流水で手洗い、④熱湯、⑤75℃

■ 食中毒の原因菌と予防（対応）
①－E－⑤、②－A－⑥、③－C－⑧、④－B－⑨、⑤－D－⑩

⑫ 誤嚥・窒息・脱水の予防

■ 誤嚥に注意が必要な食べ物

①－C－あ、②－A－う、③－E－え、④－B－い、⑤－H－き、⑥－G－か、

⑦－D－く、⑧－F－お

■ 窒息・脱水の予防

①チョークサイン、②指拭法、③背部叩打法 ※②③は順不同、④1,000、⑤

1,500、⑥唇、⑦尿量、⑧ぼんやり、⑨発熱、⑩とろみ剤、⑪ゼリー ※⑩⑪は順不

同、⑫経口補水液

⑬ 口腔ケア

■ 口腔ケアの目的と方法

①唾液、②リハビリテーション、③誤嚥性肺炎、④経管栄養、⑤唾液、⑥前、⑦誤嚥、

⑧小さい、⑨硬い、⑩鉛筆、⑪小刻みに、⑫歯垢、⑬口腔清拭、⑭舌、⑮舌苔、⑯味蕾

■ 義歯の着脱と清掃

①下、②上、③クラスプ、④水かぬるま湯、⑤水につける、⑥義歯洗浄剤

■ 過去問チャレンジ！（第35回－問題84） 解答　2

⑭ 入浴の効果と事故の予防

■ 入浴の効果

①感染、②温熱効果、③静水圧効果、④浮力効果、⑤血行、⑥褥瘡、⑦リハビリテー

ション、⑧安眠

■ 入浴時の事故と予防

①41、②低く、③温度差、④ヒートショック、⑤5、⑥水分、⑦介護福祉職、⑧利

用者、⑨石けんの泡、⑩認知度

⑮ 清潔保持の介護

■ 清潔保持の基本

①24、②介護福祉職、③利用者、④遠い、⑤健、⑥健、⑦介護福祉職、⑧利用者、

⑨末梢、⑩中枢、⑪乾いた、⑫ギャッチアップ、⑬40、⑭介護福祉職、⑮利用者、

⑯洗髪器、⑰指の腹

■ 目、耳、爪の手入れ

①×、②×、③○、④×、⑤○、⑥×、⑦×、⑧○

■ ひげの手入れ

①共用、②感染症、③90、④伸ば、⑤逆らって、⑥はさみ、⑦ローション、⑧丸洗い

■ 過去問チャレンジ！（第36回－問題92） 解答　3

⑧する活動、⑨解決、⑩優先順位、⑪生命の安全、⑫短期、⑬長期、⑭利用者、⑮実現可能、⑯達成度、⑰5W1H、⑱一貫性、⑲状態、⑳短期目標、㉑長期目標、㉒客観的、㉓課題

276ページ
■ 介護過程と情報収集
① ［客観的情報］
・自宅では長女が介護をしている
・長女は、平日の昼間は仕事をしている
・自宅では、ベッドから車いすへの移乗はベッドのサイドレールにつかまり、ひとりで行っている
・通所介護では、ベッド用手すりを使用して、介護福祉職が見守りを行いながら移乗している
・最近、移乗するときにふらつくようになってきた
② ［主観的情報（利用者の思い）］
・昨日、自宅で転倒しそうになってこわかったわ
・何度も手伝ってもらうわけにはいかないし、転倒しそうになったことは黙っていてね
③ ［介護福祉職の判断（アセスメント）］
・このままでは、Ａさんが自宅で転倒してしまうかもしれない
・介護計画を修正する必要がある

277ページ
■ 過去問チャレンジ！（第36回－問題112）　解答　3

278ページ
3 ケアマネジメントと介護過程

■ ケアマネジメントと介護過程の関連性
①ケアマネジメント、②インテーク、③ケアプラン、④モニタリング、⑤ケアプラン、⑥介護過程

279ページ
■ 過去問チャレンジ！（第36回－問題113）　解答　1

280ページ
4 チームアプローチ

■ チームアプローチの意義
①チームアプローチ、②利用者、③家族　※②③は順不同、④変更、⑤多職種、⑥専門的、⑦情報、⑧変化、⑨連携
■ 多職種との連携
①栄養士、②看護師、③介護支援専門員、④理学療法士、⑤作業療法士、⑥言語聴覚士

281ページ
■ 過去問チャレンジ！（第36回－問題108）　解答　1